法律学習マニュアル

〔第4版〕

弥永真生【著】

有斐閣
yuhikaku

第4版 まえがき

　法学部に学士入学させていただいて，カルチャーショックをおぼえてから30年以上たってしまいました。大学における教授法も変化していますが，それでも，法令の条文や判決文と向かい合わなければなりませんし，高校までの勉強とは大きく異なるだけではなく，他の学問分野とは異なる暗黙の前提もあります。

　そのような中で，本書が，法律学の勉強をなさろうとする方々にとって，少しでもお役に立てばと願っております。

　利用者の視点から多くのコメントや要望を述べてくださった，京都の大学生のみなさま（まだ，十分に応えられていない部分は残っていますが，とても有益なコメントでした）をはじめとする読者の方々，そして，一村大輔さん及び引き継いでくださった青山ふみえさんをはじめとする有斐閣の方々のおかげで，第4版をこのように刊行できることを，心より感謝申し上げます。

　2016年3月

　　　　　　　　　　　　　　　　　　　　　　　　　　　弥　永　真　生

初版　まえがき

　この小著は，法学教室の127号から138号に連載させていただいた「what's リーガルマインド？」と211号から232号に連載させていただいた「法律学のマニュアル」をまとめたうえで，加筆したものです。法学部に学士入学させていただいて，多くのすばらしい先生方や友人の助けを受けて，悪戦苦闘した経験に基づいて，法律学の勉強の仕方を，学部学生になりたての方から法学部の4年生ぐらいの方々までを念頭において，考えたものです。

　これまで，法律学の小論文の書き方，判例の読み方などについて，高名な先生方が内容の充実した本や記事を執筆されており，そこに付け加えるようなものはほとんどありません。しかし，できの悪かった学生として，少し具体的に，そして，本音ベースで書いてみれば，読者の方に役立つかもしれないと考えたのです。筆者の能力不足のためか，具体的に書こうとしたためか，おそらくその複合的効果により，レベルと品位がやや低くなってしまいました。しかし，読んでくださる方の何らかのお役に立てればと願っております。

　この本で取り上げたことは，本来は，学生の方々がみずから試行錯誤しつつ体得するようなことであるというご意見もいただいております。しかし，この本を読んでいただいただけで，能力が高まるというわけではなく，読者の方々が実際に実行してみてはじめて身につくものであることを留意していただければ幸いです。

　さらに，高度なことを身に付けようとなさる方は，広中俊雄＝五十嵐清編『法律論文の考え方・書き方』（有斐閣），中野次雄ほか編『判例とその読み方』（有斐閣），大村敦志ほか『民法研究ハンドブック』（有斐閣）などをご覧ください。また，文献の検索などに関する，さらに詳細なインターネット上の情報としては，齊藤正彰先生のサイト（http://www.ipc.hokusei.ac.jp/~z00199/）をご覧になることをお勧めいたします。

　なお，この本に含まれる欠点・誤りは筆者に帰するものですが，読者の方々にとって何らかのお役に立つアドバイスができているとすれば，それは，必ずしも能力の高くない筆者をあきらめずに指導してくださった先生方，とりわけ，ゼミを通じてご指導くださった竹内昭夫教授，星野英一教授，松尾浩也教授のおかげであると感謝しております。また，板寺一太郎先生には，助手時代に文献の検索

初版 まえがき

についてたいへんお世話になりました。助手の同期である神作裕之さんや松下淳一さんとの会話から学んだことも多くあります。さらに，法学教室連載中には，奥貫清さん，西尾みちみさん，大井文夫さん，田中朋子さんをはじめとする有斐閣雑誌編集部の方々からの示唆をいただいたことにも感謝を申し上げたいと思います。最後になりますが，本書の刊行にあたって尽力くださった山宮康弘さんおよび一村大輔さんをはじめとする有斐閣の方々にお礼を申し上げたいと思います。

 2001 年 10 月

弥永　真生

もくじ

第4版　まえがき
初版　まえがき
もくじ

第1章　法律学の勉強のイメージ──法律学へのいざない────*1*
1　高校までの勉強と法律学の勉強………………………………*2*
　　　1．正しい答がいくつもある(2)　2．語学の勉強に近い(2)
　　　3．高校の勉強もムダにはならない(4)
2　具体的なイメージを……………………………………………*4*
　　　1．具体化と抽象化(4)　2．具体的に考えるためには(5)
　　　3．実感をもって読める本(7)
3　リーガル・マインドとは何か…………………………………*8*
　　　1．複合体であるリーガル・マインド(8)　2．不思議に思う心(8)　3．批判的思考(9)　4．大切なことを見分ける(10)
4　隣接諸科学との接点……………………………………………*10*
　　　1．法律学は山中の一軒屋ではない(10)　2．現行の法制度の合理性の説明のために(11)　3．立法論を行うにあたっての有用性(12)
5　条文がスタートライン…………………………………………*13*
　　　1．「説得の技術」としての法律(13)　2．結論の妥当性と条文(13)　3．「結論への筋道」と条文(15)　4．文理解釈では妥当な結論が得られないとき(16)　5．直接規定した条文がないとき(16)　6．拡大解釈とは(18)　7．類推適用とは(18)　8．反対解釈とは(19)

第2章 法律学の勉強のツール——必携とあればよいもの ……… 21

1 六 法 …………………………………………………………… 22
1．六法は武士の刀(22)　2．条文の呼び方(23)　3．法律の条文を丸暗記する必要はない(27)　4．六法をまめにひいておくことのメリット(27)　5．参照条文付き六法あるいは判例六法の使い方(28)　6．普通の六法にない法令はどこで見つけるか(30)

2 テキスト ………………………………………………………… 32
1．テキストと体系書(32)　2．テキストの選び方——講義を聴ける場合(36)　3．テキストの選び方——講義を聴けない場合(37)　4．テキストの読み方——勉強のため(38)

3 法律学辞典 ……………………………………………………… 41
1．法律用語は外国語？(41)　2．法律学辞典の使い方(43)

4 学生向け判例集 ………………………………………………… 45
1．入り口としての学生向け判例集(45)　2．学生向け判例集の使用上の注意(46)

5 演習書・問題集 ………………………………………………… 47
1．初心者——テキストを読むよりはおもしろい(47)
2．初級者から中級者——知識の相互関係を知る(48)
3．中級者——わかったつもりで終わらないために(50)
4．上級者——知識の補充(51)

6 インターネット ………………………………………………… 53
1．資料の収集(53)　2．実際にやってみよう(54)　3．文献検索に有用なインターネット上のサイト(62)　4．メーリングリスト(ML)と掲示板(63)　5．官庁等のホームページ(63)

第3章 法律学の講義を聴く——メリットとノウハウ ……… 67

1 講義を聴くことのメリット …………………………………… 68
1．アカデミックな気分を味わえる(68)　2．講義を聴くことは時間の節約(68)

もくじ

  2 講義の選び方……………………………………………………*70*
  3 講義の聴き方……………………………………………………*75*
    1．予習と復習どちらがよいか(75) 2．講義の聴き方(76)
    3．どのようにノートをとるか(76)
  4 講義以外で教わる………………………………………………*78*
    1．先生や先輩の助けを受けることは近道(78) 2．講義を聴くことだけが教室に行く目的ではない(78) 3．授業後の質問が基本(80) 4．さらに進んだ助けを得る(81) 5．先輩に助けてもらう(82)

第4章 法律学のゼミに参加する──法律がより面白くなる────*83*
 1 ゼミへのいざない………………………………………………*84*
    1．なぜ，大学ではゼミがあるのか(84) 2．傍目八目（おかめはちもく）(84) 3．いろいろな立場に立って(85)
    4．アウトプットによって身につく(86) 5．強制的に考える(88) 6．よいリーダーと仲間が重要(89) 7．サブゼミをする場合(89) 8．ただ座っているのでは不十分(92)
    9．答案検討ゼミのすすめ(93)
 2 ゼミで報告する…………………………………………………*94*
    1．ゼミでの報告(94) 2．ゼミでの初めての報告──自分でテーマを選ぶ場合(95) 3．ゼミでの報告のための準備──テーマが与えられている場合(98) 4．裁判例を素材にする報告(99) 5．レジュメの作り方(101)

第5章 法律学の資料を探す──学習への第一歩────*109*
 1 雑誌論文／単行本………………………………………………*110*
    1．単行本を探す最もお手軽な方法──図書館・書店に行ってみる(110) 2．大学の先生方もなさる芋づる方式(111)
    3．検索の王道──書誌の利用(113) 4．実際に探してみよう(114)

2 判例／判例解説・評釈……………………………………………*122*
   1．重要な裁判例を探す(122)　2．どのように見つけるのか？(123)　3．判例と判例解説・評釈を大量に発見するには(124)　4．実際に判例を探してみよう(127)
 3 外国法・制度に関する文献………………………………………*131*
   1．外国法・制度に関する日本語文献を探す――地道な方法(132)　2．日本語文献を読むだけではあぶない(133)　3．外国語文献を探す――最も手軽な方法(134)　4．外国語文献を探す――少し手抜きをした方法(135)　5．外国語文献を探す――正攻法(136)　6．種本を見つける(137)
 4 所蔵・オンライン上の情報の検索………………………………*137*
   1．見つけた文献はどこにあるのか(137)　2．自分の大学に目指す文献が所蔵されていない場合はどうするのか(138)　3．オンライン上の検索は時間の節約(141)　4．手間暇を惜しまない(144)
 5 沿革と実務に関する情報…………………………………………*144*
   1．解釈論には立法者意思の探求も重要(144)　2．可能であれば，一次的資料を(145)　3．次善の策――立法関与者による解説(146)　4．実務についての情報①――印刷された形態のもの(148)　5．実務についての情報②――その他の形態(149)

第❻章　**法律学の資料を読む**――レポートを書くための準備――*151*
 1 テキスト・体系書…………………………………………………*152*
   1．テキスト・体系書は小論文のテーマの宝庫(152)
   2．テーマが決まった後のテキストなどの読み方(154)
   3．実際にやってみよう(155)
 2 論　　文……………………………………………………………*157*
   1．テーマを見つける(157)　2．論文を読む意味(158)
   3．小論文に生かすためにどのように論文を読むか(159)

もくじ

    4．実際にやってみよう(160)
 3　判例／判例解説・評釈……………………………………………**162**
    1．具体的事案と結び付けて(162)　2．判決文の構造(163)
    3．裁判例の分析の仕方(175)　4．判例評釈・解説を読んでみる(176)　5．判例の流れをつかむ(177)　6．事案に注目する(178)　7．学説や社会的環境あるいは立法の動向との対応関係を見る(179)　8．実際にやってみよう──判例の推移・展開の時系列①(179)　9．実際にやってみよう──判例の推移・展開の時系列②(179)　10．判決の理由付けの比較検討(181)　11．事実関係の分析の仕方(181)　12．ピンからキリまでの判例研究(182)　13．実際にやってみよう──判例のまとめ方①(183)　14．さらに学習したい人のために(188)　15．実際にやってみよう──判例のまとめ方②(196)
 4　図表の活用………………………………………………………**201**
    1．眠くなりにくい(201)　2．全体の流れや相違点を把握できる(201)　3．論理の流れを対比してみる(202)　4．実際にやってみよう①──手続きの流れ(203)　5．実際にやってみよう②──考え方の分析(203)
 5　外国語文献………………………………………………………**206**
    1．比較法・比較制度のための文献の初歩的読み方(206)
    2．攻略法①──予備知識を得る(207)　3．攻略法②──外国法の条文ぐらいは見つける(210)　4．攻略法③──キーワードに注目(211)

第7章　法律学のレポート・小論文を書く──作法を知る────**213**
 1　書くことの大切さ…………………………………………………**214**
    1．言うは易し，書くは難し(214)　2．他流試合をする(214)　3．レポート・小論文を書く手順(215)
 2　テーマの探し方……………………………………………………**216**
    1．テーマの選択がレポートのできを決定する(216)

　　　　2．天からの声？——副題（サブタイトル）をつける(216)
　　　　3．資料が入手できるものを選ぶ(217)　4．自分が最も興味をもつことができるテーマを選ぶ(218)　5．論ずることに意味があるテーマを選ぶ(218)
　3　小論文の組み立て方……………………………………………*220*
　　　　1．読みやすく整理する(220)　2．大きい枠組みから細分化していく——分量が比較的多い場合(221)　3．構成要素アプローチ——短めの小論文のために(223)　4．章，款，節，段落でまとまりを(225)
　4　引用と注……………………………………………………………*226*
　　　　1．法律学の小論文には注が必要(226)　2．引用と出典を示す注(227)　3．出典を示す注の付け方(227)　4．横綱とふんどしかつぎ／無断孫引きの禁止(229)　5．説明のための注の活用(231)

第8章　法律学の答案を書く——より説得的な答案をめざして——*233*

　1　学年末試験への立ち向かい方………………………………*234*
　　　　1．敵を知る(234)　2．足のある蛇は蛇にあらず(235)
　　　　3．勉強してきたことをすべて書こうとするな(235)
　　　　4．答案中の論理的一貫性とバランスの重要性(236)　5．試験場でゼロから考えることはまず不可能(237)　6．条文からスタート(239)　7．答案における判例の意義(240)
　2　逆算的発想……………………………………………………………*241*
　　　　1．事例式問題もこわくない(241)　2．価値判断をより深く理解する(243)
　3　実際にやってみよう………………………………………………*244*
　　　　1．条文を徹底的に引用する(248)　2．条文を正確に活用する(248)　3．自分なりのまとめ・位置付けを示す(248)
　　　　4．積極的な理由付けを示す(249)　5．重要性を意識する(249)　6．もう少し具体的に(250)　7．首尾一貫させる

もくじ

　　　　　（250）　8．総論と各論(250)

資料　法律文献等の出典の表示方法 ——————— 253

○条文の呼び方の例(24〜26)
○代表的な六法の例(30)
●図表 2-1　インターネット上の法令データベース(32)
●図表 2-2　テキスト・体系書シリーズの一覧(35)
○法律文献検索のための有用なサイト(62)
○官公庁等のホームページ一覧(64)
○ノートをとるための略号の例(77)
○ゼミでの報告レジュメの例(102)
●図表 5-1　判例のみつけ方(127)
○外国大学等の図書館の所蔵(139)
○法令・判例に関するサイト及びリンク集【外国法】(142)
●図表 6-1　取締役の利益相反取引規制違反の行為の効力——体系書・テキストから見た学説の推移(156)
●図表 6-2　取締役の利益相反取引規制違反の行為の効力——論文から見た学説の推移(161)
○判決文(164)
○判決文の構成(171〜175)
●図表 6-3　民法 478 条に関する裁判例の展開(180)
●図表 6-4　取締役の利益相反取引規制違反の行為の効力——裁判例(180)
●図表 6-5　借地・借家の無断転貸・譲渡——昭和 28 年最判以降の最高裁の裁判例(186)
●図表 6-6　法人成り・組織変更などのケース（参考文献に載っているもののみ）(187)
●図表 6-7　空クレジットと保証人の錯誤(190)
●図表 6-8　空リースと保証人の錯誤(193)

- ●図表 6-9　国会議員定数をめぐる裁判例(197)
- ●図表 6-10　民事訴訟の流れ(204)
- ●図表 6-11　ファクターで考える株主総会あるいは取締役会の決議を欠いた行為の効力(205)
- ○法律用語辞典の例(204)
- ○英語で書かれた外国法の概説書一覧(208)
- ○小論文の章立ての例(221〜224)
- ○事例式問題の出題例(242〜244)
- ○試験答案の例(246)

注の記号の意味

📖 Key Word　法律学習をするにあたってよく出てくることば。

❓ Information　他の文献からの引用や紹介。参照部分の紹介。

💬 Comment　著者からの補足，コメント

本書のコピー，スキャン，デジタル化等の無断複製は著作権法上での例外を除き禁じられています。本書を代行業者等の第三者に依頼してスキャンやデジタル化することは，たとえ個人や家庭内での利用でも著作権法違反です。

第1章

法律学の勉強のイメージ
―― 法律学へのいざない

1 法律学の勉強のイメージ——法律学へのいざない

1-1 高校までの勉強と法律学の勉強

1. 正しい答がいくつもある

　高校までの勉強と法律学の勉強との間には異なる点が，当然のことながら，あります。もっとも大きな違いの1つは，「正しい」答がいくつもあることです。高校までの勉強とくに受験勉強では，正解が1つであることが普通でした。ところが，法律学の分野では，いろいろな学説や判例があり，しかも，それぞれの見解にはそれなりの根拠があります。そこで，どの見解をとるべきかということで頭を悩ますことが少なくないのですが，逆に考えれば，説得力をもつものであれば，どの考えに立ってもよいのです。つまり，自分の考えと合うような見解を探し出し，そこで示されている説得の仕方を会得すれば一応足ります。正答がいくつもあるということは，法律の勉強を難しくする原因でなく，入口の段階では，かえって勉強をやりやすくする方向に働く可能性があります。

2. 語学の勉強に近い

　高校までの勉強と一見違うように見える法律学の勉強にも，今までの勉強を生かせる点がたくさんあります。
　まず，法律学の勉強は古文や語学の勉強とよく似ています（三ケ月章『法学入門』（弘文堂）260頁以下）。大学に入ったころに読んだスコット・タロー著（山室まりや訳）『ハーヴァード・ロー・スクール』（早川書房）には，著者が弁護士の友人から「法律の勉強は，多くの点で，第2言語の勉強も同然と心得ておけ」という忠告を受けたエピソードが載っていました（57頁）。法律学の勉強

📖 Key Word 1
学説　法律学の研究者や（場合によっては）実務家がとなえている見解をいいます。
判例　最も狭い意味では最高裁判所の（確立した）裁判例をさすが，裁判所の裁判例一般をさすこともあります。

では，法律用語の正確な理解がかなり大切です。もちろん日本語で書かれているのですが，日常用いている意味と法律用語としての意味は多少なりとも異なることが多いのです。また，ふだんは使わない言葉も多く出てきます。こうしてみると，法律用語は古語や方言のようなものです。そうだとすると，高校のころ，古文や英語を勉強するときに，わからない単語が出てくるごとに辞書を引いたように，法律学を勉強するときには，法律学辞典にあたりつつ勉強することがお勧めできそうです（詳細については 2-3 参照）。もちろん，法律を十分に勉強した人（もちろん，大学の先生も含まれます）に，たずねるのもよいでしょう。

また，語学の上達の近道は，その言語が用いられている環境の中にひたりきることであると，よくいわれますが，法律学についても，同じです。つまり毎日少しずつでも間をあけることなく勉強すること，少しずつとはいってもある程度の時間をさくこと，これができれば最高です。毎日 1 時間ずつ 5 年間勉強するのと，毎日 5 時間ずつ 1 年間勉強するのを比べれば，後の勉強法のほうが能率が上がるのが普通です（勉強疲れすることを考えなければの話ですが）。赤ちゃんが，片言をいいながら，言葉を覚えるように，法律用語を片言でよいから使うことによって，私たちも法律用語を習得していくことが自然です。『ハーヴァード・ロー・スクール』（訳 65 頁）には，生徒が法律用語を用いて答えたのに対し，1 人の先生が「それがどういう意味かぼくにはよく分からないね。でも，きみの言い方を聞くとうれしくなるよ。とにかく，ガアガア鳴くことを覚えなければ，アヒルにはなれないからね。」と応じた話も書かれています。

💬 Comment 2
たとえば，民法で「社員」というのは社団法人の構成員ですし，会社法で「社員」というと会社という社団の構成員（＝出資者）のことで，株主は株式会社の「社員」です。他方，日常的には「社員」とは会社の従業員のことをいいます。

❓ Information 3
法律用語の習得には『法律学小事典』（有斐閣）などが役に立ちます。

❓ Information 4
先生によっては質問を期待されているときもあります。疑問があれば，聞きにいきましょう。ジュリスト臨時増刊『法学案内』（1965 年，以下『法学案内』）20 頁〔星野英一教授の発言〕。

1 法律学の勉強のイメージ——法律学へのいざない

3. 高校の勉強もムダにはならない

　それでは，語学や古文以外の勉強は，法律学の勉強に役立たないのかといえば，そうではありません。法律学の勉強は，基本的には本を読むという形で行いますから，現代国語で得た読解力は大きな力になります。とくに判決文などは1つ1つの文が長いため，主語と述語の対応などを読みとったり，二重否定を正確に理解するために，国語力を総動員しなければなりません。また，中学校で学んだ図形の証明と，法律学において論理的に説明することとの間には似ているところがあります。どちらも相手を納得させる技術を取り扱っているからです（ただし，法律学の場合は，実質的な価値判断を考えに入れる点があるなど，より複雑な面をもちます）。さらに，歴史や政治経済の勉強は，法律学への導入となりえますし，法律はいろいろな社会的・経済的環境を前提とし，かつ年月をかけて形成されてきた歴史の産物といえますから，高校での社会科の勉強は法律学の勉強とかかわりがあります。たとえば憲法を学ぶときには，世界史の中でも政治史や思想史が関係してきます。そして歴史的な考察を踏まえることが，自分の考え方に説得力を加えることは少なくありません。

> [?] Information 5
> 『法学案内』11頁以下では，高名な先生方が一般教養科目が法学の勉強にどのように役立つかを指摘されています。また，ジュリスト臨時増刊『新法学案内』（1966年，以下『新法学案内』）24頁の田中英夫教授の発言。

1-2　具体的なイメージを

1. 具体化と抽象化

　法律学は抽象的で身近ではないという印象を与えます。確かに教科書などは抽象的に書かれることが多く，試験でも抽象的に論述することが普通求められます。しかし，

1-2 具体的なイメージを

法律は多くの経験を踏まえて作られ，その背景には何らかの具体的事例があるはずです。学説も具体的な場面を想定して展開されています。

このように考えてみると，抽象的な議論をする際には，必ず具体的なイメージを頭の中に描くことが大切です。それと同時に，具体的な事案にぶつかったときに，法律の条文と比べられるように抽象化することが必要です。つまり条文は，普遍的に適用するために，きわめて抽象的に作られていますが，現実の事案はきわめて具体的です。そこで，その条文と具体的事案をなめらかに結び付けるのが，法律家の腕の見せどころです。条文を解釈して，より具体的なルール・基準にするとともに（たとえば，大判大正14・11・28民集4巻670頁［大学湯事件］は，民法709条にいう「権利」とは所有権などの法律に定められている権利でなくとも，私たちの法律観念上その侵害に対して不法行為上の救済を与える必要のある利益であれば足りるとしました），具体的事案から，法律上重要性をもたない個別的要素を取り除く作業を行います（たとえば「明智光秀が平成3年5月1日午後6時10分に本能寺奥の間で，殺意をもって刃渡15センチメートルのナイフで織田信長の胸部を刺し，出血多量により死亡させた」という具体的事案は，刑法上は「人が人を殺した」と抽象化されるでしょう）。具体的な事例を抽象化する能力を養えば，事例式の問題は恐れるにたりないことになりますし，具体的な事例のほうが頭に残りやすいので，勉強が楽になります。

2. 具体的に考えるためには

法律学の議論が，現実味のないものに感じられるのは，私たちの体験と結び付いていないからです。わずかに，民法の売買や賃貸借の規定は，アパートを借りるなどの

💬 **Comment 6**
たとえば「劇場にライオンを連れて入ってはならない」というボルチモア市の法律は，だれかがそうしたため，他の人が迷惑したという経験に基づくものでしょう。

📖 **Key Word 7**
<u>大判</u>　大審院（戦前の最高裁判所にあたる）で出された判決。
<u>大正14・11・28</u>　判決日が大正14年11月28日という意味。
<u>民集4巻670頁</u>　この判決が民集（大審院民事判例集）の4巻の670ページから記載されている，という意味。
<u>［大学湯事件］</u>　この判決の事件名（通称であり，裁判所が命名している訳ではありません）。

1 法律学の勉強のイメージ――法律学へのいざない

経験があるという点で，いく分か理解しやすいにすぎません。

そして法律が対象としている事象をすべて体験することは現実的に不可能である以上，体験の代わりが必要です。

代わりとなるものの第1は，見に行くことや話を聴くことです。裁判は傍聴できますが，*8 刑事裁判の場合は，全体の流れを知ることがある程度可能です（残念ながら，民事裁判の場合は，訴訟当事者の主張はすべて書面で提出されてしまっており，現実に読み上げられることもないため，傍聴していても，その裁判がどのような内容のものなのかはよくわからないのがふつうです）。また，知り合いの法曹から，あるいは会社で働いている人から，法律がどのような形で機能し，紛争の解決に役立っているかをうかがうのもよい方法です。

第2の方法は，具体的な事例の代表である裁判例を読むことです。判例集を読めば，事実と法律論がどのように対応しているかを知ることができます。ただ，判例集は大部で読みづらいという欠点があるので，『判例百選』*9（有斐閣）などから入っていくのもよいかもしれません。また，判決中の事実では興味がわかないという方は，判例を題材にして書かれた小説や企業小説を読んでみるのもよいでしょう。たとえば，山崎豊子『白い巨塔』（新潮文庫）や和久峻三『沈め屋と引揚げ屋』（角川文庫）などのほか，和久峻三「法廷小説『判決』」（『法学セミナー』339号〜364号）などは手ごろです。さらに『法学セミナー』の365号から376号に連載された「小説・労働法入門・1〜12」，362号，367号の「小説・会社法Ⅰ」「小説・会社法入門」，354号，355号の「オリジナル小説による家族法入門」などや高田晴仁＝久保田安彦編『人間

💬 **Comment 8**
裁判所は誰でも予約なしで，傍聴することができます。また各都道府県の弁護士会や裁判所が「傍聴ツアー」を組むときもあります。

❓ **Information 9**
判例百選 「別冊ジュリスト」ともいいます。各法律分野の主要な判例を2ページの見開きでわかりやすく解説。なお，百選といいつつも，収録数が100とは限りません。
法学セミナー 日本評論社が出している法学部生向きの月刊誌。この他，『経済セミナー』，『数学セミナー』などの学術教養誌があります。

ドラマから会社法入門』(日本評論社) も雰囲気をつかむのによいでしょう。

3. 実感をもって読める本

　第3は，具体的に書かれた法律の教科書などを用いることです。たとえば民法に関しては，米倉明『民法講義　総則(1)私権，自然人，物』(有斐閣) (続きは44号～97号にかけて法学教室に連載された) が，きわめて具体的で興味がそそられます。普通の教科書に載っている事件などを図や写真入りで詳しく説明し，ユーモアを感じさせつつ，法律の論理の組み立て方を丁寧に示しています。私は，米倉教授の講義を聴いて，民法に対する苦手意識をなくして，司法試験にのぞめましたし，竹内教授の会社法の講義を聴いて，会社法への興味を深めましたが，これらの本で，じかに講義を聴く気分を味わうことができます。

　刑事訴訟法については，平野龍一ほか『刑事訴訟法教材』(東京大学出版会) が捜査・公判の流れを知るのに最適ですし，「チャタレイ夫人の恋人」事件の公判の流れを記録した伊藤整『裁判(上)(下)』(晶文社) が具体的イメージを知るのに役立ちます。民事訴訟法については，福永有利＝井上治典『アクチュアル民事の訴訟』(有斐閣) が医療過誤訴訟事件を例にとって民事訴訟の全体像を与えています。また，山本和彦『よくわかる民事裁判』(有斐閣) は不動産の賃貸借を題材として，読みやすい入門書となっています。

[?] Information 10
法学教室　有斐閣が出している法学部生向けの月刊誌。特集，基礎講座，論点講座，判例講座，展開講座，時の判例，判例クローズアップ，演習，巻頭言，キーワード，情報欄等を掲載。

1 法律学の勉強のイメージ──法律学へのいざない

1-3 リーガル・マインドとは何か

1. 複合体であるリーガル・マインド

　アメリカの高名な法学者であるパウンドは「法学教育の目的は、リーガル・ナレッジを与えることではなく、リーガル・マインドを作り上げることにある」といっています。

　リーガル・マインド*11という言葉は、いろいろな意味を含んだ形で用いられています。議論の根拠を明確に示せる能力や、法律の解釈を行うための論理的思考力を指して用いられる場合もあれば、法制度全体の中である問題を位置付け、解決する能力や物事の両面を考慮する能力を意味することもあります。判断・決定形成過程において、全体を広く見わたして、総合的に適切な判断を行う能力を、社会は法学を学んだ人に対して期待するとよくいわれます。

　しかし、リーガル・マインドの中核は、いろいろなファクターを考慮しながら、他の人を説得できるように、「自分の」頭で考える能力であるように思われます。すなわち、ルールを暗記することではなく、いろいろな問題に対し、いろいろな学説や他の人の意見を参考にして、他の人を納得させる能力が大切です。

2. 不思議に思う心

　自然科学においては、「なぜ？」という疑問が大切ですが、法律学の勉強でも、その重要性には全く違いはありません。具体的な問題に対して、何らかの結論を与えるにあたっては、なぜ、そうなるのか、なぜ、そうでな

📖 Key Word 11
リーガル・マインド
おおざっぱには法的なものの考え方を指している言葉です。もっとも、アメリカでは、法律家のように考える（think like a lawyer）というような表現が使われていると指摘されており、リーガル・マインドという言葉は日本とは異なる意味で用いられているようです。

リーガル・マインドについては、たとえば、法学教室175号の特集や、加藤一郎「リーガル・マインドについて──法的なものの考え方」法学教室133号27頁以下、松尾浩也「刑法におけるリーガル・マインド」法学教室188号6頁以下、芦部信喜「憲法におけるリーガル・マインド」法学教室189号8頁以下、星野英一「民法とリーガル・マインド」法学教室193号6頁以下などをご覧になるとよいと思います。

ければならないのかを明確にすることが求められます。

そこで，テキストを読むときでも，講義を聴くときでも，たえず疑問をもって勉強をすすめることがよいといえます。著者や先生は，生じうる疑問に答えようとなさるのが普通ですから，疑問をもってのぞむと勉強の能率が上がります。また，疑問をもち，それに答えようという努力を繰り返すことは，何か新しいケースにめぐりあったときに，問題点を発見し，解決できる能力を養ってくれます。

たんねんに教科書や条文を読めば，疑問がわいてくるはずであるといっても，どのような点に注目すれば，疑問をもつことができるのかと思うのは当然です。しかし王道はなく，着眼点は先生方の本や講義での論理の運び方などから見抜くしかありません（もちろん，いくつかのパターンはあります）。

3．批判的思考

18世紀のこと，イギリスの代表的法学者であるブラックストンの講義を，1人の若い学生が，ノートを一切とらず，ただ聴いていました。そこで，彼の友人がノートをとらない理由をたずねたところ，「先生の講義が正しいかを考えていたのだ。ノートをとる暇などない」と答えました。この学生こそ，功利主義で有名なジェレミー・ベンタムでした。

このように，法律学の勉強では批判的態度が大切です。既成の知識をまず疑い，自ら考えること，これがリーガル・マインドの前提となります。先生の講義・著書に示されている知識は疑いうるものなのです。

私たちは，ともすれば，本に書かれていることや高名な先生の講義をうのみにしがちです。また，裁判例，と

💬 **Comment 12**
疑問が解消されないときは先生に質問したり，筆者に問い合わせたりする姿勢が必要です。

❓ **Information 13**
たとえば，刑法では，刑の均衡という着眼点があります。斉藤誠二先生が，同意傷害を違法とすると嘱託殺人・同意殺人の刑との不均衡が生ずると指摘されているのを読んで（「被害者の承諾と傷害罪」Law School 32号100頁以下），筆者はこの着眼点に気付きました。

❓ **Information 14**
詳細は穂積陳重『法窓夜話』六八「筆記せざる聴講生」〔http://web.kyoto-inet.or.jp/people/t-shinya/〕で見ることができます。

1 法律学の勉強のイメージ――法律学へのいざない

りわけ最高裁判所の判決は絶対的なものだという印象を学生の方々は受けることがあるかもしれません。しかし，本に書かれているから，あるいは，高名な先生がおっしゃったことだからといって，それが常に妥当であるとは限りません。最高裁判所の判例も変更されることがありますし，学説においても，新しい考え方が現われ，それが通説となっていくことが少なくないことからも批判的態度の重要性がわかります。「理論の世界には疑ふことの許されない権威はない」[*15]といわれています。

4. 大切なことを見分ける

> [?] Information 15
> 佐伯千仭「原因において自由なる行為」『刑事法講座第2巻』（有斐閣）309頁。また，星野教授も「目標としては，真に批判的な精神を養うことにおきたい」とされています。『新法学案内』24頁。

　事例式問題に答えるとき，あるいは現実の事案に直面したときには，どの事実が法律論上有意義であるかを見分けなければなりません。つまり，たくさんの情報，多すぎる情報から，法的に重要なポイントを見きわめることもリーガル・マインドの1つです。ケース・メソッド（実際の事例に基づく比較的分量の多い事案を素材として，そこに含まれている問題点を考えてみること。平成18年以降の（新）司法試験の問題の事案はここでいうケースにあたるもののように思われます）や判例研究（裁判例について，その位置づけを明らかにし，批判的に検討を加えること）はこのような意味でのリーガル・マインドの養成に有効です。

1-4　隣接諸科学との接点

1. 法律学は山中の一軒家ではない

　法律学を学んだ者に期待される能力の1つに，利益と利益との対立を背景として，争いが生じたときに，どち

らの立場をどれだけ支持できるかを判断し，さらにそれを対立当事者とまわりの人に納得させる能力があります。しかし，相対立する利益の基盤を見い出し，その意義を正確に把握する能力を身につけるためには，法律学において考慮される利益がさまざまな社会現象を背景としている以上，法律学のみの勉強では不十分です。[16]

そこで，他の社会科学，たとえば政治学，心理学，社会学，とりわけ経済学を学ぶことが，法律学における議論を精緻化するために有用であると予想されます。とくに商事法や経済法，民事法の一部などは経済現象を対象とするか，経済現象と少なからぬ関連をもっています。また哲学や歴史といった周辺科学の理解も法律学を学ぶ上で大切です。[17]

2. 現行の法制度の合理性の説明のために

法律上の制度や規定に関しては，その立法趣旨や制度趣旨が説明されてきました。しかし，それらは，しばしばやや抽象的であり，直観的であったといえます。

たとえば，交通事故や公害その他，うっかりしてほかの人の身体や財産に損害を与えた場合には，加害者は被害者に対して損害を賠償しなければならないこととされています（民法709条）。これは，「被害者を救済する必要がある」，「被害者と加害者との間の損害の負担における正義公平の確保」という発想に基づくものと推測されます。しかし，過失があった場合に損害を賠償しなければならないという制度にすることは，注意を払うというインセンティブを人々に与えると同時に，被害者側にも損害が拡大することを防止するというインセンティブを与えるとも説明することができます。被害者の側で，適切な治療を受けようとしなかったときに，過失相殺の規

[?] **Information 16**
『新法学案内』22頁では，新堂先生が「法律に深くなってから，また隣接科学のほうを見るという形で，いつも相互にいったりきたりしていなければ，使いものになる隣接科学ではない」と指摘されています。

[💬] **Comment 17**
だからこそ，法学部にも経済学などの科目が設けられていると考えることができます。

1 法律学の勉強のイメージ——法律学へのいざない

定が（類推）適用される（後述7参照）と考えるのも同じように説明できるでしょう。しかし，保険制度が普及すると，加害者にとっては，刑事上（罰金や禁錮）あるいは行政上（免許停止とか取消し）の制裁を受けることはあっても，保険金の範囲内では，自分の懐が痛まないことになり，過失責任制度の自己抑止機能は低下することになると指摘されています[*18]。もちろん，自動車事故の場合，事故を起こすと，次の年度から保険料が上がるのが原則なので，少しは，事故を起こさないというインセンティブは残っています。

? Information 18
小林秀之＝神田秀樹『「法と経済学」入門』（弘文堂）10頁以下参照。

3. 立法論を行うにあたっての有用性

法律的な考え方の過程では，暗黙のうちに経済学的な分析を行っていることが少なくありませんが，経済学的分析の結果が，法律家にとって一目瞭然とは限りません。たとえば，シートベルトの装着義務を定めることは，自動車事故による死傷者数を減少させると直観的には思われます。しかし，経済学的な分析からは，運転スピードの増加を招き，少なくとも歩行者の死傷が相対的に増加すると予想され，アメリカにおける実証研究はそれを裏付けています。そこで，直観のみに頼ることを防ぎ，制度を規定する法の唯一ではないにせよ重要な目標である効率性の観点から，現行の法と制度を再検討するために，経済学が有用であると考えられます[*19]。すなわち，現行の法規定や制度が，効率性の観点からみると不適切であると考えられる場合に，効率性を損なってよいとする合理的な根拠があるかを検討することによって，より焦点の定まった議論が可能になります。

? Information 19
平井宜雄『法政策学［第2版］』（有斐閣）を参照。

たとえば，最低賃金制度や終身雇用が労働者（あるいは働きたい人）のためになっているのか，国民全体の幸

福につながっているとみてよいのかというようなことを考えるためには，経済学的視点すなわち人が合理的行動するならどのように行動するかという視角から，現状分析を行う必要があります。ある論文は，このような分析のアプローチをとっており，法や制度のあるべき姿を追求する際の経済学的な分析視点の有用性を知ることができます。経済学的分析においては論証のプロセスが明確であるため，それによって与えられる主張（命題）をめぐっては，同じ土俵の上で議論できるという利点が認められ，法や制度の設計に有益な示唆が与えられます。

[?] Information 20
大竹文雄＝大内伸哉＝山川隆一（編）『解雇法制を考える――法学と経済学の視点』（勁草書房），中馬宏之「『解雇権濫用法理』の経済分析――雇用契約理論の視点から」三輪芳朗＝神田秀樹＝柳川範之（編）『会社法の経済学』（東京大学出版会）など。

1-5　条文がスタートライン

1.「説得の技術」としての法律

　法律学を勉強しはじめて，まず面食らうことの1つに，いろいろな学説や判例があることが挙げられます。これは，人それぞれ価値観が異なる以上，結論に差が生ずることは避けられないことから，いく分か説明できます。つまり，結論によっては，「正しい」とか「正しくない」とかを決めることができない場合が多いのです。

　そこで「法律学は説得の技術である」とでも考えて勉強することがよいようです。このきわめて便宜的な視点からみると，「結論の妥当性」と「結論への筋道」の2つが大切です。いずれが欠けても，相手方に自分の考えを納得してもらうことは難しいといえましょう。

2. 結論の妥当性と条文

　ここで「結論の妥当性」とは，人間1人1人が持っている価値観（すなわち，何を大切と考えるか）が異なるこ

[?] Information 21
星野英一「民法の教科書に書いてあること」法学教室13号48頁参照。

[≡] Key Word 22
結論の妥当性　星野英一「民法解釈論序説」『民法論集　第1巻』（有斐閣）22頁では遺産分割を例に挙げつつ，「ある制度に対して，いくつかの社会的要請や，他の法規・法制度からの要請が並存し，それらの調和的実現が求められることが圧倒的に多い」と指摘されています。

1 法律学の勉強のイメージ——法律学へのいざない

とを意識したうえでの結論であることを意味します。多くの人間が存在する以上，利益の衝突は避けられませんが，それを調整することが法律の役目の1つです。日ごろの生活で，一方の利益だけに目を向けるのでは目配りが十分ではないといわれるのと全く同じです。このように考えると，法律学の勉強をするときには，どのような利益とどのような他の利益とがぶつかり合っているのかを意識することがよいといえます。人間の心と社会を知ったうえで結論を出す場合に，説得力ある結論が得られるのです。

つまり，自分が大切だと思わない方の利益をより大切だと考えている人をも説得できるような結論を導くことを可能な限り心掛ける必要があります。会社法では，「会社の利益」と「取引の安全」が対立する利益として出てくることが多いのですが，たとえば「取引の安全」を重視する立場からは以下のような説得が可能です。「取引の安全」によって保護されるのは，会社の相手方だけでなく，会社自身も立場が変われば，それによって保護される可能性があります。つまり「会社の利益」と「取引の安全」が合致する場合もあるのです。また，会社は対外的に取引をして利益をあげますから，できるだけ迅速，大量に取引をすることが必要です。ところで「取引の安全」が確保されれば，相手方も安心して，迅速に取引してくれるでしょうし，相手方を見つけやすいはずです。そのうえ会社側も安心して迅速に取引ができます。このような考え方は，民法の勉強をしていると目に入ってくる，静的安全と動的安全，真の権利者の保護と取引の安全の保護との調和の場合についてもできるでしょう。

そして，「結論の妥当性」を納得してもらうためには，

> [?] Information 23
> たとえば，田中英夫「法律を学び始めた人々へ」法学教室115号13頁参照。

条文にさかのぼるのが、もっとも効果的です。実質的にみると、法律が定められるにあたっては、最大公約数的に価値が考慮されています。したがって、法律がどのような諸価値（たとえば取引の安全と真の権利者の保護）を考慮に入れ、また、どの価値（たとえば取引の安全）を優越したものとみているか、どこでバランスをとっているかを分析して、結論を求めれば、より説得力のある結論となるはずです。

3.「結論への筋道」と条文

ところで、ある考え方を「正しい」と呼ぶとしたら、それは「結論への筋道」が正しいという意味でしょう。すなわち法律学においては、原則として条文を出発点とします。その条文から結論への道筋が、きちんとしていれば「正しい」とされます。条文があるのに十分な根拠なしに、条文から論理的に結論を導く作業を怠ると、「正しくない」と評価されることになります。しかも条文と結論の結び付け方がわかれば、条文を見つけ出しさえすれば答案が書けるようになり、勉強が楽になります。

条文をスタートポイントとすることが大前提ですから、「条文にこのように書いてある」というのがもっとも基本であり（文理解釈）、本来はこれが普通のはずですが、それでは妥当な結論が得られないとか、直接規定した条文がないという場合に、どのように処理するかが、法律学を知っている者の腕のみせどころです。そのための道具としては、拡大解釈、縮小解釈、類推解釈（類推適用）、反対解釈などがあります。もちろん、これらの道具は、条文の立法趣旨・目的にしたがった形でしか使えません。したがって、法律の文言どおりに考える場合以外は立法趣旨をまず示すことが求められるのです。

[?] Information 24
論理操作の技法については、たとえば五十嵐清『法学入門』（一粒社）154頁以下など参照。

[💬] Comment 25
条文から、どうがんばっても導けない場合は別として、多くの場合は結論が頭の中にまずあって、条文からその結論を導くために、いろいろな技法を使いわけているといえるでしょう。より詳しくは、米倉明『民法の教え方』（弘文堂）138頁以下。

4. 文理解釈では妥当な結論が得られないとき

条文を文言どおり適用すると、妥当な結論が得られない場合には縮小解釈を使うことになります。縮小解釈とは、条文の文言が意味する範囲を（一般常識より）縮小して考えるものです。たとえば、民法95条で、法律行為の要素に錯誤のある意思表示は「無効」とする（無効であれば、だれでも主張できるのが原則）とされていても（なお、平成29年改正で「取り消すことができる」となりました）、この規定は表意者保護のための規定なので、表意者に無効を主張する意思がないときは、第三者は無効を主張できないと解すること（最判昭和40・9・10民集19巻6号1512頁）や民法177条にいう「第三者」を当事者又はその包括承継人以外のものであって、不動産物権の得喪及び変更に係る登記の欠缺（＝欠けていること）を主張するにつき正当の利益を有する者と解すること（大判明治41・12・15民録14輯1276頁）、などがあります。縮小解釈によることができない場合は信義則（＝信義誠実の原則〔民法1条2項〕。権利の行使や義務の履行は、相手の期待や信頼を裏切らないように誠実に行わなければならないという原則）や権利濫用（または代表権の濫用）によって条文の適用を排除します。

5. 直接規定した条文がないとき

直接規定した条文がないようにみえる場合には、拡大解釈、類推適用、反対解釈が使える可能性があります。論理的には、同じ条文について拡大解釈、類推適用または反対解釈のいずれも可能であり、どれを用いるかは立法趣旨をどのように捉えるか、すなわち結論の妥当性によって決まります。

Comment 26
学説や下級審裁判例の結論がしばしば分かれていることからもわかるように、なにを妥当な結論と考えるかについては人によって違いが多少あります。したがって、結論をどのように導いているかが試験などでは重要な採点基準となります。

Comment 27
いいかえるならば結論が先に決まって、それに合わせて反対解釈をするか類推適用をするかを決めるということです。

たとえば，民法416条は，債務不履行による損害賠償の範囲は，原則として通常生ずべき損害に限られ，特別の事情によって生じた損害は予見可能性があるときに限って損害賠償の範囲に含まれると定めていますが，不法行為による損害賠償の範囲については民法に規定がありません。そこで，416条は債務不履行による損害賠償の範囲について設けられた特則であると位置付けて，416条のような規定がない以上，不法行為については，公平の観念に照らして加害者に賠償させるのが相当と認められる損害については，「通常生ずべきものであると特別の事情によって生じたものであると，また予見可能なものであると否とを問わず，すべて賠償責任を認める」べきとする（最判昭和48・6・7民集27巻6号681頁における大隅裁判官の反対意見）のが反対解釈です。[*28]

これに対して，不法行為による損害賠償であるか債務不履行による損害賠償であるかを問わず，損害賠償の範囲は相当因果関係の範囲内に制限されるべきものであり，416条はこのことを定めたものであるから，不法行為にも416条が類推適用され，不法行為による損害賠償の範囲も，原則として通常生ずべき損害に限られ，特別の事情によって生じた損害は予見可能性があるときに限って損害賠償の範囲に含まれるとするのが類推適用（大判大正15・5・22民集5巻386頁，最判昭和48・6・7民集27巻6号681頁の法廷意見など）です。つまり，1つの条文を反対解釈するか類推適用するかによって，反対の結論を導くことができ，どちらによるかは，民法趣旨をどのように理解するか，対立しているさまざまな利益を踏まえて，それを比較してどれを重視するかを考えてみると（利益衡量上）どのような結論が妥当であると考えるかによって決まってくるという面があります。

Key Word 28
少数意見（反対意見）
最高裁判所の裁判については，各裁判官の意見を裁判書に表示することが求められており（裁判所法11条），法廷意見と対立する意見を少数意見とよんでいます。最高裁判所以外の裁判所の裁判については，各裁判官の意見については秘密を守らなければならないので（裁判所法75条2項），少数意見というものは問題となりません。
法廷意見 裁判は，最高裁判所の裁判について最高裁判所が特別の定めをした場合を除いて，過半数の意見によるものとされており（裁判所法77条1項），裁判がよった意見を法廷意見といいます。

6. 拡大解釈とは

　拡大解釈は，条文の文言が意味する範囲を（一般常識より）拡大して考えるもので，明らかに文言にあたらない場合には使えません。拡大解釈には，たとえば，「熊を連れて店に入ってはならない」というルールがある場合にパンダ（パンダを中国語で書くと熊という文字が使われているから）を連れて店に入ってはならないと考えるようなことがあてはまるでしょう。より専門的な例を挙げると，民法703条の「他人の財産」にはすでに現実に他人の財産に帰属しているものだけでなく，当然他人の財産としてその者に帰属すべきものを含むとすること（最判昭和32・4・16民集11巻4号638頁），会社法13条の「悪意」（42頁参照）には重過失が含まれると解すること，などがあります。

7. 類推適用とは

　類推適用は拡大解釈を使えない場合に，ある条文が明文で規定する場合以外の場合にも，その条文の規定する効果を生じさせるというものです。たとえば，「犬を連れて店に入ってはならない」というルールがある場合に蛇やワニを連れて店に入ってはならないと考えるようなことです。より専門的な例を挙げると，土地の所有者であるAがBの承諾なしに，自分の意思に基づいて，その土地の所有権をBに移転した旨の登記をした場合（最判昭和45・7・24民集24巻7号1116頁）には民法94条2項を類推適用して，善意の第三者に対しては，AはBへの所有権移転がなかったことを主張できないとすることなどがあります。

8. 反対解釈とは

　反対解釈は，ある条文が一定のことを定めている場合に，それにあたらない場合は条文が規定するのと反対の効果が生ずると考えるとか，ある条文が一定の場合または人に一定の行為を禁止あるいは義務付けているときは，法定の場合以外の場合，またはその人以外の人には禁止あるいは義務付けられていないと考えるものです。たとえば，「犬を連れて店に入ってはならない」というルールがある場合に，猫や小鳥なら連れて入ってよいと考えるものです。1つの条文のみを見て反対解釈する方法と複数の条文を見比べて反対解釈する方法があります。

💬 **Comment 29**
　1つの条文のみで反対解釈する例　民法177条で，物権の得喪や変更はその旨の登記をしなければ「第三者」に対抗できないとしているが，当事者（「第三者」でないもの）には対抗できると考えること。

💬 **Comment 30**
　複数の条文を見比べて反対解釈する例　民法704条が「悪意の受益者」と定めていることから，民法703条は善意の受益者に関する規定であると解釈することなど。

第2章

法律学の勉強のツール
―― 必携とあればよいもの

2-1 六　法

1. 六法は武士の刀

法律科目を履修するからには，絶対に手元におかなければならないものを1つだけ挙げるとしたら，それは「六法」といわれる，法律の条文を編集したものです。聴いたことは忘れないというぐらい記憶力のよい方であれば，ノートをとる必要はないかもしれませんし，すばらしい講義を聴く機会に恵まれている学生であれば，テキストは要らないということもあるかもしれません。しかし，六法をもたずに，講義を聴きに行ったり，テキストを読んだりするのは無謀です。たしかに，法律学の講義を聴くときは，いつも隣の人の六法を見せてもらうというのも1つのやり方であるかもしれません。しかし，この場合も六法が必要であることにはかわりがありませんし，試験のときは隣の人から借りるというわけにはいかないので，小さめのものでよいので六法は買っておいた方がよいと思われます。

法律学の勉強においては法律の条文を解釈することが中心になるため，法律の文言という材料がなくては，その先に進みません。普通のテキストには条文がそのまますべて印刷されていることはまずありませんし，講義でも，条文の全体を担当者が読み上げてくれるとは限りません。そうであるとすると，テキストを読むときあるいは講義を聴くときに法律の条文が手元にないと，書いてあることや講義されていることが十分に理解できないという結果になりがちです。法律の条文が受講者あるいは読者の手元にあることを前提に講義はなされ，テキスト

> **Comment 1**
> 憲法，民法，刑法，商法，民事訴訟法，刑事訴訟法の6つの法典にちなんで六法とよばれています。しかし実際には，はるかに多くの法令が収録されています。

> **Comment 2**
> どの六法を使うかは個人の好みですが，試験のときに使える六法をふだんから使うと試験のときには楽でしょう。もっとも，司法試験用六法などは使いづらいので，自習するときは他のより使いやすい六法を用いるのも一策です。

は書かれているのです。

　ここでわいてくるかもしれない疑問は，法律の条文を手元におく必要があるだけで，六法を手元におく必要はないのではないかということでしょう。法律の原文は，官報をみれば載っていますし，また，最近ではインターネット上でも入手できるようになりました。しかし，必要な法律の条文を１つ１つコピーしてくるのは手間がかかりますし，そのうえ，いわゆる司法試験用六法や公認会計士試験用六法を読んでみるとわかるように，どれが第何項なのかも明示されていなければ，古い法律の条文には見出しもついていません。これに対して，市販されている六法では利用者にとって使いやすいように多くの法令の条文を整理し，並べてあるのみならず，見出しが付けられ，ある条文が第何項にあたるかがわかるように，①②③……というように番号を付してあったり，参照条文が追加情報として提供されていたりしています。したがって，法律の生の条文を読めるような力を身につけるよう努力することはもちろん必要ですが，いちいち条文を集めることに手間と時間とをかけることには意味はあまりないように思われますし，勉強のためには六法を使うことが便利であるといえましょう。

📖 Key Word 3
官報　国立印刷局から発行されているもので，公布された法律や条約，省令などが掲載されています。本来，紙媒体ですが，https://kanpou.npb.go.jp で掲載日から30日分閲覧できます。しかも，法律，政令等については，「過去分はこちら」から，平成15年7月15日以降の官報情報をみることができます。

2．条文の呼び方

　どの条文のどこを指すのかを示すときに，○条○項○号とか，○条○項但書というような呼び方をします。講義やテキストなどでは，そのような呼び方がわかっていることが前提とされていますので，いくつかの例を用いて，ここで，基本的な呼び方をおさえておきましょう。

[例1] 憲法第57条

＊公布されたもの

第五十七条　両議院の会議は，公開とする。但し，出席議員の三分の二以上の多数で議決したときは，秘密会を開くことができる。
　両議院は，各々その会議の記録を保存し，秘密会の記録の中で特に秘密を要すると認められるもの以外は，これを公表し，且つ一般に頒布しなければならない。
　出席議員の五分の一以上の要求があれば，各議員の表決は，これを会議録に記載しなければならない。

＊ポケット六法の場合

第五七条【会議の公開，会議録，表決の記載】
① 両議院の会議は，公開とする。但し，出席議員の三分の二以上の多数で議決したときは，秘密会を開くことができる。
② 両議院は，各々その会議の記録を保存し，秘密会の記録の中で特に秘密を要すると認められるもの以外は，これを公表し，且つ一般に頒布しなければならない。
③ 出席議員の五分の一以上の要求があれば，各議員の表決は，これを会議録に記載しなければならない。

　まず，法令は，通常，複数の条に分けられていますが，これは，「第○条」と表記されているので，簡単にわかります。しかし，法令の原文では，何項にあたるかは，改行と頭下げによって，示していて，数字では表示され

ていません（もっとも，市販されている六法，たとえば，ポケット六法では，①②③というように，項を示しています）。①の後に続いている文（章）が**第1項**，②の後に続いている文（章）が**第2項**，……ということになります。したがって，憲法第57条は3つの項から成ることになります。

そして，1つの項の中に2つ以上の文が含まれているときには，その複数の文の間の関係によって，それぞれの文の呼び方が異なっています。

憲法第57条第1項の場合は，2つ目の文が「但し，」で始まっていますので，1つ目の文は「**本文**」と呼び，2つ目の文は「**但書**（ただし書）」といいます。したがって，「但し，出席議員の三分の二以上の多数で議決したときは，秘密会を開くことができる。」の部分は，憲法第57条第1項但書と呼ばれます。

> **[例2] 憲法第67条**
> 第六七条【内閣総理大臣の指名，衆議院の優越】
> ①　内閣総理大臣は，国会議員の中から国会の議決で，これを指名する。この指名は，他のすべての案件に先だつて，これを行ふ。
> ②　衆議院と参議院とが異なつた指名の議決をした場合に，法律の定めるところにより，両議院の協議会を開いても意見が一致しないとき，又は衆議院が指名の議決をした後，国会休会中の期間を除いて十日以内に，参議院が，指名の議決をしないときは，衆議院の議決を国会の議決とする。

憲法第67条第1項も2つの文から成っていますが，2つ目の文の最初には，「但し」という語が用いられてい

ません。このように，複数の文が単に並んでいるときは，[例1]の場合と異なる呼び方をします。2つの文が並んでいるときは，初めのほうを**前段**，後のほうを**後段**と呼ぶのがふつうです。したがって，「この指名は，他のすべての案件に先立つて，これを行ふ。」は憲法第67条第1項後段と呼ばれるのが一般的です。3つの文が並んでいるときは，前段，中段，後段と呼ぶこともありますし，第1文，第2文，第3文ということもあります。

> **［例3］ 憲法第73条**
> 第七三条【内閣の職務】 内閣は，他の一般行政事務の外，左の事務を行ふ。
> 　一　法律を誠実に執行し，国務を総理すること。
> 　二　外交関係を処理すること。
> 　三　条約を締結すること。但し，事前に，時宜によつては事後に，国会の承認を経ることを必要とする。
> 　四　法律の定める基準に従ひ，官吏に関する事務を掌理すること。
> 　五　予算を作成して国会に提出すること。
> 　六　この憲法及び法律の規定を実施するために，政令を制定すること。但し，政令には，特にその法律の委任がある場合を除いては，罰則を設けることができない。
> 　七　大赦，特赦，減刑，刑の執行の免除及び復権を決定すること。

憲法第73条には1つの項しかありませんが，漢数字の一から七の後に句が続いています。漢数字の一から始まる句を**第1号**，二から始まる句を**第2号**，……と呼ぶ

ことになっています。そして，号が始まる前の部分を「**柱書**」と呼んでいます。したがって，「内閣は，他の一般行政事務の外，左の事務を行ふ。」は憲法第73条柱書と呼ばれ（1つしか項がないときは，わざわざ第1項とはいわない），「条約を締結すること。」は憲法第73条第3号本文，「但し，事前に，時宜によつては事後に，国会の承認を経ることを必要とする。」は憲法第73条第3号但書ということになります。

3．法律の条文を丸暗記する必要はない

もしかすると，憲法，民法，刑法，商法，訴訟法などを暗記されている方もおられるのかもしれませんが，そういう方はまれでしょう。*4 少なくとも大学の先生方は，学生が法律の条文を丸暗記することは求めていませんし，期待もしていません。そもそも，司法試験などの試験でも論文方式の試験の場合には六法の使用が認められるのが普通ですし，法学部の学年末試験などでも法令が存在する場合には六法の使用がほとんどの場合，認められているはずですから，条文を丸暗記する必要性は大きくありません。*5 もちろん，どの法律のどこあたりにどのようなことが規定されているかを大ざっぱに知っておくことや，よく用いる条文についてはその内容を正確に知っておくことが大切であることはいうまでもありません。

4．六法をまめにひいておくことのメリット

第1に，試験に自分の六法を持ち込むことができるのであれば，六法をまめにひいておきましょう。そうすることによって，重要な部分がさっと開けるようになるはずです。たとえば，民法177条（不動産に関する物権の変動の対抗要件），709条（不法行為による損害賠償）など

[?] Information 4
条文を読んで自分で考えてみた上でテキストなどを読むと，自然に疑問をもって読むことができるというメリットがあります。星野英一教授は，条文を読んで考える→翌日にテキストを読む→さらに詳しい本を読むという手順を勧めておられます（『民法概論Ⅰ』［良書普及会］はしがき5頁）。

[💬] Comment 5
条文の丸暗記は期待されていないとはいっても，試験では時間の制約があるので大切な知識は頭に入れておくことが実際上有利です。また，たまには六法持込み不可の試験をする先生もおられます。

2 法律学の勉強のツール——必携とあればよいもの

は頻繁にテキストや講義で言及されますから，そのたびに六法を開いていれば，その頁は開きやすくなるのは自然なことです。逆に重要でない部分（テキストや講義でふれられなかった条文のところ）は開きにくいため，試験場でパッと六法を開いたときに関係がないところがでてきてイライラすることも少なくなるでしょう。

第2に，自分の六法を持ち込める場合はもちろんのこと，そうでなくともどのタイプの六法が使用可能かを知っていれば，そのタイプの六法をふだんから用いることによって，頁のどのあたり（たとえば，右の頁の1段目とか）に目指す条文があるかを感覚的に身につけられます。そうなれば，正確に何条であったかを思い出せなくとも，条文を六法の中で効率的に探せます。

第3に，これが最も重要なメリットですが，記憶を思い起こそうとするときには，何かそのためのカギが必要です。六法を頻繁にひいて，条文をきちんとチェックしていれば，試験場で条文を見たときに，講義を聴きながらこの条文を引いたときには先生はあの点を強調していたなあ，あのテキストにはこう書いてあったと思い出せるかもしれません。そもそも，ふだんの勉強の段階で，法令の条文を見て，この条文についてはこのような解釈上の論点があるか，その論点についてはどのような有力な見解があるか，自分はどの見解をとるかということを考える訓練をしておくことが大切です。そうしておけば，条文を見て何を書くべきかを容易に思い出せるはずです。とりわけ，どの見解によるかを考える際に条文の文言と対応させておさえておけばよりいっそう効果的です。

5. 参照条文付き六法あるいは判例六法の使い方

参照条文や索引をつけているのはその分野の有名な先

> 💬 **Comment 6**
> 試験に自分の六法を持ち込める場合でも，書き込みなどがあると持ち込めないので，私の友人は同じタイプの六法を2冊買って，一方には書き込みやアンダーラインを加えないようにしていました。

> ❓ **Information 7**
> 条文を繰り返し読んで，「最後には，条文の1つ1つから様々な問題点が浮び上が」ったと綿引万里子判事は司法試験に合格されたときの体験記で述べておられました（伊藤万里子「幸運な私の在学中合格の記録」受験新報 昭和52年11月号171頁）。

生であることが多いことは，六法の編集委員の顔ぶれを
みただけでもわかります。そのような先生がこの条文と
この条文とは関連すると指摘してくださっているのです
から，それを利用しないでおくのはもったいないことで
す。[*8]

　第1に，索引は，条文の場所を見つけるために役立ち
ます。たとえば，「善良な管理者の注意」という表現が
出てくる条文がどれであったかを思い出せないときは，
たとえば，『ポケット六法』（平成28年度版）を使うと，
巻末の索引をつかって，民298，400，644…というよう
に見つけることができます。

　第2に，とりわけ，一行問題（説明問題）には参照条
文はとても有効な手助けとなります。

　第3に，比較問題にも参照条文はきわめて役立ちます。

　これらだけでもかなり重要なポイントはおさえられる
はずです。ただし，参照条文には必ずしもわかりやすい
見出しがついていないこともあるので，六法の持ち込み
冊数に制限がなければ複数種類のものを持ち込むことを
お勧めします。

　なお，判例付六法は，判例集のコピーあるいは判例百
選を読む時間がない場合に役立ちますし，また，判例の
結論についてのあやふやな知識を再確認するためには確
かに有用です。しかし，少なくとも論文形式の試験との
関係では判例の理由付けの方がはるかに重要です。しか
も，試験場では判例付六法を使えないのが普通です。そ
こで，ふだんの勉強用に，しかも判例を調べる際の手掛
かりを得るために使うぐらいにとどめるのがよいのでは
ないでしょうか。[*9]

💬 **Comment 8**
ここでは参照条文を一部省略して記載しています。

💬 **Comment 9**
小型の『ポケット六法』は創刊当時（1978年）860ページ余りだったのが，現在は2000ページ程度に，大型の『六法全書』は創刊当時（1948年）1670ページ程度だったのが，現在は6500ページ程度にまで増えています。

2　法律学の勉強のツール——必携とあればよいもの

```
           代表的な六法の例
大型      六法全書（有斐閣）
中型      判例六法 Professional（有斐閣）
小型      ポケット六法（有斐閣）
          デイリー六法（三省堂）

判例付    判例六法 Professional（有斐閣）
          模範六法（三省堂）
          判例六法（有斐閣）
```

6. 普通の六法にない法令はどこで見つけるか

インターネット上では，無料のものとして，e-Gov 法令検索（無料）がお値打ち物です。もちろん，有料のサービスである Westlaw Japan の法令や D1-Law.com の現行法規（第一法規）はより使いやすいこともたしかです。インターネットでアクセスできるデータベースでは様式などは省略されていることがあり，その場合には紙媒体のものに頼らざるをえません。紙媒体であれば，『証券六法』（新日本法規）など分野ごとに特化している六法で見るか，全法令が収録されている『現行法規総覧』（第一法規）または『現行日本法規』（ぎょうせい）を見ます。

しかし，とても新しい法令や失効した法令はこれでは見つかりません。

失効した法令のうち重要なものは『旧法令集』（有斐閣）や『現行日本法規』の「主要旧法令」に載っていることがありますが[*10]，網羅的には，まず『現行法規総覧』の旧主要法令改廃経過一覧，『現行法規総覧』の廃止法

[?] Information 10
中野文庫（http://www.geocities.jp/nakanolib/）で入手できる失効・廃止法令もかなりあります。

令五十音索引または『日本法令索引』(http://hourei.ndl.go.jp/SearchSys/) で公布年月日を把握し，その時期の六法，『法令全書』または官報を見ることになります。戦後 (1947年〜) のものであれば衆議院の「制定法律」が有用です (http://www.shugiin.go.jp/internet/itdb_housei.nsf/html/housei/menu.htm)。制定回次がわかれば，条文をみることができます。

　なお，Westlaw Japan または LexisNexis JP の法令および D1-Law.com の現行法規では，ある特定の日における法令の内容を知ることができます (ただし，すべての法令についてこの機能を用いることができるわけではありません)。また，新旧対照表もあるため，現行の法令がいつどのように改正されたかが容易にわかります。

　他方，新しい法令は官報 (23頁参照) を見ることになりますが，所轄する省庁のホームページに載っていることも少なくありませんし，省庁のホームページでは法案の段階で見ることもできることが多くなりました。そこで，総務省のサイトの検索システム (https://www.e-gov.go.jp/) はたいへん役立ちます。また，衆議院 (https://www.shugiin.go.jp/internet/index.nsf/html/index.htm) や参議院法制局 (https://houseikyoku.sangiin.go.jp/) のホームページも有用です。

[?] Information 11
　たとえば，会社法改正は法務省 (http://www.moj.go.jp)，金融商品取引法の改正は金融庁 (https://www.fsa.go.jp)。

2 法律学の勉強のツール——必携とあればよいもの

図表 2-1　インターネット上の法令データベース

		廃止法令	ある時点の条文	新旧対照	備　考
無　料	e-Gov 法令検索	2001 年 4 月 1 日以降			
有　料	Westlaw Japan	主要なものを収録	可能（対象法律は多いが必ずしも施行時からではない）	あり	更新が早い
	現行法規（第一法規）		可能（少数の基本的法律について施行時から）	あり	
	リーガルベース（日本法律情報センター）	11 件			旧法を除き，現行法令（ぎょうせい）のデータ
	現行法令（ぎょうせい）				
	LexisNexis JP	2001 年 4 月 1 日以降	可能（対象法律は多いが必ずしも施行時からではない）	あり	

2-2　テキスト

1. テキストと体系書

　講義の際に先生が参照され，指示されるもののほか，講義の予習あるいは復習にあたっては，テキスト，概説書，体系書，注釈書（コンメンタール。111 頁の Key Word 参照），判例集，その他の文献を用いるのが一般的です。

　もっとも，テキスト，概説書，体系書という呼び名は必ずしも厳密に使い分けられているわけではありません。たとえば，ある本が体系書であると一般的には考えられていても，ある先生がそれを授業で用いるために指定されると，その限りにおいては，テキストとよばれます。おおざっぱには，学生の勉強，あるいは講義で用いられることを主たる目的として書かれているものがテキスト

2-2 テキスト

（概説書），テキストより詳細で著者の研究者としての成果という面も有するものが体系書といえるのかもしれません。たとえば，有斐閣の法律学全集や法律学大系，あるいは青林書院新社の現代法律学全集に含まれるもののほか，我妻榮『民法講義』（岩波書店）は体系書の典型です。他方，有斐閣のSシリーズ，アルマシリーズ，Legal Quest あるいは弘文堂の法律学講座双書（いわゆる青函[*12]）などに含まれるものはテキストの典型です。

あくまで，筆者の目からみたイメージにすぎませんが，講義で先生方がテキストとして指定しやすいのは，特に定評のある概説書（たとえば，芦部信喜＝高橋和之補訂『憲法』〔岩波書店〕，塩野宏『行政法』〔有斐閣〕）や講義をなさる先生が書かれた概説書を別とすれば，かつては青函や有斐閣双書などが多かったようですが，アルマシリーズや Legal Quest がこれらにとって代ってきているようです。有斐閣双書は著者の見解を強く押し出すことなく，必要な主要論点をカバーしつつ，コンパクトさを維持しているという傾向があり，著者の先生方もベテランの方々が多く信頼が置けるという印象があったのですが，最近では改訂がなされなくなり，新たなテキストシリーズに属するものが用いられるようになっています。

アルマシリーズに含まれるものは，さまざまな工夫が凝らされており，学生が自分で読んでもよいというタイプであることが多いようです。入門書とテキストとのいいとこ取りをした感じですが，ベーシックは入門書，それ以外はテキストという位置付けなのでしょう。著者は中堅からやや若手なので，現代的な問題意識とセンスが感じられます。

これらに近いイメージなのが，たとえば，大村敦志『基本民法』（有斐閣。2色刷で親しみやすい印象ですが，

💬 **Comment 12**
これは，本の表紙の色が緑色であることにちなんだ呼び方です。ただし，最近は箱に入っていません。また，金子宏『租税法』，菅野和夫『労働法』などは体系書と呼ぶべきでしょう。

かなり高度な内容も含まれています）や佐久間毅『民法の基礎』（有斐閣）などでしょう。

さらに，最近では，アルマシリーズよりもコンパクトなテキストが現れてきており，ストゥディアシリーズに属するものが次々と刊行されています。

他方，一流の大学の法学部では，体系書といえるようなものがテキストとして指定されることも少なくありませんが，中でも法律学大系に含まれるもの（法律学全集や現代法律学全集に含まれるものも同様ですが，若干古くなりつつあります）や，その領域で特に定評のある体系書（たとえば，会社法では江頭憲治郎『株式会社法』（有斐閣））が指定されることがあるようです。これらは，出版時点における学界の到達点を示すものということができ，最新の議論までカバーしており，アカデミックな香りのいくぶんかにふれることができるでしょうし，将来にわたって使えるという可能性もあります。特に注の部分などでは高度な議論がなされています。法律学大系などは，1人で読破するには厳しいものがありますが，講義を聴くことにより，どの部分を読めばよいかがある程度わかりますし，また，理解する上での難所についても，先生が講義でわかりやすく，掘り下げて説明してくださるはずなので，講義が終わるころには主要な部分には目を通し，ある程度理解できる可能性があります。先生が講義で使われるのでなければ，他のテキストを前提として，このようなタイプの本は，副読本あるいは一種の辞書として使うことが考えられます。また，その分野に特に興味があるという方向きでもあります。

以上に加え，シリーズには含まれていない，それぞれの著者の先生方が特色を出しつつ，執筆されたテキストや体系書が多数あります（例については，2-5の4.の

Information 参照)。特に，ケースを設定して説明するなど学生の学習に対する配慮がなされており，また，体系書のようには，注が多く付されてはいませんが，青函やSシリーズ，双書に比べると細かいところまで，かつ広範囲をカバーしている，やや厚めのテキストも少なくありません。

図表2-2 テキスト・体系書シリーズの一覧

入門書（2-2の3.のInformation参照）	アルマ（ベーシック）		その他のテキスト
	アルマ（その他）	Sシリーズ Legal Quest	
		青函/双書	
		法律学全集/法律学大系/現代法律学全集	その他の体系書

　ゼミでの報告あるいはレポートや小論文執筆のための資料を集めるという観点から，注釈書は有用ですが（詳しくは，5-1の2.），学部学生の場合，講義の予習，復習のために用いるのは一般的ではありません。もっとも，体系書を読んでみて，さらに深く知りたいというときには，注釈書にあたって，それを手がかりに，雑誌論文や重要判例を知り，それらの原文にあたってみるというのもよいでしょう。

　学生向け判例集については2-4で，その他の判例集については5-2でふれますが，先生からの指示があるか，そうでなくとも余裕があれば，講義で使うテキストや体系書に引用されている裁判例（特に最高裁判所の判例）には，事実関係も含めて目を通しておくことがお勧

めです。そして，このような判例をよりよく理解するためには，より専門的には，6-3で説明するような方法が考えられますが，とりあえず，学生向け判例集の解説あるいは法律雑誌の解説を読んでみること，それで物足りなければ，最高裁判所の調査官解説（6-3の**3.** 参照）[*13]を読んでみることがよいように思われます。

以上に加えて，ある有名な商法の教授は，学生時代，講義で先生が論文——たとえば，法学協会雑誌や民商法雑誌に掲載されたもの——に言及されると必ずそれを入手して読まれたそうです。自分の興味のある分野であれば，論文にまで手を広げて読むにこしたことはありませんが，自分で何を読むべきかを発見するのはむずかしいので，先生が講義で言及されたもの，あるいは，定評のある体系書で引用されているものを読んでみるというのが，学部学生にとっては無理がないかもしれません。

2. テキストの選び方——講義を聴ける場合

法学部の学生など，その科目の講義を聴く機会のある方にとっては，その講義の担当者が指定したテキストを使うのが一番ということができます。というのは，テキストは教師の講義と一体となって真価を発揮するものであり，その教師の講義と指定したテキストとは相乗効果をもっているからです。すなわち，かりにそのテキスト自体ができのあまりよくないものであるようにみえても，それを使って講義してくださる先生が十分にかみ砕き，敷衍し，かつ補充してくだされば，学生にとっては十分な学習効果が得られるはずです。

法律学の話ではありませんが，わたしが経済学科の学生であったころも，ある科目の先生の教科書について先輩方が酷評しているのをしばしば耳にしましたし，実際

💬 Comment 13
　最高裁判所に申し立てられた事件については，最高裁判所調査官が下調べをした上で，最高裁判所裁判官に対して，事件についての報告をします。その上で，最高裁判所裁判官は，評議を行い，判決や決定を下しています。そして，重要な最高裁判所判決について，この調査官が執筆した解説を調査官解説と呼んでいます。もちろん，最高裁判所調査官の個人的意見という位置づけですが，調査過程，事案の概要，当事者の主張，公刊されていない裁判例（たとえば，最高裁判所判例集にのみ所収されているような裁判例）を含む裁判例の変遷，学説の推移，判例の射程，判例の意義などを解説しており，重要な文献です。

にその教科書を図書館で見ると厚くてまとまりのない文章が並んでいるようにみえました。そして，正直なところ，その教科書を購入するのはもったいないと思いましたが，実際にそのテキストを買って，その先生の講義を聴いてみると，非常に有益でした。だらだらとした記述が多いようにみえ，枕にしたいというようなものも，それをお書きになった先生が講義で用いられると，どこがポイントなのかがはっきりしてきたからです。

他方，一般的にはすぐれたテキストであるといわれているものでも，教師の講義なしに学生の独力で読みこなすのは容易なことではありません。そして，テキストのそれぞれには特色がありますから，指定された以外のテキストを用いつつ，その科目の担当者の講義を聴くと，テキストと講義との補完関係が成立しないと同時に，テキストのどの部分が講義されているのかを追うことも簡単ではないため，時間が余計にかかってしまうのが普通でしょう。予習・復習ということを考えても，指定されたテキストをまず大切にすることが最も時間を節約できるように思われます。

3. テキストの選び方──講義を聴けない場合

最近は，いろいろなメディアが発達し，有名な先生方の講義を放送やインターネットを通して聴いたり，[*14] DVDなどによって視聴したりする機会が，実際に大学に通う時間などがない方々にも得られるようになってきましたので，完全な独学で勉強するということは少なくなっていると思われます。しかし，そのような機会が相対的に少ない方や，自分の通っている大学の講義では満足できない，あるいは，力が余ってしかたがないというので，もう1，2冊テキストや体系書を読んでみようと

💬 **Comment 14**
とりわけ，放送大学（www.ouj.ac.jp）の講師陣はすばらしいものです。家にいながらにして，日本全国の高名な先生の講義を受けられるのですから，ぜいたくとすらいえるでしょう。テキストも市販されていますから（www.ua-book.or.jp），放送大学に入らなくとも十分に勉強できます。

2 法律学の勉強のツール——必携とあればよいもの

いう方々がいらっしゃることもまた事実でしょう。

そのような方々には，第1に，講義の担当者におたずねになることをお勧めしたいと思います。ただ，大学の先生方は，必ずしも学生の実力と嗜好を把握していないので，読みやすい本を紹介してくださるとは限らないことには要注意です。

第2に，『法学入門』（『法学セミナー』の別冊）などに紹介されているテキストの中から1冊選ぶというのも考えられる選択肢の1つでしょう[*15]。これは，教える側から選ばれたものですから，信頼性はありますが，それぞれの本の長所と短所，とりわけ短所がコメントされているわけではないので，それだけで，いきなり1冊選ぶというのは一種の賭けといえるかもしれません。したがって，いくつか目星を付けて大学生協や大きな書店に出かけ，その店頭で，「時間をかけて」立ち読みし，慎重に選ぶことが肝要です。

第3に，先輩やよく勉強している友人に聞いてみることもよい方法です。そういう知り合いがいなければ，インターネット上で情報を集めるのもよいかもしれません。また，司法試験の受験勉強のために用いるのであれば，受験雑誌に載っているアンケート結果や合格体験記を読んでみるのも1つの策でしょう[*16]。この手の記事では，自分と同じ立場にある，あるいはあったユーザーの立場からなかなか手厳しい（本音の）コメントが付されていて，出版社の宣伝用の文章とは異なった情報価値があります。

4. テキストの読み方——勉強のため

学年末試験や資格試験のためにテキストを読むという場合，どのように読むべきかについてはもちろん定説などありません。ただ，一般論としていえることは，前述

[?] Information 15
　また，『法学教室』などの連載で引用されているテキスト・体系書から選ぶことも考えられます。

[?] Information 16
　主要な受験雑誌として『受験新報』（法学書院），『Hi-lawyer』（辰巳法律研究所）などがあります。

したことの裏返しになりますが，そのテキストを使って講義してくださる先生の講義を聴く（そして，できれば，わからないところをとことん質問する）というのが最も効率的でしょう。

しかし，講義より早めに勉強しておきたいとか，講義を聴く機会が少ないという方のためにいくつかのアドバイスをしておきましょう。ただし，わたしは，決して優等生ではなかったので，単位をとれるとか試験にぎりぎり合格するというレベルの読み方にすぎないことにご注意ください。

第1に，やさしい，薄い本を1冊読んでみるということです。正直なところ，勉強し始めたころ，わたしにとって，法律学の勉強はとても難しく思えました（今も，難しいと思いますが）。そこで，法律学が嫌いにならないように，やさしい本をまず読んでみるのがよいように感じました。また，厚い本ですと，なかなか読み終わらないので欲求不満になりますし，わたしのように飽きっぽい人間は途中でやめたくなります。薄い本を読むもう1つのメリットは全体像をつかむのに役に立つということです。法律学の勉強にあたっては，個々の論点を適切に理解するだけでなく，他の論点における解決との整合性やバランスが重要であり，「木を見て森を見ず」にならないように心を配る必要性があるからです。

同じ理由から，第2に，最初のうちは可能な限り速く読むよう心がけることをお勧めします。ゆっくり読んでいては，前に読んだ部分を忘れてしまい，今読んでいる部分が全体の中でどのような位置付けにあるのか，前に読んだ部分との整合性・バランスはどうなっているのかがわからなくなってしまうからです。わからないところは，また勉強する，あるいは先生などにお聞きするとで

? Information 17
思いつく例を挙げてみると，憲法：芦部信喜『憲法』（岩波書店），戸松秀典『プレップ憲法』（弘文堂）
民法：米倉明『プレップ民法』（弘文堂）
刑法：井田良『基礎から学ぶ刑事法』（有斐閣）
民事訴訟法：中野貞一郎『民事裁判入門』（有斐閣），裁判所職員総合研修所『民事訴訟法概説』（司法協会）などがあります（版は略しました）。

2 法律学の勉強のツール──必携とあればよいもの

も思って，しるしを付け（たとえば，付箋をはっておく），次に進んで行くというのが効率的です。もちろん，じっくりと考えることは法律学の勉強においても大切なことですが，すべてをじっくり考えようと思うと時間が足りません。しかも，先の方へと読み進んで行くうちに，疑問点が解消することもあります。わたしは，司法試験を受験したときに，民法については我妻先生と有泉先生の書かれたダットサン[*18]といわれているテキスト（『民法（1・2・3）』〔一粒社。現在は，川井先生も著者に加わられ，勁草書房から第3版が出ています〕）を読みましたが，最初のうちは付箋だらけになりました。しかし，10回，20回と読んでいるうちに付箋はどんどんなくなっていきました。

　もちろん，ある段階までできたら，今度は，どこが重要かわかっているはずですから，重要な部分を熟読することが必要です。

　第3に，最初から，消せない線を引いたりしない方がよいと一般的にはいえるでしょう。というのは，最初のうちはどこが大切かわからないので，大切な所に線を引かず，大切でない所に線を引くおそれがあるからです。変な所に線を引くと2回目以降不要な所に目が向いてしまい非効率的です。わたしは，あとで消せるように最初は鉛筆で薄く線を引いていました。

　ただ，機械的に線を引けるような部分，たとえば，定義の部分などは，テキストを見やすくするために一定の色で線を引くということを考えてもよいでしょう。しかし，全部が同じ色の線になったのでは，少しも見やすくならないことだけは確かです。

　第4に，わからない言葉については，法律学辞典[*19]などを引いてみるのが効率的にテキストを読む秘訣でしょう。

[?] Information 18
　日産自動車が開発した小回りのきく小型車であるダットサンがこの通称の由来です。

[?] Information 19
　具体的には 2-3 の 2 をご覧ください。

また，少なくとも2回目以降，テキストを読むときは，六法を手近においで，まめに参照することが試験勉強には役立つはずです。なぜなら，試験では六法の使用が許されることが多く，そうであるとすると，六法に載っている条文を見て，テキストの記述のポイントを思い出せるようにしておけば有利だからです。同時に，条文の文言を用いてどのようにそのテキストでは論理操作しているのかに注意しておけば，丸暗記する必要はないのです。さらに，判例百選なども適宜あわせて読んでみることがテキストの内容を理解する助けとなるでしょう。

　最後に，最初にテキストを読むときは，決して暗記しようなどとは思わないでください。世の中にはたまに驚異的な暗記力をもっている方もいらっしゃいますが，そうではないと自覚している方が法律学のテキストの内容を暗記することは苦痛以外の何物でもなく，そのせいで法律学の勉強はおもしろくないと誤解されるのはとても困るからです。内容が理解できれば，定義などを暗記するのはそれほどたいへんではなくなるはずですから，暗記をするのは一通り理解したのち，せめて試験の直前に限ってほしいと思います。

2-3　法律学辞典

1. 法律用語は外国語？

　法律学の勉強は外国語・古文の勉強と共通する面が多いように思われます。たとえば，外国語の単語をどれほどたくさん暗記してもその文法を習得しないと文章が書けないのと同じように，法律学の勉強では条文を暗記しただけでは不十分で論理の組み立て方・展開の仕方を学

2 法律学の勉強のツール——必携とあればよいもの

ばないときちんとした答案を書くことはできません。また，同じ綴りでも国によってその意味が異なったり，日本語の中でも古語と現代語とでは同じ言葉の意味が異なったりしているように，法律用語は日本語とはいえ日常用語と異なる意味が与えられていることが少なくありません（典型的な例として「善意」）[20]。しかも，法律の中には商法典などのように明治時代に作られた条文を多く残し，さらには，漢字とカタカナで書かれた文語的な法典があります。このような条文は，古語というほどではないにせよ，現代語で書かれているとはいえないことは確かでしょう。

高校生のころに，英語のリーダーの授業を受けるための予習や復習の際に英和辞典を使ったことのない方はほとんどいらっしゃらないでしょうし，古文の授業をとっていた方にとっては古語辞典を開いた経験は必ずあると思われます。また，大学に入学して，第2外国語を習ったときには，その言語の辞典を使ったことと思います。そうであれば，法律学の勉強をするときに，法律学辞典を用いることは決して不自然ではありません。

確かに，英語圏に住んでいる人達が英語を話せることから，英和辞典などを使わなくとも，英語が話せるようになりうることは確かです。つまり，日頃から生活の中で用いていれば，言葉は自然に身につきますが，法律用語を日常生活で用いることは，外国語以上に少なく，しかも，法律用語は抽象的なもの（もっと大胆にいえば，現実に存在しないもの，目に見えないもの）を指し示すことが少なくないので（法人というのは目に見えませんし[21]，権利というのも目に見える形にはなっていないのが普通です），ふだんの生活の中で実感をもって，いわゆる五感を通じて体得できないことが多いのです。そして，法律

💬 **Comment 20**
「善意」とは知らないことをいい，「悪意」とは知っていることをいいます。

💬 **Comment 21**
「法人」とは自然人（わたしたち肉体を持っている人間のこと）ではないにもかかわらず，権利を取得し，義務を負うことができるとされている社団（一定の目的によって結集した人の集団）や財団（一定の目的によって結合した財産の集団）のことです。

用語をあえて勉強しなくても，自然に身につくような社会環境は日本にはまずないといってよいでしょう。そこで，どうしても，ある法律用語がどのような意味をもっているのかをわざわざ勉強しなければならないことになります。

　もちろん，法律用語を身につけるために，法律学辞典が必ず必要であるとはいいきれません。身近に法律用語をマスターしている人がいれば，その人にいちいちたずねればよいでしょうし，また，いわゆるテキストを読んでいれば，その中で用語の解説が加えられていることもあるでしょう。さらに，大学の講義では，学生のレベルに配慮して，法律用語，とりわけ日常用語と異なる意味である言葉が用いられているときには，ていねいな説明が加えられたり，注意が喚起されたりすることも多いでしょう。

　しかし，紙幅の都合もあり，テキストの執筆にあたっては一定の一般的・基本的な法律用語の意味は理解されていることが前提とされることが普通です。つまり，テキストでは，そのテキストが取り上げる特定の法分野に特有な法律用語の意味は説明されますが，大学の法学の講義で説明されているような法律用語を読者は理解しているものと仮定して，それらの用語については説明を加えないのが一般的です。また，大学の講義についても同様のことがいえます。

2．法律学辞典の使い方

　講義にもっていって，講義を聴きながら参照するというのは，辞典を引いている間に先生は別な話をされるわけですから，実際には不可能といってよいでしょうし，また，けっこう小型の法律学辞典でも六法やテキストと

2 法律学の勉強のツール——必携とあればよいもの

一緒に運ぶのでは重すぎるかもしれません。また，ひまなときに，何げなく法律学辞典を眺めるというのも，思わぬ発見ができてよいかもしれませんが，法律学辞典はとりわけ予習をする際，そして場合によっては復習をする際に，法律用語の意味を知るために用いるのが正統的といってよいでしょう。大きい法律学辞典もありますが，ボリュームやアップ・ツー・デートの程度を考えると，さしあたって，学部学生にお勧めできるのは，高橋和之ほか編集代表『法律学小辞典［第5版］』（有斐閣）でしょう（CD-ROM 版もあり）。少し大きめの辞典としては，竹内昭夫＝松尾浩也＝塩野宏編集代表『新法律学辞典［第3版］』（有斐閣）などがあります。わからない言葉に出くわしたら，まめに法律学辞典を参照するようにすれば，いつのまにか，法律用語が身についてきます。*22

[?] Information 22
『法律学小辞典［第5版］』の最後の方に，「基本法令用語」（言い回し）がまとめられています。なお，『新法律学辞典［第3版］』は絶版なので，図書館等でご覧ください。

通常，法律学辞典では単にある用語の意味だけが説明されているのではなく，さらに他の用語との関連が何らかの形で示されているため，法律学辞典を引くことによって関連知識も同時に身につけられるというメリットがあります。とくに大項目といわれて，長文の解説が加えられている場合に，まとまった知識が得られて，下手なテキストよりも，試験に役立つことすらあります。大型の辞典の場合には，その解説が一種の短い論文といってもよい場合もあるといわれています。

ただ，法律学辞典の使用にあたっては，第1に，同じ言葉でも，学者によって異なる意味で用いている場合があり，その結果，法律学辞典に書かれている定義とテキストに示されている定義とが，あるいはある法律学辞典が与える定義と他の法律学辞典が与える定義とが微妙に食い違っていることがありうることに気を付けるべきです。ある特定の法律に特有な定義については，テキスト

や体系書に示されているものがその本のとる学説と結び付いているという事実を心にとめておくべきでしょう。

　第2に，法律学辞典で調べようとするときに，漢字の読み方がわからないために，結局，その言葉の意味を調べられないという悲しい結果になることがしばしばあります。これは，法律用語に用いられている漢字が難しすぎるとか，あるいは一般的な読み方と違うということによります[*23]。読み方は，講義を聴いていれば，自然にわかることも多いのですが，予習しようという場合には他の方法を考えなければなりません。そのときには，林大＝山田卓生編『法律類語難語辞典［新版］』（有斐閣）が役立ちます。これは漢和辞典の画数索引の法律用語版といってよいでしょう。

　第3に，法律学辞典の説明も必ずしもわかりやすいとはいいきれませんし，少なくとも，やさしいということはありませんので，わからないときは悩まずに，友達，先輩，先生に質問をした方がよいということがいえます。執筆者はわかりやすくしようと努力しているのですが，法律学の用語は抽象度が高く，あるいは厳密さを追求するためにわかりにくくなっていることは否定できないからです。

💬 **Comment 23**
たとえば，「欠缺」というのは「けんけつ」と読むのですが，高校までに習った知識からはこのようには読めないのではないでしょうか。

2-4　学生向け判例集

1. 入り口としての学生向け判例集

　判例の探し方（5-2）および判例の読み方（6-3）を説明する際に，公式判例集や判例の掲載されている雑誌にはどのようなものがあるか，どのように判例から学ぶかを詳しく紹介しますが，長い判例を読むのは骨が折れ

2 法律学の勉強のツール——必携とあればよいもの

ますし（それを仕事にしているわたしでもあまり好きなことではありません），また，そもそも，図書館などで探して，該当部分をコピーするにもそれなりに時間がかかります。そこで，テキストに引用され，あるいは講義中に言及された判例のあらましを知るためには，学生向けの判例集がとても役立ちます。

学生向けのものとしては，『判例百選シリーズ』（有斐閣）が最も普及しているのではないか（講義で指定する先生方も多い）と思われますが，このほかにも，『新・判例ハンドブック』（日本評論社）などもお手軽です。さらに，科目によっては定評のある学生向け判例集が存在します[*24]。

2. 学生向け判例集の使用上の注意

しかし，使用上の注意として，第1にこれだけでやめずに判例の全文にあたることが望ましいということができます。百選などに載っている事実は簡略化されていますし，判決中の理由も省略されているのが一般的です[*25]。そのような取捨選択は執筆者が行っていますが，執筆者が異なれば，どこが重要であると考えるかについても違いが生ずる可能性があります。したがって，判例百選などを使うときも，古い版を大学などの図書館で見つけて，併せて読むと，思わぬ発見をしたり，あるいは多角的に理解できたりすることがあります。また，執筆者はプロであるとはいえ，重要な事実・理由を見過ごしている可能性は否定できません。

第2に，裁判は次から次へとなされており，新たな判例によって，これまでの判例が覆されたり，またこれまでの判例に対する評価が変わったりする可能性がありますが，学生向け判例集のアップ・ツー・デート化は必ず

[?] Information 24
『憲法判例集（新書）』（有斐閣），『憲法判例』（有斐閣），『判例行政法入門』（有斐閣），『民法基本判例集』（勁草書房），『民法判例集（総則・物権，担保物権・債権総論，債権各論）』（有斐閣），『刑法判例集』（有斐閣），『最新重要判例250 刑法』（弘文堂），『判例教材 刑事訴訟法』（東京大学出版会），『商法判例集』（有斐閣）など。

[≡] Comment 25
たとえば，政治献金が問題となった八幡製鉄事件判決は百選などに収録されている判決理由以外にも興味深い指摘を加えています。

しもタイムリーではありません。したがって、法学教室の３月号の付録である判例セレクトや法学雑誌に掲載されている最新判例（法学教室の場合は「時の判例」）には注意を払い続けることが必要です。また、『重要判例解説』（有斐閣）、『私法判例リマークス』、『速報判例解説』、『判例回顧と展望』*26（以上、日本評論社）などは学部学生でも、購入しないにしても、図書館で目を通すなりした方がよいでしょう。

第３に、学生向けの判例集の多くは共著なので、その解説は千差万別であり、一貫性を欠くこともありえることに留意しなければなりません。したがって、学生向け判例集だけで勉強をするのでは大きな落とし穴にはまりかねず、学生向け判例集は講義の補助教材、テキストの補助教材にすぎないと考えておいた方が無難でしょう。

? Information 26
『重要判例解説』と『判例回顧と展望』は年度版ですので、原則として、毎年１回最新のものが刊行されています。『私法判例リマークス』は、年２回出るのがふつうです。学生としては、少なくとも『重要判例解説』に目を通すことがお勧めです。

2-5　演習書・問題集

1. 初心者——テキストを読むよりはおもしろい

確かに、コラムなどを設けて、興味深く読めるように工夫されているテキストや事例を取り上げて説明している教科書は少なくありませんが、テキストあるいは体系書といわれる本では、必要と考えられる知識を限られたスペースに収めようとするために、コンパクトな、抽象的な表現が採用され、しばしば行間を読むことが要求されます。また、裁判例の紹介にしても、結論と理由付けが簡略に引用されているにすぎないのが普通でしょう。

そこで、頭を働かせることがとても好きな人、抽象的な論理操作に喜びを覚える方を別とすれば、テキストを読んでも、具体的なイメージが頭に浮かばないために、

2　法律学の勉強のツール——必携とあればよいもの

おもしろいとは感じないのが一般人（ひょっとすると，学生時代のわたしだけかもしれませんが）でしょう。つまり，テキストの記述が日常生活，現実の世界にどのように影響を与えるのか，具体的事案にどのような答えを与えるのかが想像できないため，興味がわかないということがありえます。

これに対して，演習書では，具体的な事例を簡略化した事案に対する答えを考えさせ，また，答えを導くヒント，場合によると答えを示してくれますから，抽象度が下がり，演習書は法律の考え方を理解する助けとなります。[*27] また，多くの学生は，現実にありそうな問題については興味を感じるのではないかと思います。この点からは，気負わずに，法律的な問題を十分に理解しようと思わないで読む限りは，ケース主体の演習書は初心者にとっても読んでみる価値のあるものです。[*28] つまり，具体的なイメージを得ることができ，法律学の勉強をわずかでも楽しくできることが期待できますし，読むことによって，併用しているテキストに書いてあることがよりよく理解できる可能性があります。しかも，テキストは無駄がないため，また，読むときに見落とさないように緊張して読むため，読んでいるととても疲れますが，演習書は冗長度が高い（多少，読み飛ばしても，理解できる）ので，ただ読んでいるだけなら，それほど疲労感はないのではないかと思われます。

2．初級者から中級者——知識の相互関係を知る

初級者がテキストを読む場合になかなか実現できないことの1つに，全体構造をつかむこと，個々の議論が全体の中でどのような位置付けを与えられているのかを理解することがあります。ところが，全体構造を踏まえて

💬 **Comment 27**
小学校の1年生は抽象的な教材ではなく，身近な，具体的な教材を使って勉強していることからもわかります。

❓ **Information 28**
法学教室に連載されたものをまとめたもののほか，たとえば，池田清治『基本事例で考える民法演習』（日本評論社），松久三四彦ほか『事例で学ぶ民法演習』（成文堂），井田良ほか『刑法事例演習教材』（有斐閣）などがあり，また，法学書院から出ているロースクール演習シリーズがあります。

どのように理由付けがされているのか，個々の議論の間の整合性がどのように図られているのか，さまざまな制度の間の相互関係はどうなっているのかを理解しないと，その法律分野を一応理解したとはいえないと考えられます。そうだからこそ，大学の先生方や資格試験の試験委員の方々は①横断的な見方ができているか，②複数の問題の間で整合的な解決を与えることができるかをチェックする問題（②の典型的な出題形式は小問形式）を出題されるわけです。

　このような要求に応えるためには演習書を用いた学習が役に立ちます。もちろん，テキストの中でも，全体構造を明らかにし，相互関係を理解できるよう工夫されてはいますが，やはり，問題形式で示され，解説されている演習書を通じて学んだ方が効率的です。そして，演習書で学んだ相互関係や全体構造の理解を踏まえて，もう１度テキストを読んでみると，以前に比べるとテキストが読みやすくなった，テキストの内容が頭に入りやすくなったことに気付かれるでしょう。

　また，演習書を読んでみることは，問題を解決するためにどのような知識が必要かを学ぶために役立ちますので，演習書の使用にはテキストを読むときに自然にめりはりをつけて読めるようになるという効果も期待できるかもしれません。司法試験などの受験生が他の人が書いた（できのよい）答案を何通も読むという勉強法をとるというのも同じような考え方によるものと思われます。

　ただ，ここで気を付けなければならないのは，演習書はその性質上，網羅的ではないため，演習書だけでは法律学の議論の理解には不十分であるという点です。テキスト・体系書と併用することによって，相互補完が図られ，高い学習効果が得られるのです。

3. 中級者──わかったつもりで終わらないために

　大学などで先生の講義を聴き，テキストを読み，判例集を通じて裁判所の考え方を把握し，わからないところは先輩や友人にたずねるということが，法律学の学習において重要であるのはいうまでもありませんが，自分の得た知識と考える力をアウトプットしてみることが大切です。ゼミなどを通じて，あるいは後輩などに教えることを通じて，知識がきちんと身についているかどうか，法律的な思考ができるようになっているかどうかをチェックするとともに，知識を定着させ，思考能力を磨くことが大切です。そして，知識の正確性，論理の首尾一貫性をきちんと確認するために最も適切な方法は書いてみる，少なくとも答案構成してみることであることはだれもが認めるところでしょう。

　書くときのテーマを与えてくれるのが演習書であり，問題集です。確かに，司法試験などの資格試験の問題，あるいは学内の試験問題として過去に出題されたものについて書いてみることがまず基本であるといえますが，その際には，留意すべき点が2つあるように思われます。

　第1に，司法試験の過去問題などはよく練られた良問ですが，それに対する答えを書いて，書きっぱなしというのでは，その作業の効果は十分ではありません。自分が書いたものが法律学を理解しているものとして十分なものであるかどうかをチェックしてみることが必要です。先生や先輩に見てもらうことができれば，それに越したことはありませんが，それができないときは，それらの問題についての解説が含まれている演習書・問題集を読んで，どのようなことを書くことが要求されているのか，そして，自分の知識は正確であったか，論理展開に無理[*29]

💬 Comment 29
　このタイプのものとしては，たとえば，かつて，日本評論社から出ていた司法試験シリーズがありますが，解説のタイプが執筆者によって異なるのが難点です。

2−5 演習書・問題集

がないかを自ら検討してみる必要がありそうです。

　第2に，法律の改正，重要判例の変更・出現等があるため，過去に出題された問題が現在では解決済みあるいは無意味になっていることがありうるということ，および，逆に，新たな問題点が認識されるようになってきているため，現在では学生が理解すべき重要な問題がありうることを念頭に置かなければなりません。もちろん，古典的に重要な問題について理解することをまず心掛けるべきでしょうが，新たな問題についても理解を深めてほしいものです。この点から，比較的最近に公刊された演習書（問題集）を使った学習も時間が許す限り，試みることも意義があります。

4．上級者──知識の補充

　法律学の勉強の初めの段階では，定評のあるテキストあるいは体系書を1冊熟読し，大学の先生のよい講義を聴くのがベストであると思いますが，その次の段階ではどのようなルートから知識を得るのがよいのかについては考えの分かれるところでしょう。

　1つの方針としては，もう1冊定評のある別なテキストを読むというのもありますが，演習書を使って知識を補充するというのもよい方法でしょう。つまり，演習書ではさまざまな学説が整理され，評価され，位置づけられ，取捨選択されているため，自分が既に読んだテキストに示されていた見解以外にどのような見解があり，それらにはどのような理由付けが付されており，現在，どのような見解が多数の支持を得ているかを効率的に知ることができます。もちろん，演習書の記述は手がかりにすぎず，原典にあたってみることが必要ですが，どの文献のどこを読むべきかを効率的に知ることが演習書を通

[?] Information 30
　定評のあるテキストや体系書は有斐閣の法律学全集，双書，Sシリーズ，アルマシリーズ，Legal Quest，弘文堂の法律学講座双書（いわゆる青函），青林書院の現代法律学全集などに含まれています。それ以外にも多数ありますが，若干の例を挙げてみましょう。
憲法：芦部信喜『憲法』（岩波書店），野中俊彦ほか『憲法Ⅰ・Ⅱ』（有斐閣），渋谷秀樹『憲法』（有斐閣）
民法：我妻榮ほか『民法①〜③』（勁草書房），内田貴『民法Ⅰ〜Ⅳ』（東京大学出版会），大村敦志『新基本民法1〜8』（有斐閣），佐久間毅『民法の基礎』（有斐閣）
刑法：山口厚『刑法総論』『刑法各論』（有斐閣）

51

2 法律学の勉強のツール――必携とあればよいもの

じて可能になります。

演習書を使うことには知識獲得の点でさらにいくつかのメリットがあります。

まず，その演習書の執筆者がテキストを書かれていない場合に，その先生の見解を知ることができるということがあります。テキストを書かれていても，テキストでは簡単にしかふれていない点を演習書では詳しく説明してくださっていることもあります。そして，先生が多くの論文を著されている場合には，演習書の記述がご論文のエキス部分ということもあります。たとえば，司法試験を受験したときは，芦部信喜『演習憲法』（有斐閣）という演習書を何度も読みましたが，その中に，私が用いていた体系書には言及されていない指摘・記述が多く，それもコンパクトな形で示されていたのを今でも思い出します。そして，芦部先生のご論文集（そのころは，芦部三部作といわれていました）が『演習憲法』の背景・根底にあるのだと痛感しました。

また，新しい問題点・見解がテキストに反映されるには時間がかかることが多いため，それらを知ろうと思うならば，先生方のご論文を読むのが一番です。しかし，大学の紀要などに載っている論文を探し，学部学生にとって読む価値のある論文を見分け，それを読みこなすのは時間的にも能力的にも困難であることが多いと思われます。その点，たとえば，『法学教室』の演習欄ではかなり新しい問題も積極的に解説されており，これを用いて，知識を得ることは有意義です。古典的な問題点はテキストで，新しい問題点は演習（書）でという使い分けが有効です。

💬 Comment 31
ある程度議論が固まらないとテキストには反映させないというのが先生方の間では普通だからでしょう。

📖 Key Word 32
紀要　大学や研究機関などで定期的に刊行する研究論文集，雑誌のことです。

52

2-6 インターネット

1. 資料の収集

　レポート・小論文の書き方との関連で，外国法に関する情報の探し方を説明する際にも少しふれますが，ここでは日本のサイトの有効利用を考えてみましょう。

　最近では，論文の注に URL が示されていることもしばしば見受けられるようになってきました。これは，[*33] 引用に値する情報がインターネット上で提供されていることを意味すると思われますし，また，紙媒体で入手が困難あるいは不可能な情報がインターネット上で入手できる場合があることを示しています。官庁や各種の団体などは冊子体では多く印刷していない報告書や意見書をインターネット上で公開していますし，近年では，（文書の形態では頒布されていない）官庁関連の審議会・研究会などの議事要旨がインターネット上では入手できるようになりつつあります。このためには，各省庁のホームページのほか，「電子政府の総合窓口」の「審議会，研[*34]究会等」(http://www.e-gov.go.jp/link/council.html) あるいは「電子政府の総合窓口」(http://www.e-gov.go.jp/) の全省庁のホームページ検索を用いることが助けになります。もっとも，所管官庁がわかっているときはその省庁のホームページで検索した方が効率的です。

　もちろん，日本ではインターネット上で入手できる情報の量は紙媒体の資料で獲得できる情報の量に比べまだ少ないのが現状ですが，Google や Yahoo のようなサーチ・エンジンやブラウザの文書内検索機能を用いて，[*35]キーワードによる検索ができる点は，インターネット上

? Information 33
　たとえば，夏井高人「高度情報化社会と訴訟法の対応」法学セミナー 535 号 37～38 頁。

? Information 34
　電子政府の総合窓口 (e-Gov) は，「行政改革大綱」（平成 12 年 12 月 1 日閣議決定）および電子政府構築計画（平成 15 年 7 月 17 日）に沿って，総務省行政管理局が運営する総合的な行政情報ポータルサイトです。

? Information 35
　サーチ・エンジンのリストとして，http://www.ingrid.org/w3conf-bof/search.html があります。また，複数のサーチ・エンジンで一括して検索するメタサーチサイトとしては，検索デスク (http://www.searchdesk.com)，CEEK.JP (http://www.ceek.jp/) などがあります。

53

2 法律学の勉強のツール——必携とあればよいもの

での情報収集の優れた点です。

2. 実際にやってみよう

■一般のサーチ・エンジンを使ってみる

インターネットを用いて得られる情報はどんどん増加しています。

たとえば、最近、代理出産[*36]が話題になったことがありました。代理母[*37]について、どのような議論があったかを調べるためには、いわゆるサーチ・エンジンを使って情報検索すると、手がかりになるような情報が得られます。

STEP1 サーチ・エンジンで効率的に検索するためには、検索オプション（AND［キーワードをすべて含む］や OR［キーワードのうち少なくとも1つを含む］や NOT［キーワードを含めない］）を有効に用いることが大切ですが、とりあえず、「代理母」という語で探してみました（以下は2015年5月5日現在）。レポートを書くことなど、勉強の目的で探す場合には、やはり、まず、google scholar (https://scholar.google.co.jp) を用いて検索するのが一般的ですが、485件（引用部分を含むとすると786件）ヒットしました。

STEP2 さらに、日付やドメインなどで絞りをかければ、必要な情報を見つけやすくなります。たとえば、Google では検索ツールをクリックして期間指定できますし、検索バーに、たとえば、"site：ac.jp" と入力して、ドメインを絞り込むことができます。Yahoo では条件指定でページの最終更新日およびドメインを使います。ニュースや個人のホームページ上の情報、掲示板上の情報を見たいときには、ドメインで絞りをかけるのは的を射ていませんが、レポートや小論文に直接役立つような情報を得ようとするときは、政府機関（たとえば、go.,

[?] Information 36
ある女性（代理母）が他人のために妊娠・出産することを代理出産と呼ぶようです。

[?] Information 37
日本経済新聞平成26年8月7日夕刊14面。

gov., gouv. または gov) や教育機関 (ac. や edu) のドメインに絞り込むことが有効です。「ac.jp」に絞って検索したところ (STEP4 も同じ), Google 本体では 7,680 件, Yahoo では 11,000 件まで絞り込むことができました。そして, google scholar では, 床谷文雄「学術会議生殖補助医療在り方検討委員会報告書をめぐって―コメント」学術の動向 Vol. 15 (2010) No. 5 (https://www.jstage.jst.go.jp/article/tits/15/5/15_5_5_36/_article/-char/ja/) がヒットします。これにより, 同じ号で「生殖補助医療と法」という特集が組まれていることをわかるので, 他の論文も発見し, 入手できます。たとえば, 町野朔「『学術会議報告書』とは何だったのか？」から, さらに, 議論の歴史がわかり, かつ, 『ジュリスト』1359 号で「生殖補助医療の法制化をめぐって」という特集が組まれたことも判明します。また, これらの論文をてがかりに, 日本学術会議生殖補助医療の在り方検討委員会「代理懐胎を中心とする生殖補助医療の課題―社会的合意に向けて―」(平成 20 年 4 月 8 日) (http://www.scj.go.jp/ja/info/kohyo/pdf/kohyo-20-t56-1.pdf) などが見つかりますが, これはかなり詳細に検討を加えているため, レポートなどの参考になると思われます。

　他方, goo では, 藤田真樹「医療ツーリズムにおける法的・社会的問題―インドの商業的代理出産の動向―」滋賀大学経済学部研究年報 Vol. 20 (http://www.biwako.shiga-u.ac.jp/eml/nenpo/Vol20_2013/fujita_vol20.pdf), 清末定子「代理出産における母子関係：分娩主義の限界」北大法政ジャーナル 18 号 (http://eprints.lib.hokudai.ac.jp/dspace/bitstream/2115/48408/1/HHJ18_001.pdf), 小椋宗一郎「代理出産と不妊相談」(http://repository.dl.itc.u-tokyo.ac.jp/dspace/bitstream/2261/43975/1/da015008.

pdf）などが上位でヒットします。さらに，関連文献として，フィリス・チェスラー『代理母——ベビーM事件の教訓』（佐藤雅彦訳，平凡社，1993年），エリザベス・ケイン『バース マザー』（落合恵子訳，共同通信社，1993年），石井美智子『人工生殖の法律学　生殖医療の発達と家族法』（有斐閣，1994年）および金城清子『生殖革命と人権』（中公新書，1996年）が挙げられています。[*38]

STEP 3　Google本体では，上位に，九大法学93号に掲載された，井関あすか「代理母出産における法的母子関係に関する考察」（http://catalog.lib.kyushu-u.ac.jp/handle/2324/11000/KJ00004858509.pdf）がランクされており，この論文を読むと**STEP 2**で得た情報には含まれていない情報（たとえば，国会における議論）を得ることができます。このように，ヒットしたインターネット上の情報のうち，とりわけ，官公庁，大学あるいはよく知られている団体・組織の（研究）報告書，論文などを中心にチェックするのが得策といえるでしょう。井関論文のように大学の紀要に載った論文の一部は，各大学のリポジトリ（各大学の教員または学生などの学術雑誌論文，学位論文，研究紀要，研究報告書等の研究成果が集積されているサイト）あるいは国立情報学研究所のサイト（http://ci.nii.ac.jp/cinii/servlet/DirTop）で見ることができるようになってきたことも便利です。ちなみにJAIRO（Japanese Institutional Repositories Online）（https://jairo.nii.ac.jp/）では，日本国内の学術機関リポジトリに蓄積された学術情報を横断的に検索できます。余計なものもたくさんヒットするのですが，「代理母」で検索すると，井関論文のほか，児玉正幸「代理出産（借り腹）に関する所見」先端倫理研究2号がヒットします（この論文は，google scholarでもヒットします）。ちなみ

💬 **Comment 38**
このような参考文献のタイトルから「人工生殖」「生殖革命」「生殖医療」といったキーワードも有効であることがわかります。つぎにこれらを使って，インターネット上で情報を探すことが考えられます。

に，児玉論文ではアメリカの各州における状況については，All About Surrogacy.com (http://www.allaboutsurrogacy.com/surrogacylaws.htm) を参照するようにとしており，そのサイトに行くと，より詳しくは The Human Rights Campaign のサイトを見るようにと指示しています（リンクは切れているようですが，The Human Rights Campaign のサイト (http://www.hrc.org/search/results?q=Surrogacy+Laws+) で検索することができ，情報が得られます）。「代理出産」で検索すると，「［大阪教育大］医療と社会規範（第 IV 報）：代理出産をめぐって」というのもヒットし，CiNii Articles でこの論文を探し，CiNii 論文 PDF オープンアクセス (http://ci.nii.ac.jp/els/110004867626.pdf?id=ART0008052299&type=pdf&lang=jp&host=cinii&order_no=&ppv_type=0&lang_sw=&no=1431489358&cp=) または機関リポジトリ (http://ir.lib.osaka-kyoiku.ac.jp/dspace/bitstream/123456789/832/1/KJ00004417456.pdf) をクリックすることにより全文を入手できます。

STEP 4 google scholar でヒットしたのは 485 件なので，全部のタイトルを見て，関係ありそうなものを選んで，さらに細かく見るということは可能ですが，**STEP 2** の段階でも，Google 本体，Yahoo および goo でヒットした件数は多すぎます。そこで，たとえば，「代理母 AND 親子関係」で絞り込み，検索を行うことが考えられます。そうすると，Google 本体で 798 件，Yahoo で 3,200 件，ヒットしたと表示されます。

これでも多いのですが，タイトルをみると，かなり関連があるものがヒットしていることがわかりますので，この段階で内容を見ていってもよいのかもしれません。たとえば，goo でヒットしたものの上位には，堂囿俊彦

2 法律学の勉強のツール——必携とあればよいもの

「代理出産について——実母とは誰かという問いをめぐって」(http://cbel.jp/modules/pico/2004062.html) があり，そこでは，代理出産／代理母／代理懐胎に関する基礎資料」のページ (http://plaza.umin.ac.jp/philia/bioethics_data/surrogacy.html) にリンクが張られているのですが，残念ながら，リンク切れになっています。

また，小野幸二「人工生殖における親子関係：代理母出産の親子関係を中心に」，同「代理母と親子関係」（いずれも，国立情報学研究所のサイトで本文入手可能），水野紀子「不妊症治療に関連した親子関係の法律」(http://www.law.tohoku.ac.jp/~parenoir/perinatal.html) （水野先生のホームページ），稲垣明博「人為的親子関係の創設」(http://www.tamagawa.ac.jp/business_administration/teachers/inagaki/pdf/note01.html) （稲垣先生のホームページ），梅澤彩「代理懐胎の現状とその課題」(http://www.med.osaka-u.ac.jp/pub/eth/OJ_files/OJ5/umezawa.pdf) といったものが含まれています。

また，Yahoo でヒットしたもののうち，上位には，水野論文，梅澤論文のほか，高山奈美枝「代理懐胎と法」(www.meijigakuin.ac.jp/~cls/kiyo/84/84takayama.pdf) が含まれています。

STEP 5 最近の検索エンジンは（少なくとも情報を拾うという観点からは）よくできていて，同義語もチェックしてくれているようですが，上記の検索の結果，「代理懐胎」，「借り腹」および「代理出産」という同義語があるようだということがわかりました。そこで，たとえば，「代理母 OR 代理懐胎 OR 借り腹 OR 代理出産」としたうえで，google scholar 以外は ac.jp を指定して，検索するとさらに絞り込めます。

検索漏れを防ぎたいときには，同義語も自分で入力し

2−6 インターネット

て検索することがよいでしょう。

なお，関係ない情報が同じパターンで含まれる場合にはNOTを用いて制限をすることが有効です。

STEP 6 最後に，官公庁などのサイトを探してみます。

まず，e-Gov法令検索（https://elaws.e-gov.go.jp）の全文検索で，代理母，代理懐胎，借り腹，代理出産が使われていないか調べてみましたが，すべて「該当するデータはありません」ということになりました。まだ，立法的対応がなされていないことがうかがわれます。

次に，首相官邸（www.kantei.go.jp/）の国の政策（政策情報ポータル）の「キーワードから探す」で代理母，代理懐胎，借り腹，代理出産を探してみました。代理母が182件，代理懐胎が137件，借り腹が126件，代理出産が91件，それぞれヒットしました。

この結果，文部科学省　科学技術・学術審議会　生命倫理・安全部会　生殖補助医療研究専門委員会（第1回）議事録，文部科学省　科学技術・学術審議会　生命倫理・安全部会　特定胚及びヒトES細胞研究専門委員会　人クローン胚研究利用作業部会（第6回）議事録・配布資料，文部科学省　第6回科学技術会議生命倫理委員会クローン小委員会議事録，文部科学省　科学技術・学術審議会　生命倫理・安全部会（第6回）議事録などが見つかりました。[*39]

さらに，国会の会議録もチェックしてみます。国立国会図書館の国会会議録検索システム（https://kokkai.ndl.go.jp/）で，平成元年4月1日から27年4月28日までの間で，代理母，代理懐胎，借り腹，代理出産のいずれかが含まれるものを検索すると，66件ヒットしました。[*40]

💬 Comment 39
　立法に至っていなくとも，省庁の審議会などでは議論されたり，また，研究会の報告書が出されていることが少なくありません。そして，研究会・審議会で用いられた資料もウェブページ上に載せてあることがあり，それらはしばしば有用な情報源です。

2 法律学の勉強のツール——必携とあればよいもの

💬 Comment 40
著者〔弥永〕の個人的な印象としては，国会の質疑応答にはすぐれたものが少なくありません。

そして，たとえば，平成27年4月24日開催の第186回国会参議院法務委員会において話題に上ったことが判明します。この折には，糸数委員の質問に対し，谷垣法務大臣が「糸数委員が指摘されましたように，生殖補助医療，大変技術も進んできた。それで子供が出生するといった，その生殖補助医療によって出生するといった民法制定時には想定していなかったことがいろいろ起きてきている。こういったことにどう的確に対応していくかという意味で，親子法制を検討することは今非常に大事なことになってきていると思います。そこで，政府の中にもいろいろな見解があるんですが，民事局長が先ほど答弁しましたように，生殖補助医療によって生まれた子の親子関係の規律を検討するについては，私は，やはり医療規制についての法整備の在り方，これを踏まえた検討が必要であって，それを全然抜きにしてはなかなか整理ができないんじゃないかと思います。それで，現在，生殖補助医療に関する議員立法に向けた検討が進められていると承知しておりますが，その議論の状況を注目したいと実は思っているところでございます。」と答弁していることが分かります。

他方，平成元年11月14日開催の第116回国会衆議院内閣委員会では，すでに，坂上委員が「受精卵をその女の人でなくして，別の腹を借りて着床というのですか，妊娠させた場合，そういうことが医学上あり得るそうでございますが，そうした場合は，その借り腹のお母さんが母親になるのですか，そうして受精卵の母親は民法上どういう対応になるのでしょうか」という質問をし，濱崎説明員（法務省）が「現在の段階におきましては両方の考え方があり得ると思いますけれども，従来の考え方でございますと，分娩という事実が母を決定するという

考え方が，これはこういう問題が生じない，生ずるということが考えられない段階において一応確定しているわけでございます。そういう考え方の延長としてこの問題を理解するという考え方と，そうではなくてやはり卵子を提供した女性が母親であるという考え方，その二つの考え方が現段階においてはあり得るのではないかと考えております。私どもとして，現段階においてどちらの考え方が正しいという認識はまだ持っておらないところでございます。」という回答をしていることがわかります。そこで，もしかすると，もっと昔にもこれは議論になったのかもしれないということで，期間を昭和28年1月1日から平成21年4月15日まで広げると，77件ヒットし，最も古いものは（システムでは，第19回国会参議院文部委員会（昭和29年4月6日）がヒットしますが，これは，OCR読込みの際の誤認識），第85回国会衆議院法務委員会において昭和53年10月20日に横山委員がした質問（「ホストマザーというものがあります。他人の卵子を自分の子宮に定着させる，自分の卵子と夫の精子で他人に産んでもらう。……その場合に，産んだ女が母親なのか，卵子を供給した女性が母親なのか，民法上は一体どちらですか。」）のようだということがわかります。なお，これに対して，香川政府委員（法務省）は，「恐らく民法はそういうことは予定いたしておりませんので明文的には解決できない。解釈にゆだねることになろうかと思いますけれども，これは二説ございまして，卵子を提供した女性の子供だという説，それから分娩した女性の子供だという二説あるわけであります。……今日そういうことを論じた学説もまだございませんので，私どもとして，いずれの説が正しいか，今後そういう事態が生ずるとすれば，立法的に解決するかあるいは解釈によって解決する

2 法律学の勉強のツール――必携とあればよいもの

か，そこの決断を迫られることになるだろうというふうに考えております。」と答弁しています。

3. 文献検索に有用なインターネット上のサイト

法学関係の新しい雑誌論文を探すのは手間のかかることで，インターネットを用いて探すのもよい方法の1つです。その雑誌を出版している出版社がホームページ上に雑誌記事の目次を載せている場合（たとえば，商事法務，NBL，法学教室，ジュリスト[*41]など）には，サーチ・エンジンで探せばヒットします。その他有用なサイトは以下のようなものがあります。

? Information 41
商事法務，NBL
http://www.shojihomu.or.jp
法学教室，ジュリスト
http://www.yuhikaku.co.jp

法律文献検索のための有用なサイト

【学術雑誌】
国立情報学研究所
　https://www.nii.ac.jp/

【法律関連情報を探す手掛かりを与えてくれる優れたもの】
いしかわまりこさんの「法情報資料室やさしい法律の調べ方」
　http://www007.upp.so-net.ne.jp/shirabekata/
齊藤正彰先生〔憲法〕　http://www.ipc.hokusei.ac.jp/~z00199/
松岡久和先生〔民法〕　http://www.matsuoka.law.kyoto-u.ac.jp/
「法律とサイバースペース関係リソース集」
　http://www.law.co.jp/link.htm
夏井高人先生のサイト
　http://www.isc.meiji.ac.jp/~sumwel_h/
門昇先生の「法情報の世界」
　http://www.law.osaka-u.ac.jp/~kado/

4. メーリングリスト（ML）と掲示板

e-mailで質問することが，講義の後に先生に質問するのに対応するとすれば，メーリングリスト（ML。そのメンバーになると，他のメンバーが投稿したメッセージが送られてくるというシステム）や掲示板を用いた質問・回答・ディスカッションはゼミに対応すると思われます。

MLに入ったり，勉強目的の掲示板に書き込んだりして，自分のもっている疑問を解決したり，あるいは自分の知っていることをそれを必要としている人に教えるということは，最近よく行われているようです。近くに友人がいないような場合に，日本全国レベルで家庭教師をもち，あるいは自分が家庭教師になるようなものかもしれません。昔から「3人よれば文殊の知恵」といいますが，たいてい，だれかは，もっている疑問に納得いく説明を与えてくれるものです。また，他人に説明することは自分自身の理解を深めるという効果がありますし，また，議論することは自分の考えをまとめるために有益です。

5. 官庁等のホームページ

まず，おさえておかなければならないのは，すでに述べたように，官庁のホームページ上の情報を検索できる，総務省のシステム（https://www.e-gov.go.jp/）の有効利用ですが，官庁等のいくつかのサイトのURLを次頁に挙げておきます。

官公庁等のホームページ一覧

「官庁のWWW」（リンク集）
　　http://www.st.rim.or.jp/~okbys/gov.html
首相官邸　https://www.kantei.go.jp/
内閣法制局　https://www.clb.go.jp/
人事院　https://www.jinji.go.jp/
国家公務員倫理審査会　https://www.jinji.go.jp/rinri/
内閣府　https://www.cao.go.jp/
　宮内庁　https://www.kunaicho.go.jp/
　公正取引委員会　https://www.jftc.go.jp/
　国家公安委員会　https://www.npsc.go.jp/
　　警察庁　https://www.npa.go.jp/
　金融庁　https://www.fsa.go.jp/
　　証券取引等監視委員会　https://www.fsa.go.jp/sesc/
　消費者庁　https://www.caa.go.jp/
　復興庁　https://www.reronstruction.go.jp/
総務省　https://www.soumu.go.jp/
　公害等調整委員会　https://www.soumu.go.jp/kochoi/
　消防庁　https://www.fdma.go.jp/
法務省　https://www.moj.go.jp/
　公安調査庁　http://www.moj.go.jp/KOUAN/
外務省　https://www.mofa.go.jp/mofaj/
財務省　https://www.mof.go.jp/
　国税庁　https://www.nta.go.jp/
文部科学省　https://www.mext.go.jp/
　スポーツ庁　https://www.mext.go.jp/sports/
　文化庁　https://www.bunka.go.jp/
厚生労働省　https://www.mhlw.go.jp/
　中央労働委員会　https://www.mhlw.go.jp/

churoi/
農林水産省　https://www.maff.go.jp/
　林野庁　https://www.rinya.maff.go.jp/
　水産庁　https://www.jfa.maff.go.jp/
経済産業省　https://www.meti.go.jp/
　資源エネルギー庁　https://www.enecho.meti.go.jp/
　特許庁　https://www.jpo.go.jp/
　中小企業庁　https://www.chusho.meti.go.jp/
国土交通省　https://www.mlit.go.jp/
　観光庁　https://www.mlit.go.jp/kankocho
　気象庁　https://www.jma.go.jp
　運輸安全委員会　https://www.mlit.go.jp/jtsb
　海上保安庁　https://www.kaiho.mlit.go.jp
環境省　https://www.env.go.jp/
　原子力規制委員会　https://www.nsr.go.jp
防衛省　https://www.mod.go.jp/
　防衛装備庁　https://www.mod.go.jp/atla

国立公文書館　http://www.archives.go.jp/

国民生活センター　http://www.kokusen.go.jp/

衆議院　https://www.shugiin.go.jp/
参議院　https://www.sangiin.go.jp/

裁判所　https://www.courts.go.jp/

日本銀行　https://www.boj.or.jp/

第3章

法律学の講義を聴く
―― メリットとノウハウ

3 法律学の講義を聴く──メリットとノウハウ

3-1　講義を聴くことのメリット

1. アカデミックな気分を味わえる

　大学というからには，わずかなりともアカデミックな雰囲気をぜひ味わいたいものです。そのためには，図書館でたくさんの本に囲まれ，ぼーっとするのも1つですが，本を読んでも，理解できなければ欲求不満になってしまいます。ところが，講義を聴いてみると，同じようなことが手をかえ，品をかえ，話されていることが分かります（少なくとも法律科目では）。たとえば，民法では取引の安全や本人の保護などが，あちこちに見え隠れしていることがわかります。そうとわかればしめたもの，あとは「取引の安全」や「本人の保護」などのアカデミックな響きをもつ言葉を駆使して，友だちと話をすれば，すっかり，大学生の本分をはたしている気分になれます。

2. 講義を聴くことは時間の節約

　私が経済学科で勉強していたころは，「あんな講義を聴くのは時間の無駄だ」という先輩や友達などの言葉を真に受けて，大学の講義をエスケープする友人が多かったように思います。しかし，なにごとも上手な人に習うことが速い上達の秘訣であるように，法律学の勉強においても，単に自分で本を読むより，大学などで講義を聴く，あるいは先輩に教えてもらうというのは時間の節約になると思います。

　法律学の勉強においては全体像をつかむことがとても大切ですが，定評のあるテキストの多くは初学者にとってはなかなか難しい感じのするもので，1つ1つの個別

3-1 講義を聴くことのメリット

的な問題点を理解しようと思って読むとつい全体の中でその問題点がどこに位置付けられるのかを見失ってしまうおそれが少なくありません。ところが，講義ではしばしば個別的なポイントとその法律全体との関係が説明されるため，さまざまな問題点に対する整合的な首尾一貫した解釈を理解することができます。

　また，先生の講義を聴いていればどこが大切なのかということがわかりますから，本を自分で読むときのようにエネルギーと時間を無駄に費やす必要がなくなります。単刀直入に言ってしまえば，講義を聴いていて繰り返し，しかもさまざまな角度から説明された部分，時間をかけて説明された部分，詳しく説明された部分は学年末試験で出題される可能性が高いのです*1。また，定評のある先生であれば重要だと考える部分は，だれであってもほぼ同じはずですから，大学の講義を聴くことによって，資格試験で出題されそうなポイントも発見できるでしょう。

　さらに，わたしはかつて司法試験を受験する後輩たちのゼミを手伝ったことがあるのですが，とても優秀だといわれている後輩が法律用語の読み方を知らないことがあることに驚いたおぼえがあります。たとえば，指図，瑕疵とか出捐（答えは次のページに*3）などが読めないのです。確かに，文語的表現が多く，現代語ではあまり使われない言葉が多いのですが，講義を聴いていれば，読み方はわかるはずです。このように読み方を知らないことはたとえば口述試験では不利に働くでしょうし，また社会に出た後，法律学についての知識が不十分ではないかと疑われてしまう可能性は高いといえましょう。また，同音異義語*2が法律学の世界にはたくさんありますが，それについても講義の中では注意が喚起されるのが普通ですから，試験で誤字を書いて，不勉強を暴露しないです

💬 Comment 1
そうでない部分から出題される先生はいじわるな先生といってよいでしょう。

💬 Comment 2
たとえば，幸福の「追求」と責任の「追及」，判決の「遡及」効と手形の「遡求」権，「過料」と「科料」というようなもの。

69

3 法律学の講義を聴く——メリットとノウハウ

むためにも講義に出ることは有益です。

このほかに，法律用語は日本語ではあるけれど，日常用語とはやや異なった意味で使われることもあるし，すでに述べたように日常会話では使わない言葉もあります。先生が，講義の中でこれを日常用語に翻訳してくださることがよくあります。そこで初めて具体的なイメージをつかめるということが考えられます。また，紙幅の制約などから，テキストには1つあるいは少数の考え方しか紹介されていないことや学説の推移が示されていないことが普通で，より知ろうと思うと複数の本を読む必要があります。また，学説間の関係もテキストから読み取ることは容易ではありません。しかし，講義では，それらについての説明があるため，時間の節約になるということもよくあります。

3-2　講義の選び方

法学部には，たくさんの科目が開講されています。最近では，分厚いシラバスと名づけられた冊子が渡され，どれをとろうかと考えることもあるでしょう。

科目のとり方としては，○○入門という科目をとりあえずとってみて，大きな枠を把握すること，自分がどういう法分野に興味を持てるかを発見することをお勧めします。イメージをつかむことができれば，以降の勉強がずいぶんしやすくなると思われます。

法学部で開講されている法律学系統の科目は，たとえば，以下のように分けることができます。

・公法
・私法
・刑事法

> 💬 Comment 3
> 前のページの答え→
> 指図：さしず，瑕疵：かし，出捐：しゅつえん。

・労働・社会保障法
・国際法
・基礎法　など

　そして，それぞれの分野では，その分野に属する科目の間に密接な関係があります。

　まず，公法分野の科目としては憲法と行政法があり，また，国法学というような科目が解説されていることもあります。行政法を学ぶ上では，憲法の知識が相当程度要求されるため，多くの大学では，憲法は1年次から配当するのに対し，行政法は3年次あるいは4年次に配当されるのが一般的です。また，最近では，（租）税法という科目が設けられることが多いですが，これも行政法の一分野という面を有し，行政法を学んだ上で，税法を履修することがお勧めです。また，税法の中でも，特に相続税との関連では，民法の親族法・相続法の理解が望まれます。最近注目されている環境法は，行政法の一分野として開設される場合と民事法の一分野として開設される場合がありますが，行政法を履修することが効果的な学習の前提となることが多いようです。

　私法分野の科目の中心をなすのは民法ですが，民法は，しばしば，民法総則，担保法，物権法，債権法，契約法，不法行為法，親族法，相続法といった名称で開講されることがあり，また，不動産法という科目が開講されることもあります。さらに，最近では，信託法も重要になりつつあります。

　商法・会社法も私法分野の重要な科目ですが，商法も，商法総則，商行為法，海商法，運送法，保険法，手形法，有価証券法といった名称で開講されています。国際取引法も私法分野に属する科目です。商法・会社法を理解する上では，民法，とりわけ，民法総則，物権法，契約法

3 法律学の講義を聴く——メリットとノウハウ

の理解は重要で，担保法の知識も要求されます（しかも，民法を理解していることを前提に講義されるのが一般的です）。したがって，商法・会社法の科目のみを受講するのは非効率的であり，民法をある程度学んでから商法科目を履修することがお勧めです。また，商法・会社法を理解する上では，税法や経済法（独占禁止法など）を学ぶことには意義があります。現実の企業はこれらの法律を前提に行動しているからです。なお，経済法には，行政法的側面があり，あらかじめ行政法を履修しておくことが望まれますし，知的財産法との相互関係も重要です。

民事手続法も私法分野の主要な科目であり，民事訴訟法，民事保全法，民事執行法および倒産処理法（破産法，会社更生法，民事再生法など）が含まれます。これらの科目は民法，とりわけ，物権法，担保法および債権法（契約法）の理解を前提とすると同時に，それらの民法科目をよく理解するために必要な科目です。したがって，民法科目と民事手続法科目の両方を学ぶことは効果的な勉強のために重要ですし，卒業後，実務に携わる場合にも意義が大きいということができましょう。

以上に加えて，知的財産法が最近脚光を浴びています。知的財産法には，特許法，実用新案権法，意匠法，商標法，種苗法，不正競争防止法など多数の法律が属していますが，これらの法律を理解する上では，一方で行政法の知識が有用であると同時に，民法の物権法や債権法（契約法）などを理解していることを前提として，講義がなされます。

刑事法分野科目としては，刑法，刑事訴訟法，刑事政策（刑事学）が開講されていることが多いようですが，少年法というような科目が開講されていることもありますし，法医学や医事法も刑事法分野と密接な関係がある

ことが一般的です。

　また，刑事法の履修に先立って，憲法，とりわけ人権の部分を十分に理解しておく必要があります。特に，刑事訴訟法では憲法を前提とした議論がなされることが多いといえましょう。刑法の科目としては，刑法総論および刑法各論が設けられていることが一般的ですが，この2つのうち，1つだけを履修してもほとんど意味がありません。2つで1セットと考えて履修する必要があります。刑事政策は厳密には法律科目ではないと思われますが，実際には，刑事収容施設及び被収容者等の処遇に関する法律などの刑事施設法，少年法，少年院法などの少年法，保護司法，更生保護法などもその範囲に含めているため，法律科目としての実質を有している部分があります。刑事政策を履修することにより，刑事訴訟法や刑法総論がよりよく理解できるという面があるようにも思われます。

　労働・社会保障法分野には，労働法（労働組合法，労働基準法など）と社会保障法（社会保険法，社会福祉法，公的扶助法など）が含まれ，いずれも，憲法の理解が前提となっており，行政法をあらかじめ履修しておくことも有用であると思われます。

　国際法分野には，国際私法および国際法（国際公法）が属しますが，この2つの間には，ほとんど関係はないと思われます。むしろ，国際法は，国際刑事法が刑法，刑事訴訟法と，国際経済法が経済法と，国際人権法が憲法と密接な関係を有しており，憲法，刑法，行政法，経済法を履修した上で，国際法科目を履修することが効率的であると思われます。これに対して，国際私法は，どの国の裁判所に管轄が認められるか，どの国の法を適用するか，を取り扱うものですから，民事手続法との間で

相互に関係を有し，民事手続法科目を履修した上で国際民事訴訟法等などを履修することには意義があります。

　基礎法分野には，法社会学，法哲学，法律思想史，法制史，ローマ法，外国法などが含まれますし，「法と経済学」もここに含めてよいかもしれません。これらは，上述した実定法の一応の理解のためには必ずしも不可欠とはいえないかもしれませんが，より深い理解，あるいは新たな視点の獲得のためには重要です。わが国の主要な法律，たとえば，憲法，行政法，民法，商法・会社法，刑事訴訟法は外国法の影響を相当受けているため，たとえば，英米法，フランス法，ドイツ法といった外国法やローマ法の理解は，それらの法分野の理解に有用であるといえましょう。また，現在の法律がどうなっているかだけでなく，法律がどうあるべきか，どのような内容であるべきかを考えるには，法哲学や外国法の学習が役立ちます。外国法やEU法と比較することによって，日本の法律を相対化することができるからです。さらに，法律学には過去の議論・経緯や社会実態を背景とした積み重ねに基盤を置いているという面があり，その点で，法社会学や法制史，法律思想史，ローマ法の履修には意義があります。筆者は，実定法の教員なので，実定法の勉強をした上で，余裕のある方に基礎法分野の科目履修は勧めたいという気にもなるのですが，法律の勉強があまりおもしろくないという方にも，おもしろいと思える科目が基礎法分野では見つかるかもしれません。

3-3　講義の聴き方

1. 予習と復習どちらがよいか

　大学の単位制度の下では，1時間の講義に対して2時間の予習復習が想定されているといわれています。わたしはそれほどの勉強家ではありませんでしたが，友人の1人は講義を録音して，家に帰ってから聞き直すといっていましたし，また，ケースメソッドが採用されている科目についてはいつもよく準備してきていました。それが私と彼との学生時代の成績の差につながったのだと思います。

　一般論としていえば，高校までと同様，同じ時間をかけるのなら復習に時間を割いた方が成績の上昇につながるように思えますが，予習をしていかないと，先生が講義されることを理解できないという問題が法律学の場合にはあるように思われます。これは法律用語が外国語のようなものであり，法律学における論理操作はいわば外国語の文法にも似ている面があるからです。つまり，高校まででも，英語については予習が必要だったのと同じく，法律学の講義を聴くにあたって予習をしておくことは，その講義を理解するために大きなプラスとなり，講義を受けている時間を有効に使うことができるのです。最近では，シラバス（授業の計画書）が事前に公開されていますが，これは予習をきちんと行えるようにするためのものでもあります。

　もっとも，予習をはたして効率的に行えるのかという問題はあります。そこで，予習も完全な理解を目指すというより，自分のわからない所を知るとか，法律用語の

意味を調べておく，判例を読んでおくというぐらいにとどめるのが効率的でしょう。

2. 講義の聴き方

予習重視であれば，予習の段階で，わいてきた疑問，理解できなかった点に重点を置いて先生の講義に耳を傾けることになります。

これに対して，復習重視であれば，ノートをとる，配布されているレジュメに書きこむという作業が中心になりそうです。とはいえ，六法を手元に置いて，どの条文について先生が説明しているのかに注意を払うことは大切です。

さらに，シラバスを常に手元に置き，今日の講義が全体のどの部分にあたるか考えながら授業を聴くことも大切です。

3. どのようにノートをとるか

ノートのとり方は，予習重視か復習重視かということによって変わってくるのではないかと思います。

予習重視であれば，予習してきたことがノートやメモの形になっていれば，それに加筆するという形でノートをとることになるでしょう。そして，予習の段階で，わいてきた疑問，理解できなかった点に重点を置いて先生の講義に耳を傾けることになります。

これに対して，復習重視であれば，ノートを必死でとることになりそうです。わたしの場合は，予習する能力も気力もなかった上，法律学というものがまったくわかっていなかったことに加え，ノートをとるという習慣を身につけていなかったので，法学部に編入して1年目はうまくノートをとることができませんでした。頭の中で

まとめようと悪戦苦闘しているうちに，先生は次に進んでしまうという具合で，残ったものはノートとはいえない，こまぎれの残骸でした。そこで，友人たちを見ていると，とにかく，1語ももらさずノートをとり，あとで整理するという方針をとっていたようです。網羅的にノートをとろうとすると，速記術などを習った方がよいのかもしれませんが，それにも時間がかかるので，現実的なところは，略号・記号を使うなどということでしょう。*4

💬 **Comment 4**
左の例は，小坂茂之さんのご協力によったものですが，あらかじめ決めた略号等を使うのではなく，そのつど頭文字をとって略することが多いそうです。

```
      ノートをとるための略号の例
X    原告         Y    被告
Tb   構成要件     RW   違法性
S    責任         G    債権者
S    債務者       D    第三（債務）者
R    理由付け
M    その見解の利点
DM   その見解の欠点
K    警察         P    検察官
J    裁判官       C    裁判所
B    弁護人       S    被疑者
A    被告人
```

とはいえ，わたしが学生のころとは異なり，レジュメを配布してくださる先生方がかなり多くおられるようです。レジュメが配布されている場合には，それに書きこんでいく，そうでない場合には，優秀な先輩のノートをもらったり，コピーさせてもらったりして，*5 講義を聴きながら，書きこむというのが最もお手軽な方法になっています。

💬 **Comment 5**
大学によっては先生の講義録が生協などで販売されているので，それも役立ちます。

3-4　講義以外で教わる

1. 先生や先輩の助けを受けることは近道

　よく，「学問に王道はない」といわれますが，回り道や行き止まりの道はたくさんあります。そういう道に足を踏み入れ，知らないで一生懸命歩いたけれど，いつまでも目的地につけないで，精魂つきはてて，法律学の勉強はもう嫌いという方々もおられるようです。もちろん，ある程度，試行錯誤しないと，勉強は身につかないという面があることもたしかですが，好き好んで，貴重な時間を費やすのももったいないことです。

　少なくとも初めのうちは，自分で本をむやみやたらに読むよりも，大学の教室へ行って，先生の講義を聴くことが効率的です。たしかに，教え方が大学受験予備校の先生のように上手ではないということもあるでしょう。しかし，いくら，大したことがない教員だとはいっても，初めて法律学を勉強しようとする方々よりはその科目をよく知っているはずですし，また，どの道が行き止まりか，どの道に落とし穴があるかをある程度は知っています。聞くは一時の恥，聞かぬは一生の恥といいますが，学生が先生や先輩に聞くことは決して恥ではありません。限られた時間で最大の効果をあげるためには，身近な先生を活用することが大切です。

2. 講義を聴くことだけが教室に行く目的ではない

　講義を聴くことは，勉強の上でとても有益ではありますが，それだけでは解決できない問題はたくさんあります。講義はいわば既製品であり，ある学生にとっては必

要不可欠な情報が盛り込まれていると感じられても，別の学生にとっては，知っていることばかり話して，肝心な知りたい部分には言及してくれないという問題があるかもしれませんし，逆に難しすぎてついて行けないという学生もいることでしょう。

　そこで，講義の後に先生を質問ぜめにすることはとても賢いことです。民法や商法の起草に関与された梅博士も，「出来ることなら師を求めて質問する方が宜しい」と指摘されています。

　そのメリットとして第1に，自分の知りたいポイントを教えてもらえるという意味で，いわば，オーダーメイドの情報提供を受けられます。講義でふれなかったところを知ることができますし，試験に出そうなところを探ることもできるかもしれません。また，よく理解できなかったところもさまざまな角度から説明を試みてくれると思います。

　第2に，質問ぜめにすることは，その先生にとってもよいことです。その先生が次に教えるときには，質問されたことを意識するはずだからです。そして，少なくとも，後輩たちのためにはなりますし，次回以降の講義にも影響があれば，自分たちのためにもなります。

　第3に，先生と知り合いになることは，いろいろな情報を得ることにつながることが普通です。せっかく，貴重な時間を使って，教室に足を運んだのですから，先生を家庭教師にするぐらいのつもりでいろいろと話をうかがうことが法律学全体の理解にもつながります。また，将来，外国に留学しようとか，大学院に進学しようとかいう場合に，アドバイスを求めたり，推薦状をもらうのに役立つ可能性もあります。

💬 **Comment 6**
先生が「そこはあまり重要でないんだけれど」といいわけをするようなら，そこは，あまり重要でない（試験に出ない）という情報まで入手したことになります。

3. 授業後の質問が基本

　まず，先生方はまじめに勉強する学生を求めているという事実を認識しなければなりません。先生方の目には，まじめに勉強する学生が少ないように映っているのが普通でしょうから，質問にくる学生は，通常，歓迎されます。研究第一の先生も講義を持たなければなりませんから，反応のない学生ばかり相手にしていると欲求不満になるようです。ですから，先生のところに質問や助言を求めに行くのは先生方を喜ばせてさしあげる結果になることが一般的です。[*7]

💬 Comment 7
とくに，ゼミの学生はゼミの担当教員を徹底的に活用するのがよいでしょう。

　とはいえ，先生方もお忙しいですし，人の子ですから，どのように聞けば喜んで教えてくださるか，聞かれもしないのに余計なことまで話していただけるかを考えておくメリットはあります。

　第1に，講義を熱心に聴いている学生に質問されることはうれしいことでしょう。したがって，先生からよく見える教室前方に陣取って，いねむりや私語をしないで，講義を聞いておくことが肝要です。教員の側からは誰が寝ているか，私語をしているかは意外とわかるものなのです。また，教室の後ろのほうに座って，やる気のなさそうな学生がのこのことやってきても，それほど親切に教える気分にはならないという可能性はありそうです。

　第2に，講義の直後が狙い目です。教える側としては，自分の講義をしっかり聴いて，それでもわからなかったところを質問してもらうことは気にならないはずですし，講義の後は時間がある可能性が比較的高いからです。かりに時間がなくとも，講義の後に行けば，アポイントメントをとることが容易です。アポイントメントは直接会ってお願いするのがよいからです。先生の研究室に，突

然，電話をかけるのは一般的には歓迎されません。先生は研究室で研究に没頭しようとしているかもしれません。だれかと会っているかもしれませんし，また，講義の準備で慌てているかもしれません。ましてや，いきなり自宅に電話するとか，おしかけるとかいうのは問題外です。[*8][*9]

第3に，質問内容は，その日の講義に関連するものが最も望ましいでしょう。そうでないとしても，その講義以前の講義に関する質問なら先生方は歓迎してくださるでしょう。ゼミの指導教員であれば，予習すべき事項についての一般的質問にも当然答えてくださるでしょうが，どちらかといえば，復習系の質問の方が先生方としても答えやすいと思われます。

第4に，下準備が望まれます。つまり，抽象的な質問をぶつけるのではなく，具体的な質問，ある程度勉強してなおわからなかったという感じの質問（勉強した形跡のある質問，自分で調べて，考えた雰囲気のある質問）がよいと思われます。[*10]

4. さらに進んだ助けを得る

先生と顔なじみになればしめたもの，熱心な学生には，先生も図書館にない本を貸し，さまざまな文献の所在を教えてくださるでしょう。また，必要な場合には別な先生に紹介し，または，研究機関などに紹介状を書いてくださることも十分に予想できます。

レポートがある科目で課されている場合に，他の先生の助言を得るというのは「禁じ手」なのかもしれません。しかし，勉強や研究に関連して，ある先生の助けを得た場合には，その成果（レポート・小論文）を助けていただいた先生にもお届けしておくことをお勧めします。うまくいけば，批評したり，添削してくださるかもしれま

💬 Comment 8
とはいえ，わたしは，だめでもともとと考えて，そういう無礼なことを学生時代に繰り返していました。

💬 Comment 9
こういうことをやるのはマスコミの方々で，学生の方々はまねしてはいけません。

💬 Comment 10
ダメな例 「信教の自由に関する文献を教えてください」，「この問題の答えを教えてください」。
良い例 「信教の自由に関する文献として，○○，××などを見つけたのですが，それら以外に読んだ方がよい文献があれば，教えてください」，「○○という問題について××と考えるのがよいのではないかと思うのですが，その理由付けの△△の意味が理解できないので教えてください」。

せんし，きわめて優れていれば，どこか発表の場所を探していただけることもないわけではありません。

5. 先輩に助けてもらう

　実力が十分でない先輩に教えてもらうというのでは，目隠しした人が目隠しした人を手引きするようなもので，2人で袋小路を迷い歩くということになりかねません。したがって，サークルなどでも実力のある先輩に教えてもらうようでなければ有害無益です。伝統のある法律系サークルですと，司法試験の合格者や弁護士の先生方が先輩に多くいらっしゃるでしょうから，そのような方々に教えていただくことは，十分に意味のあることだと思います。先生方には恥ずかしくて質問できないことを質問できるのが普通でしょう。また，先生方が当たり前と思われるところが学生にとっては理解に苦しむところでありうるので，先に同じところでつまずいた先輩方に教えてもらうと，先生から教えてもらうよりわかるということもしばしばあります。さらに，司法試験などに備えて学生が答案練習するときに，大学の先生が添削してくださるということは必ずしも多くはないようなので，答案の書き方などは，先輩に見てもらうことが少なくとも最初の段階では有益でしょう。

第4章

法律学のゼミに参加する
──法律がより面白くなる

4 法律学のゼミに参加する――法律がより面白くなる

4−1 ゼミへのいざない

1. なぜ，大学ではゼミがあるのか

たいていの大学の法学部ではゼミ（演習）[*1]の時間が設けられています。そして，ゼミが必修とされていることが普通のようです。法学部は定員が多く，講義が大教室で行われることが多いため，先生と学生，学生と学生の交流が少なくなる傾向が見られます。そのことによるマスプロ化[*2]の弊害を避けるためでしょう。しかし，ゼミが法律学の勉強で大切なのは，法律学は説得の学問であり，受動的な学び方では，本当の意味で法律学を学んだ，マスターしたという状態にはなれないからです。

アメリカでは，ロースクールの授業はソクラテス・メソッド[*3]によってなされるのが普通です。したがって，学生は，十分な予習をし，先生からの質問を予想して対策を立て，授業に臨み，先生にあてられたら，先生と1対1で議論することになります。このような訓練を通じて，法律的なことがらを正確に表現し，口頭で議論する能力が養われます。

日本におけるゼミも，同様の能力を養う目的をもっています。ゼミで報告し，先生や他の学生，場合によっては大学院生からの質問，反論などに対応していくことによって，その場で考える力，自分の考えたことを秩序正しく口頭で表現する力がつきます。

2. 傍目八目（おかめはちもく）[*4]

法律学では，正解がたくさんありますが，自分の考えが正解といえるのかどうかは，他の人からの質問，反論

Key Word 1
ゼミ（演習） ゼミナール（Seminar）の略語で，ゼミナール（英語ではセミナー）は，苗床を意味するラテン語の *seminarium* に由来するといわれています。

Key Word 2
マスプロ化 マスプロとは mass production（大量生産，とりわけ規格製品の大量生産）の略語です。学生の教育を工場における大量生産のように行うことはマスプロ教育（文部科学省『学制百二十年史』にもこの表現が出てきます）であるといわれてきました。

などを聞いて，はじめて判断できます。「額ぶちの中にいては絵をみることはできない」といわれますが，自分の考えを自分で客観的に評価するのは容易なことではありません。ところが他人の考え方の弱点は比較的よくわかるものです。自分の書いたものを活字にするときの校正では誤植をみのがしやすいのに，他の人が書いたものの校正はきちんとしやすいのと似ています。ゼミ，そのほかあらゆる機会をとらえて議論することは，自分の考え方にどれだけの説得力があるかを確かめ，また，自分の考え方の弱点を発見し，補強することを可能にしてくれます。

　私は，助手として，研究者への第一歩を踏み出したときに，指導教官から，「機会をとらえて，できるだけ議論しなさい」とアドバイスをいただきました。幸運にも，同期の助手に商法専攻の神作裕之さんと民事訴訟法専攻の松下淳一さんがいて，部屋が一緒だったので，しばしば，考えたことを聞いてもらい，私の考え方の不十分な点を見つけたり，いろいろな考え方のヒントや糸口を得ることができました。貴重な時間をさいてもらったおかげで，あまり先行業績のないテーマでしたが，私にしてはうまく論文をまとめることができました。

　司法試験などのための勉強でも，答案を作成したら，友人や指導者と，その答案について議論してみましょう。そうすることは，教科書や講義を通じて得られた知識，自分の頭を使って考えたこと，などを，答案という形で上手に表す能力の養成に役立つはずです。

3．いろいろな立場に立って

　議論をするとき，自分の立場から主張するだけでなく，たまには，逆の立場に立って，議論をするのも，なかな

Key Word 3
ソクラテス・メソッド
　ソクラテスが，弟子たちに質問し，彼らがそれに答えるという形で弟子を教育したといわれることにちなんだ方法。
ソクラテス（前470-前399）　ギリシャの哲学者。（中略）よく生きることを求め，対話を通して善・徳の探求をしつつ，知らないことを知らないと自覚すべく自己を吟味することとしての哲学により，自己の魂に配慮するように勧めた。（中略）しかし，投獄され，毒杯をあおいで死んだといわれている。（後略）『大辞林［第3版］』（三省堂））。

Key Word 4
傍目八目〔人の碁をわきから見ていると，打っている人より八目も先まで手が読めるということから〕第三者は当事者よりも情勢が客観的によく判断できるということ（『大辞林［第3版］』（三省堂）。

かおもしろいものです。友だちと立場を入れかえて議論してみると，自分の本来の考え方の弱点，逆の立場をとる強みなどが，実感をもってわかります。また，会社法なら，会社の立場からの主張と取引の相手方からの主張を，刑事訴訟法なら被疑者・被告人・弁護人の側からの主張と検察官・司法警察職員の側からの主張と，役割を分担して考えると，考え方を整理して理解する大きな助けになります。

また，たとえば，弁護士になると，いろいろな立場の人の代理人になるわけで，それぞれの立場からの主張を使い分けなければなりません。そうであるとすると，いろいろな立場を想定して議論をすることは，実務についたときのためにもたいへん役立ちます。

自分の考えを説得的なものとするためには，自分の考えとは逆の立場から加えられる批判に正面から応対し，1つ1つつぶしていくことが必要ですが，最初のうちは，意識して気持ちを切りかえないと，自分の考えにある不十分な点を見つけるのは難しいようです。そして他人と議論するときだけでなく，本を読むとき，答案の練習をするとき，どんなときにも，反対の立場からは，どういえるかを意識することを心掛けることが，法律学の勉強で，1つの殻を破るための秘訣です。

4. アウトプットによって身につく

本を読んだり，講義を聴いただけで，正確に覚えることのできる方も世の中にはおられるでしょうが，それを書いてみたり，口に出してみたりして初めて定着させることができるのが一般的です。話すときはついついごまかしてしまったり，多少のあいまいさが目立たないので，自分のもっている知識をチェックするためには書いてみ

? Information 5
　刑法の藤木英雄先生は演習で1問に2人あてて，1人を検察官，もう1人を弁護人と指定して報告・討論させたと述べておられました。『新法学案内』16頁。

💬 Comment 6
　学生時代に竹内昭夫教授の演習をとっていたとき，友人が先生の学説に従って報告すると，先生が「かりに反対の立場をとってみる」とおっしゃって，友人の報告に反論を加えられ，友人が返り討ちにあうことがしばしばありました。そして，「賛否いずれの立場からでも，議論ができるようにすることが大切だ」とよくおっしゃったのを思い出します。

ることが一番確実な方法です。しかし，書くことは時間もかかりますし，あまりおもしろくなく感じる方も多いことでしょう。他方，話すことは，相手がいるためにけっこう楽しくできることが多いものです。たとえていえば，書くのはテニスの壁打ちのようなもので，話すのは友達とテニスのゲームをするようなものです。

　話すことは，知識が正確に獲得できているかをチェックするという点では書くことに劣るかもしれませんが，それでも，第1に，1人では勘違いしたり，迷路に入ったりするような部分でつまづいたまま，気がつかないで，長い時間が過ぎてしまうことを防ぐ効果があります。

　第2に，単に暗記するという弊害を防げるという面があります。相手からするどい質問を浴びせられると，単なる暗記では対応できない部分に気づくからです。正面から攻められれば堅固な理由付けのように思えても，裏側あるいは側面から攻められると十分に相手を説得できないということがあります。

　それと表裏の関係にありますが，第3に，話す場合には相手方を説得しようとして，さまざまな角度から理由を示そうとしますので，次に本を読んだり，講義を聴くときに，どのような点に注意を払えばよいかがわかってきます。聞くところによると，答案を書くために必要な2，3の理由付けのみを覚えるのが，最近の学生や受験生の方々の間でみられる傾向のようですが，やはり，重要な論点といわれる部分については手厚く自分の考え方の根拠を検討しておいた方がよいでしょう。また，かりに，2，3の論拠のみを身につけるとしても，枝葉末節[*7]と思われる論拠ではなく，幹となる理由付けをおさえておく必要がありますし，さらに，論理的整合性を重視する必要があります。このためには，他の人と議論をする

📖 Key Word 7
枝葉末節　主要でない部分。細かい部分。(『大辞林』)。

4 法律学のゼミに参加する——法律がより面白くなる

ことが役立つに違いありません。

そもそも，法律学は説得の学問で，自分だけで納得して悦に入っていたのでは意味がないので，このように，友だちなどと法律学の問題について話し合ってみることが，法律学の勉強のためには大切です。さらに，問題を多面的にとらえるためには，5，6人でゼミを組んで議論した方がよいことがあります。

📖 Key Word 8
悦に入る 物事がうまくいって喜び満足する（『大辞林』）。

5. 強制的に考える

単に暗記するのではなく，考えるくせをつけることが法律学の勉強においては大切ですし，考えることができるようになれば，法律学の勉強は，いままで以上に楽しくなるはずです。ところが，考える習慣が身についていない学生にとっては，考えることができない，あるいは考えることは苦痛であるようです。わたしが，ある大学の非常勤講師として商法演習を担当していたときのこと，手形法のある問題について，とある見解を学生が述べたので，「それは民法の規定の解釈と整合していないのではないですか」と尋ねたところ，その学生は「○○先生の本にそう書いてありますから」と答えました。つまり，この学生は，自分で考えることを放棄していたわけですが，そのことについて，何の不思議も感じていないようでした。

ゼミをすると，このように考えないで，九官鳥かオウムのように覚えたことを話すだけで済ますことはできなくなり，他人の発言を聞きつつ，自分のもっている知識を総動員し，これまで眠らせてきた頭を動かさざるをえなくなります。このようなプロセスを繰り返していると，自然に考えられるようになり，本を読んだり，講義を聴くときにも考えながら読んだり，聴いたりできるように

なります。ゼミは，適切な仲間と指導者を得れば，暗記に偏りがちな勉強を矯正することができるという面をもっています。

6. よいリーダーと仲間が重要

　ゼミを効果的に行うためには，自分とレベルが同じぐらいの仲間と自分よりレベルの高いリーダーとが通常必要です。同じレベルの仲間とでないと，仲間が発言するのを十分理解できなかったり，議論が早く進みすぎるという事態や，反対に，仲間のトンチンカンな発言や遅すぎる議論にイライラしたり，時間の無駄と感じる事態が生じることがあるからです。もちろん，他のメンバーに比べ能力の低い者にとっても，必死でついて行くという心構えをもち，徹底的に予習・復習することを心掛ければ，他のメンバーのレベルが高いゼミはとても役立つでしょう。[*9]

　また，レベルの高いリーダー[*10]がいないと，あちらこちらとまとまりのない議論をしたり，みんなで頭をひねったあげく「これはわからないので，また今度」ということになりかねません。すべての人には有限の時間しかないことを思うと，議論しただけで満足してはなりません。もちろん，猪突猛進でゼミをしても，何らかの効果はあるように思いますが，議論したけれど，かけた時間のわりにはあまり効果がないということがよく見受けられるようです。したがって，横道にそれたときには本筋に戻してくれ，議論を整理してくれるリーダーを確保することが重要です。

7. サブゼミをする場合

　ゼミのための準備をするためのサブゼミなど，教員や

Comment 9
　私も，司法試験のための勉強をしたときに，2年ぐらい上の先輩方と一緒のゼミに入れていただいたことはとても刺激になりました。

Information 10
　『法学案内』19頁〔竹下守夫先生の発言〕，『新法学案内』13頁〔新堂幸司先生の発言〕におけるご指摘でも強調されています。

4 法律学のゼミに参加する──法律がより面白くなる

　先輩などリーダーがいない状況で，議論などをする場合についても，若干ふれておくことにします。このような場合には，議論をしているうちに，焦点がボケたり，誤った方向に議論が進んでしまうおそれがあります。

　そこで，第1に，サブゼミでは，最初は，できるかぎり，調べてきたことを正確に報告することを心がけるとよいでしょう。たとえば，判例であれば，1件につき，事実と判旨を800字ぐらいにまとめて，報告し，それぞれのメンバーがどの部分を重要であると判断したのかを知り，そのグループ全体としては，どこが重要であると考えるかを議論することがよいでしょう。そして，複数の重要判例を比較して，時系列的に動きがあるのか，判例の態度は固まっているのかということをみんなで考えてみることもよいでしょう。また，同じ事件について，第1審から最高裁判所の判断まで，判例の事実認定と法律的判断がどのように変化したかを追い，上告（申立）理由と最高裁判所の判断とがどのように対応しているかを論じてみることもよいでしょう。

　これに対して，論文などを読む場合には，その論文で引用されている判例や文献にもある程度手を伸ばすことが求められますので，論文そのものはグループの全員がそれぞれ読むにしても，引用されている判例や文献は，手分けして読んでくるぐらいが適当かもしれません。

　いずれにしても，判例や文献を可能な限り，客観的に読む練習をまず徹底的に行うことが望ましいでしょう。井戸端会議のように，あれやこれやと議論することは楽しいのですが，目的をはっきりさせて議論しないと時間がいくらあっても足りません。

　第2に，どのような見解をとるのか，どのような見解に賛成するのかということまで，ゼミで求められている

場合であっても，サブゼミでは，2つの両極端の見解について検討するにとどめることが適当でしょう。すなわち，メンバーを機械的に2つのチームに分けて，それぞれが，異なる見解について，勉強し，それぞれのチームごとに，①自分の見解の根拠，②相手方の見解への批判，③相手方の見解からの批判への応接，を考えた上で，チームの間で議論をしてみるということが考えられます。①や②はテキストや体系書などにも書かれているのが一般的ですが，③については，より専門的な論文や注釈書などを探さないと見つからないこともありますし，自分たちで屁理屈を考えなければならないこともあるかもしれません。自分たちで考える場合には，条文をよく読んでみるとか，利益衡量を行ってみる（特に，Aという利益とBという利益が対立しているように見える状況の下で，Aという利益を優先するような解釈をとる場合には，自分たちの見解によっても，Bという利益が，一定の範囲ではあるにせよ，どのような形で保護されるのかということを考えてみる〔1-5参照〕）ことが必要です。2つのチームで議論する中で，③を思いつくこともあるかもしれません。

　なお，2つの見解に絞って議論することをお勧めするのは，リーダーが存在しないところでは，意識的に議論の焦点を絞ることを心がけるべきだからです。そして，せめて，サブゼミでは，自分が直感的に好きな見解を必ずしもとるのではなく，あえて，反対説を擁護してみるという練習をして，初めて反対説の長所と欠点をより理解でき，自分が好ましいと思う見解の補強が可能となると思われます。

　「下手な鉄砲数打てばあたる」という議論ではなく，何が決定的な理由，批判なのかを熟考して，他の見解に対して，単刀直入に批判を加え，あるいは切り返すとい

4 法律学のゼミに参加する——法律がより面白くなる

う観点から議論してみてください。単に揚げ足取りする議論はいくらしても自分の力を高めることはできません。

第3に、あたりまえのことですが、特に、サブゼミでは、1つの結論を得るというよりは、問題点を把握することに重点を置くべきです。法律学の議論では、絶対的に正しい答が1つあるというわけではない場合が多いのですから。

8. ただ座っているのでは不十分

問題提起あるいは報告を担当するメンバーが問題点を発見し、その問題点についてさまざまな見解をその根拠とともに調べ、自分の見解を明らかにしつつ、コンパクトにまとめて発表することがゼミを効率的に行う1つの前提であることはいうまでもありません。問題提起や報告に時間をかけすぎるとメンバー間の意見交換・議論をする時間がなくなってしまうからです。しかし、ゼミを有効に活用するためには、他のメンバーも十分な予習をしておくことが大切であることを忘れてはなりません。[*11] なぜなら、予習をしないで、ゼミに臨むと、結局、報告者の報告を聞くことになり、講義を聴くのと同様、受け身で終始してしまい、ゼミに参加する意義が失われてしまうからです。また、その場で思いついたことを発言するだけでは、報告者に何らかのヒントを与えることはできたとしても、まとまりのある議論がなされないことになり、他のメンバーの役には立たないという結果になる可能性がかなり高いからです。

そもそも、ゼミの意義の1つはある問題をさまざまな観点から、あるいはさまざまな立場から検討することができることにあります。すなわち、あるメンバーがAという見解をとったときには、反対説から批判を加え、

💬 **Comment 11**
もっとも、自分ではくだらないこと、つまらないことと思って発言するのが恥ずかしいと感じるときであっても、質問や発言をすることが自分自身のみならず他のゼミのメンバーの役に立つのがふつうです。

Aという見解をとるメンバーはその批判に応えていく，あるいは反対説の問題点を指摘するという過程や，報告者が気付かない問題点を他のメンバーが指摘して，みんなでより説得的な問題解決を考えることが大切です。1つの見解をみんなで確認しあうのでは不十分です。そして，このようなゼミの目的を達成するためには，報告者以外のメンバーも，さまざまな立場をゼミでは臨機応変にとることができるようにする必要があります。そのためにも，しっかり準備してくることが欠かせません。少なくとも1つぐらいは質問か意見を準備したいものです。

9. 答案検討ゼミのすすめ

　法律学の答案をどのように書くべきかについては，さまざまなところでいろいろなアドバイスがなされています。しかし，優れた答案の書き方は1通りしかないというものではありません。1人1人の答案の書き方は異なって良いはずです。しかし，学生の方々，とりわけ司法試験などを受験される方は，自分の答案の個性を活かしつつ，それをより良い答案にすることを目指されるでしょう。この目標に向かって，答案の書き方を磨くには，自分よりレベルの高い人に見てもらい，コメントしてもらうというのが一般的でしょうが，「他人のふり見て，わがふり直せ」といわれるように，他人の答案を見て，それをどのように直せばより良くなるかをアドバイスしようとすると，自分の答案の書き方も上手になるように思われます。つまり，人は教えることによって，効果的に習得することができるということが，答案作成の面でも妥当します。

　そこで，2人でお互いに答案を見てもらうのもよいの

4 法律学のゼミに参加する――法律がより面白くなる

💬 Comment 12
大学生なら友人たちとするのがふつうでしょう。しかし、そうでない場合にはどのようにして、仲間を集めるかが問題かもしれません。MLとかインターネット上の掲示板、あるいは受験雑誌の欄を使ってメンバーを探すことが多いようです。

ですが、さまざまな面から検討するためには答案構成ゼミのようなものをすることが非常に役立つようです。[*12] これは、相対的にレベルの高いメンバーにとっても、より低いメンバーにとってもプラスですが、あまり多くの人数ですると時間がかかりすぎるので、答案を書いてくるのは4～5人程度が適当でしょう。もちろん、先生や先輩にときどき指導を受けることがよいのはいうまでもありません。

4-2 ゼミで報告する

1. ゼミでの報告

私自身も、ゼミでの報告は得意ではなく、今でも研究会などで報告するのは、冷や汗が滝のように流れるような気持ちでしています。しかし、大学教員の立場から、いくつかのアドバイスがあります。

第1に、ゼミは参加者が能動的にそれに参加するという特徴を有します。したがって、報告者の報告だけで終わったのでは、ゼミに呼ぶのにはふさわしくありません。したがって、決められた報告時間で報告を完了できるように準備する必要があります。本来は望ましいことではないのでしょうが、初めのうちは原稿の棒読みに近くなっても、報告時間内に読める程度の原稿を作るのも1つの方法でしょう。原稿の棒読みはみっともないというのであれば、自分でリハーサルをするか、そうでなくとも、報告原稿に4箇所ぐらい目標時間（たとえば、報告時間が30分なら、10分、15分、20分、27分というように）を書き込んでおいて、それと時計を比べて、遅れていたら、飛ばしてよいところをあらかじめ決めておくということ

をお勧めします。

　第2に，原稿の棒読みはよくないとはいうものの，落語や漫才のように，聞き手を楽しませることを第1の目的とするものではないので，原稿を読み上げることはある程度までは許されていると考えられます。しかし，そうであっても，聞いている他の人が眠くなる（ときどき，学生の報告中に寝ている先生もおられます）ことはできるだけ避けた方がよいでしょう。したがって，後に述べるレジュメに含まれる図表に注意を向けさせたり，あるいは，黒板・ホワイトボードその他のプレゼンテーションの道具（最近は，たとえば，パワーポイント[13]などを使うことが増えています）を使って，聞き手に視覚を使わせることが賢明でしょう。

　第3に，ゼミの報告は議論を喚起するために行うということを考えると，ある特定の見解のみを述べるのではなく，複数の見解などに言及することが望まれることが多いでしょう。その上で，自分の見解としては，少し変わった見解を採用すると，集中砲火を浴びて撃沈されるかもしれませんが，ゼミでの議論は活発化すると思われます。そして，その変わった考え方に致命的な欠点がなければ，それが，レポートや小論文のテーマにもなりえるのです。法律学は，悪く言えば，屁理屈をこねる面をもっているので，先生や他のゼミのメンバーからいろいろ批判されても，それに全力で答え，説得するという経験はとても大切です。

> Key Word 13
> パワーポイント
> Microsoft 社が出している，プレゼンテーション用のソフト。プロジェクターなどで投影すればゼミでも使用できます。

2．ゼミでの初めての報告――自分でテーマを選ぶ場合

　3．以下および第5章以下で詳しく説明することがあてはまりますが，初めて報告するときで，しかも，自分でテーマを選べる場合の段取りをおおざっぱに見てみま

4 法律学のゼミに参加する——法律がより面白くなる

しょう。

まず、テーマの探し方は大きく分けると2つあります。1つは、講義を聴いている中で、あるいは自分で法律学関連の本や雑誌（たとえば、法学教室）を読んでいる中で興味をもったものをテーマとするというものです（アプローチA）。もう1つは、新聞記事やインターネット上の情報などの中からテーマを見つけるというものです（アプローチB）。

■アプローチAの場合の手順

どちらかといえば、アプローチAの方が、最初の報告の際には楽です。というのは、その本や雑誌に手がかりがあるからです。つまり、その本や雑誌論文では、関連する条文、判例、文献が本文中あるいは注で示されているからです。講義の際にも指定されているテキストあるいは先生が言及された判例をスタートポイントにできるからです。

そして、研究者の間で議論があるテーマを取り上げるのもおもしろくてよいのですが、最初の報告は、判例を題材にする方がやりやすいかもしれません（学説の分布状況や微妙な（？）違いを把握するのはかなり難しいので）。

この場合には、まず、いくつかの基本的なテキストあるいは体系書で、当該テーマを取り扱っている部分を読んでみて、そこで言及されている裁判例および文献をリスト・アップしてみます。同時に、何が問題となっているのか（争点あるいは論点）を把握します（これをきちんとすることによって、それ以降の作業が効率的にできるでしょう）。その上で、リスト・アップした裁判例（特に最高裁判所のもの）が百選などの学生向け判例集（2-4参照）に載っていないかをチェックし、載っていたら、読んでみます（できれば、複数）。その上で、ポイントになる裁

4-2 ゼミで報告する

判例については，原文にあたって，第1審から最高裁の判断までを追ってみるとよいでしょう（たとえば，最高裁判所判例集。5-2参照）。特に，判例の流れというものに注目して，最高裁判所の考え方が変わってきているのか，それとも，ある見解が確立していると考えられるのかを明らかにできるとよいでしょう（この観点からも，調査官の解説はぜひ読んでみることをお勧めします。6-3-3. 参照）。また，同じ一般論をとりつつ，その事案の差によって，結論が異なっている場合が見つけられるとなおよいでしょう。そのような判例を理解し，比較する際に，先にリスト・アップした文献をあわせて読むと，判例をより的確に理解できるでしょう。当然のことながら，関連する条文はきちんと読んで，もし，気になるようでしたら，注釈書[*14]（コンメンタールや注釈，注解とか条釈というような語がタイトルに含まれている本）で当該条文についての理解を深めることもお勧めします。

Key Word 14
注釈書 5-1-1. を参照。

さらに，深く準備しようという意欲のある方は，第5章以下をご参照ください。

■アプローチBの場合の手順

この場合には，テーマが最初に決まるものですから，どの本のどこに書いてあるか，どの条文と関係があるのか，どのような関連判例があるのかを探すという手間がかかります。

新聞記事を手がかりにする場合ですと，まず，そのテーマのキーワードとなりそうなものを自分なりにいろいろと考えてみます。そして，関係ありそうな法律名（たとえば，民法）をもキーワードに含めつつ，インターネットで，サーチ・エンジン（たとえば，Google[*15]，とりわけgoogle scholarが有効なことがあります）を使って，何か，さらに手がかりになる情報がないか探してみます。

[?] Information 15
http://www.google.co.jp/

4 法律学のゼミに参加する——法律がより面白くなる

[?] Information 16
https://iss.ndl.go.jp/

　他方で，データベース（無料のものとしては，国立国会図書館の「国立国会図書館サーチ」（NDL Search）が網羅的です）を使って（第5章以下参照），これまでに，関連する文献が公刊されていないかをチェックすることも有益です。

　さらに，関係ありそうな法律のテキスト，体系書の索引に自分が想定したキーワードが含まれていないかどうかを調べること，それで見つからないようだったら，比較的ボリュームのある，詳細な注釈書（たとえば，『注釈民法』）の索引に自分が想定したキーワードが含まれていないかを調べることもお勧めです。

　新聞記事で取り上げられた裁判例であれば，その法律領域についての専門雑誌で取り上げられたり，たとえばLEX/DB，そして最近では判例体系（D1-Law.com）などのオンラインデータベース（5-2-3. 参照）に比較的早く収録される可能性があるので，それらを参照してみることが有効です。他方，新聞記事が取り上げているものが最近の立法の動きであれば，法務省など，その法律を所管している官庁のホームページ（2-6-5. 参照）などをチェックするとより詳細な情報が得られることが通常です。

　いったん，適当な文献あるいは裁判例が見つかったらしめたものです。それをてがかりに，アプローチAと同じような手順を踏めばよいのです。

3. ゼミでの報告のための準備——テーマが与えられている場合

　ゼミで取り上げられるものは，①裁判例，②何らかのケース（演習問題），③その他の興味を引くようなテーマ・トピックのいずれかであることが多く，中でも①が

多いようです。①を取り上げる場合の留意点については，4. で改めて説明しますので，ここでは，②または③を取り上げる場合のポイントを示しておきます。

　まず，ケースや演習問題（②）については，その背景に学説の対立等があることが一般的であることを考えると，主要な見解をまとめて，その理論構成上の違い，結論の違いを明らかにできるように準備することが考えられます。とりわけ，複数の見解の間での他の見解に対する批判とそれに対する反論が対応するようにまとめるとよいと思われますし，また，理由付けについても漫然と並べるのではなく，たとえば，条文の文言，沿革，利益衡量（1-5参照）*17，実務上の問題などに分けて，対応関係がはっきりするようにしておくことがよい報告につながると思われます。また，多くの場合，ケースや演習問題は，何らかの裁判例を参考にしていることが多いので，参考にされたと思われる裁判例について，よく勉強し，その裁判例の事案と検討しようとしているケースや演習問題との違いを考えてみることが高い評価を受けることに結びつきます。いずれにせよ，一般論としての理論の対立について報告するのみならず，当該ケースとの関連での検討を忘れてはなりません。

　他方，あるトピック（③）についての報告であれば，レポートや小論文を書く場合とそれほど変わらない準備をすれば十分でしょう。ただ，ゼミでの議論を活発にするために，問題を明確に提起することをとりわけ心がけるとよいと思われます。

4. 裁判例を素材にする報告

　裁判例に関する報告（判例研究）については，判例百選シリーズ，『論究ジュリスト』に掲載されている刑事

? Information 17
条文の解釈にあたっては，必ずある利益を一定の仕方・程度で保護し，他の利益を一定の程度で斥けることになります。星野英一教授の「民法　解釈論序説」（『民法論集　第1巻』（有斐閣）所収）に詳しく述べられています（とくに6頁，15～18頁，20～22頁）。

4 法律学のゼミに参加する——法律がより面白くなる

判例研究,『ジュリスト』に掲載されている商事判例研究などの構成を参考にして,準備をするとよいと思われます。

すなわち,まず,当該判例の原文(最高裁判所の判例の場合には,できれば,公式判例集である民集や刑集。判例集については5-2参照)を入手します。そして,当該事案を把握し,もし,上告審の裁判例であれば,原審(控訴審)判決および第1審判決を,控訴審・抗告審の裁判例であれば原審の判決あるいは原決定を,可能な限り探します。[*18]

次に,その裁判例を対象とした解説・評釈を探します。その探し方は第5章で述べますが,まず,判例百選など学生向けのもので探し,最高裁判所の裁判例であれば,せめて『最高裁判所判例解説』(法曹会)は少なくともチェックしてみると,どのような解説・評釈があるかが分かります。さらに網羅的に調べようとするのであれば,『法律判例文献情報』(D1-Law.com)などが有用なツールです。Westlaw Japan の判例の要旨,LEX/DB の書誌表示,『判例体系』の要旨などのほか,「文献月報検索サービス」も使うとよいでしょう。

判例研究においては,当該裁判例が従来の裁判例の中でどのように位置付けられるのかを明らかにすると,[*19]ゼミの担当教員は,その報告を高く評価する可能性がきわめて高いといえます。したがって,同じあるいは類似した争点を取り扱った裁判例(少なくとも最高裁判所あるいは大審院(1-2のKey Word参照)[決定の場合は高等裁判所]の裁判例)を探し出すことが,次の段階の作業です。その上で,当該裁判例の位置付けを考えることになります。

そして,最高裁判所の判例の場合,判例変更をした旨が明示的に示されていることがありますが,そのような

> Comment 18
> 公式判例集では載っていますが,民間の判例集にはいっしょには載っていないことがあります。

> Comment 19
> 最近の裁判例でなければ,その裁判例の後にどのような裁判例が積み上げられているか調べる必要があります。

ときでなければ，報告対象としている裁判例の結論と他の裁判例の結論とが異なるときは，事実関係が異なることが原因なのではないかということをまず考えてみることが大切です。そして，「その裁判例はその事案については適切なものである」ということと明示的な「判例変更がなければ，最高裁判所の裁判例の間では矛盾はない」ということを，一応，前提として，裁判例を検討し，その上で，「不適切な結論である」とか「理論構成に無理がある，もっと自然な理論構成が可能である」とか「黙示的な判例変更が行われたのではないか」「他の裁判例との整合性がない」というような評価をするのが，ゼミの報告としてはよいとされるように思われます。

5. レジュメの作り方

　ゼミではレジュメというものを作成して，それを他のメンバーに配布して報告するのが一般的です。レジュメは，聞き手が報告のポイントを理解できるようにするために作るメモです。レジュメの作り方として，絶対的なものはないと思いますが，まず，分量としては，一般的には，B4判であれば1，2枚程度，A4判であれば4，5枚程度にまとめるのが適当でしょう。

　内容としては，報告のポイントを簡略に記載すればよいのですが，判例研究を例にとってみましょう。

××年×月×日
学籍番号　××××××
法学　太郎

非嫡出子と法定相続分
最大決平成 25 年 9 月 4 日民集 67 巻 6 号 1320 頁

1　事実

　平成 13 年 7 月に死亡した A（被相続人）の遺産につき，A の「嫡出である子」（その代襲相続人を含む。）である X_1 ら（申立人・被抗告人・被抗告人）が，A の「嫡出でない子」である Y_1 ら（相手方・抗告人・抗告人）を相手方として，遺産の分割の審判を申し立てた。なお，Y_1 らは，A と亡 B との婚姻中に，A と D との間で出生した非嫡出子であるところ，非嫡出子の法定相続分が嫡出子の法定相続分の 2 分の 1 とされている民法 900 条 4 号ただし書前段の規定は，憲法 14 条 1 項に反し無効であると主張した。

2　第 1 審（審判）（東京家裁平成 24 年 3 月 26 日）

　X_1 らの請求認容。
「民法 900 条 4 号ただし書前段の……立法理由は，法律上の配偶者との間に出生した嫡出子の立場を尊重するとともに，他方，被相続人の子である非嫡出子の立場にも配慮して，非嫡出子に嫡出子の 2 分の 1 の法定相続分を認めることにより，非嫡出子を保護しようとしたものであり，法律婚の尊重と非嫡出子の保護との調整を図ったものと解されるところ，民法 900 条 4 号ただし書前段の規定は，その立法理由に合理的な根拠があり，かつ，非嫡出子の法定相続分を嫡出子の 2 分の 1 としたことが右立法理由との関連において著しく不合理であり，立法府に与えられた合理的な裁量判断の限界を超えたものということはできないのであって，同規定は，合理的理由のない差別とはいえず，憲法 14 条 1 項に反するものとはいえない（最高裁平成 7 年 7 月 5 日

大法廷決定・民集49巻7号1789頁参照)。」

3 原決定（東京高裁平成24年6月22日）

X₁らの抗告棄却。

「最高裁判所平成7年7月5日大法廷決定後の社会情勢，家族生活や親子関係の実態，本邦を取り巻く国際的環境等の変化等を総合考慮しても，本件相続開始時（平成13年7月……）に上記規定が違憲であったと認めることはできない。」

4 決定要旨

破棄差戻し。

「憲法14条1項は，法の下の平等を定めており，この規定が，事柄の性質に応じた合理的な根拠に基づくものでない限り，法的な差別的取扱いを禁止する趣旨のものであると解すべきことは，当裁判所の判例とするところである……。

相続制度は，被相続人の財産を誰に，どのように承継させるかを定めるものであるが，相続制度を定めるに当たっては，それぞれの国の伝統，社会事情，国民感情なども考慮されなければならない。さらに，現在の相続制度は，家族というものをどのように考えるかということと密接に関係しているのであって，その国における婚姻ないし親子関係に対する規律，国民の意識等を離れてこれを定めることはできない。これらを総合的に考慮した上で，相続制度をどのように定めるかは，立法府の合理的な裁量判断に委ねられているものというべきである。この事件で問われているのは，このようにして定められた相続制度全体のうち，本件規定により嫡出子と嫡出でない子との間で生ずる法定相続分に関する区別が，合理的理由のない差別的取扱いに当たるか否かということであり，立法府に与えられた上記のような裁量権を考慮しても，そのような区別をすることに合理的な根拠が認められない場合には，当該区別は，憲法14条1項に違反するものと解するのが相当である。」

4　法律学のゼミに参加する──法律がより面白くなる

　「法律婚主義の下においても，嫡出子と嫡出でない子の法定相続分をどのように定めるかということについては，前記……で説示した事柄を総合的に考慮して決せられるべきものであり，また，これらの事柄は時代と共に変遷するものでもあるから，その定めの合理性については，個人の尊厳と法の下の平等を定める憲法に照らして不断に検討され，吟味されなければならない。」

　（平成25年改正前）民法900条が定められた「昭和22年民法改正の経緯をみると，その背景には，「家」制度を支えてきた家督相続は廃止されたものの，相続財産は嫡出の子孫に承継させたいとする気風や，法律婚を正当な婚姻とし，これを尊重し，保護する反面，法律婚以外の男女関係，あるいはその中で生まれた子に対する差別的な国民の意識が作用していたことがうかがわれる。また，この改正法案の国会審議においては，本件規定の憲法14条1項適合性の根拠として，嫡出でない子には相続分を認めないなど嫡出子と嫡出でない子の相続分に差異を設けていた当時の諸外国の立法例の存在が繰り返し挙げられており，現行民法に本件規定を設けるに当たり，上記諸外国の立法例が影響を与えていたことが認められる。」

　「平成7年大法廷決定以来，結論としては本件規定を合憲とする判断を示してきたものであるが，平成7年大法廷決定において既に，……婚姻，親子ないし家族形態とこれに対する国民の意識の変化，更には国際的環境の変化を指摘して，昭和22年民法改正当時の合理性が失われつつあるとの補足意見が述べられ，その後の小法廷判決及び小法廷決定においても，同旨の個別意見が繰り返し述べられてきた……。特に，前掲最高裁平成15年3月31日第一小法廷判決以降の当審判例は，その補足意見の内容を考慮すれば，本件規定を合憲とする結論を辛うじて維持したものとみることができる。」「当審判例の補足意見の中には，本件規定の変更は，相続，婚姻，親子関係等の関連規定との整合性や親族・相続制度全般に目配りした総合的な判断が必要であり，また，上記変更の効力発生時期ないし適用範囲の設定も慎重に行うべきであるとした上，これらのことは国会の立法作用により適

切に行い得る事柄である旨を述べ，あるいは，速やかな立法措置を期待する旨を述べるものもある。」しかし，「関連規定との整合性を検討することの必要性は，本件規定を当然に維持する理由とはならないというべきであって，上記補足意見も，裁判において本件規定を違憲と判断することができないとする趣旨をいうものとは解されない。また，裁判において本件規定を違憲と判断しても法的安定性の確保との調和を図り得る」。「なお，……平成7年大法廷決定においては，本件規定を含む法定相続分の定めが遺言による相続分の指定等がない場合などにおいて補充的に機能する規定であることをも考慮事情としている。しかし，本件規定の補充性からすれば，嫡出子と嫡出でない子の法定相続分を平等とすることも何ら不合理ではないといえる上，遺言によっても侵害し得ない遺留分については本件規定は明確な法律上の差別というべきであるとともに，本件規定の存在自体がその出生時から嫡出でない子に対する差別意識を生じさせかねないことをも考慮すれば，本件規定が上記のように補充的に機能する規定であることは，その合理性判断において重要性を有しないというべきである。」

「本件規定の合理性に関連する以上のような種々の事柄の変遷等は，その中のいずれか一つを捉えて，本件規定による法定相続分の区別を不合理とすべき決定的な理由とし得るものではない。しかし，昭和22年民法改正時から現在に至るまでの間の社会の動向，我が国における家族形態の多様化やこれに伴う国民の意識の変化，諸外国の立法のすう勢及び我が国が批准した条約の内容とこれに基づき設置された委員会からの指摘，嫡出子と嫡出でない子の区別に関わる法制等の変化，更にはこれまでの当審判例における度重なる問題の指摘等を総合的に考察すれば，家族という共同体の中における個人の尊重がより明確に認識されてきたことは明らかであるといえる。そして，法律婚という制度自体は我が国に定着しているとしても，上記のような認識の変化に伴い，上記制度の下で父母が婚姻関係になかったという，子にとっては自ら選択ないし修正する余地のない事柄を理由としてその子に不利益を及ぼすことは許されず，子を個人として尊重し，その権利

を保障すべきであるという考えが確立されてきているものということができる。

　以上を総合すれば，遅くともAの相続が開始した平成13年7月当時においては，立法府の裁量権を考慮しても，嫡出子と嫡出でない子の法定相続分を区別する合理的な根拠は失われていたというべきである。

　したがって，本件規定は，遅くとも平成13年7月当時において，憲法14条1項に違反していたものというべきである。」

5　本決定の意義と裁判例のなかの位置付け

　本決定は，平成25年法律第94号による改正前民法900条4号ただし書の規定のうち嫡出でない子の相続分を嫡出子の相続分の2分の1とする部分は，遅くとも平成13年7月当時において，立法府の裁量権を考慮しても，嫡出子と嫡出でない子との法定相続分を区別する合理的根拠は失われていたことにより，憲法14条1項に違反していたものというべきであるとした点で意義を有する。

(1)　最大決平成7年7月5日民集49巻7号1789頁　（略）
(2)　最一小判平成12年1月27日集民196号251頁　（略）
(3)　最二小判平成15年3月28日集民209号347頁　（略）
(4)　最一小判平成15年3月31日集民209号397頁　（略）
(5)　最一小判平成16年10月14日集民215号253頁　（略）
(6)　最二小決平成21年9月30日集民231号753頁　（略）

6　学説
（略）

7　本決定の評価及び本決定以降の裁判例
（略）

8　参考文献
（略）

4-2 ゼミで報告する

基本的には、事実の概要、争点、判旨を判決文（または決定文）から整理してまとめる一方で、百選などの「解説」とか「評釈」という部分に含まれる、従来の裁判例との関係でのその判決・決定の位置付け、学説の動向を書かなければなりません。また、参考文献も示すべきでしょう。

しかし、百選などと違って、レジュメはメモですから、箇条書きにすることも多く、文ではなく項目を挙げるにとどめることもあります。また、分量を少なくするという観点からは、表などを用いることも有効です。

また、事実関係を理解しやすくするために、事実関係が複雑な場合には、関係する者（原告、被告、その他の関係者〔訴外の者を含む〕）の関係を図示することや、さまざまな動きを時系列に従って並べた一覧表を示すことが望ましいといえましょう。

レジュメは報告原稿そのものではないので、原稿を読み上げていると感じられたり、レジュメがあるため、報告者の報告に耳を傾けてもらえないという可能性に対応するために、レジュメでは必要最低限の客観的な記述にとどめ、できるだけ簡略に作った方がよいと思います。レジュメには書いていない隠し玉をもちつつ報告した方が耳を傾けてもらえます。しかし、判決年月日や出典などを耳で聞いてメモするのは大変ですし、多くの裁判例にふれる場合には、レジュメに判決年月日と出典を少なくとも示しておく必要があるでしょう。数字が出てくる場合や事実関係が複雑な場合も同様です。

📖 Key Word 20
事実の概要 その裁判の対象となった事件の概要。
争点 当事者がどのような根拠で、どのような請求をしているのか。
判旨 結論（請求棄却・認容など）と理由付けの概要。原文をそのままもってきたときは、「」で囲んでおくのが作法です。

💬 Comment 21
ケースによっては、原審判決などをも参照しなければならない場合があります。

💬 Comment 22
特に、判例の位置付けを示すため、他の裁判例と比較する場合や学説を整理する場合などは有効です。第6章の図6-1、表6-5、表6-6などを参照。

💬 Comment 23
その意味では、自分の意見は必ずしもレジュメに書く必要はないでしょう。

💬 Comment 24
つまり、口頭報告からレジュメに書かれていない詳細な情報が得られるようにすると、聞き手の興味を誘い、良い報告になります。

第5章

法律学の資料を探す
―― 学習への第一歩

5 法律学の資料を探す──学習への第一歩

5-1 雑誌論文／単行本

ゼミで報告したり，レポートや小論文を書くためには，まず，資料を集めることが必要です。あるテーマについてどのような論文・単行本があるかを知る方法をここでは考えてみましょう。

1. 単行本を探す最もお手軽な方法──図書館・書店に行ってみる

網羅性は保証されませんが，大きな書店で，対象とするテーマが含まれる法律の本があるコーナーを眺めることは，気楽にできることですし，資料検索の第一歩といえるでしょう。書店に行ってみると，偶然に自分のテーマにぴったりの本が並んでいることもあります。また，毎年出されている①**『法律図書総目録』**（法律書・経済書・経営書目録刊行会）[*1]の活用もお勧めできます。

さらに，最近では，多くの大学で蔵書目録のオンライン化が進んでおり，キーワードを用いて検索することができるので，従来に比べて，単行本は探しやすくなっています。とくに，国立情報学研究所のCiNii Books[*2]を使えば主要な大学の図書館にある本を対象に検索できますので，意外にぴったりの本が見つかるかもしれません。国立国会図書館のNDL-OPAC[*3]にもあたってみるとよいでしょう。さらに，amazon.co.jpでキーワードを用いて探してみるのもお手軽です。

もし，日頃使っている大学の図書館で，蔵書の大部分が開架されていたり，書庫に入ることができるのなら，自分のテーマに近い単行本をカードや端末を用いて1冊でも探しあてたら，実際に本棚のところに行ってその本

[?] Information 1
これは，大きな書店では無料でもらえることも多いですし，たとえば，中央経済社は依頼する（https://www.chuokeizai.co.jp/mokuroku/）と送ってくれます（2015年5月5日段階）。）

[?] Information 2
CiNii Books https://ci.nii.ac.jp/books/

[?] Information 3
NDL-OPAC https://opac.ndl.go.jp/

の付近をチェックすると，意外とたくさん資料が見つかることも少なくありません。

　なお，レポートなどを書く際に，学部学生としては，まず，現在，一般に用いられているテキストなどがどのような考え方をとっているかを概観するのが普通でしょう。どのようなテキストがあるかを知るため①などを用いることができます。

2．大学の先生方もなさる芋づる方式

　テキストなどは，その性格上，多くの理由付けは簡略化されているので，レポートや小論文を書くときは，論文にあたることになります。その際にどの論文を読むかを考えなければなりませんが，注釈書*4などが引用している文献は取捨選択の結果であると一応推定できるので，それを読むのが無難であるとはいえそうです。引用されている文献の中では，題名を見て，探しているテーマに近いもの，頻繁に引用されているものから読むのが，合理的でしょうし，また，記念論文集あるいはモノグラフ（個人の論文集）に収録されている論文は多くの場合力を入れて書かれているといわれていますし，注がていねいに付されているのが通常ですから，そのような論文を初めの段階で読むことが時間の節約になります。*4

　書店や図書館に並んでいる本を全部チェックすることは，時間の関係上不可能であることが多いですし，1冊の単行本の中で自分の関心と対応する部分がわずかにすぎないことや資料の中には優れたものもあれば，それほどでないものもあること，また，雑誌論文を探すときに行きあたりばったりでは心もとないことを考えると，芋づる方式が学部学生にとっても優れているといえるでしょう。これは，厚めのテキスト，体系書，注釈書あるい*5

Key Word 4
注釈書　コンメンタールともいいます。法令の条文解説を1条ごとに行っていく書籍。
論文集　あるテーマについて，判例・学説・外国法などを踏まえて深く分析し，論じたものをまとめたものです。1人の研究者が書いたものをまとめることも少なくありませんが，先生の還暦（60歳）や古稀（70歳）を記念してその先生の弟子の方々などが執筆するケースもあります。後者の場合をとくに記念論文集といいます。

Information 5
『新版　注釈民法』（有斐閣），『新基本法コンメンタール刑法』（日本評論社），『注解民事訴訟法』（青林書院）というような本。

はたまたま目についた論文集や雑誌論文などの参考文献や注に掲げられている文献を読み，そこで読んだ文献の参考文献や注に掲げられている文献を読むというように芋づるをたぐるように探していく方法です。

とくに，『現代法』『基本法学』『現代の法』（以上，岩波店）というような，いわゆる講座ものにたまたま自分が探そうと思っているテーマの論文が含まれている場合には，この芋づる方式を有効に用いることができることが多いように思われます。ただ，この方法には限界があります。

第1に，最初に読んだ本より後に公表された本や雑誌論文は，どれほど重要であっても見つけられないことです。

第2に，日本の場合，網羅的に文献を引用し，または言及する論稿は少なく，よほど有名な先生のお書きになった業績のほかは著者の周りにいる研究者の業績しか引用されていないということが少なくないという問題があります。そのため，スタートポイントとなる本や論文を1つに限ることなく，3つ，4つ選ぶ必要があります。

第3に，芋づる方式で見つけた文献が本である場合には改訂されている可能性があり，雑誌論文である場合には，本の形にまとめられている可能性があります。

第4に，注釈書などが示している学説等の流れをレポート・小論文で紹介するときは，大学の図書館あるいは国会図書館などで原典にあたることが必要だという点です。これは，ときどき引用にミスプリントがあることもさることながら，大学の先生方は，注釈書などを引き写してくるのでは，満足してくれないからです。

Key Word 6
講座もの それぞれの領域の主要なテーマについて，各執筆者が，最近の情報をもふまえて深く掘り下げた論文を集めたものを指します。

Information 7
憲法では『講座 憲法学』（日本評論社），『講座 憲法訴訟』（有斐閣）。
民法では，『民法講座』（有斐閣），『民法典の百年』（有斐閣），『現代契約法大系』（有斐閣），『新・現代損害賠償法講座』（日本評論社）。
商法では，『現代企業法講座』（東京大学出版会）など（一部入手不可）。

Comment 8
できれば，異なる大学の系列の研究者のもの。たとえば，関東の研究者と関西の研究者，国公立大学の研究者と私立大学の研究者という組み合わせが望ましいと思われます。

3. 検索の王道――書誌の利用

とりわけ，雑誌論文を探すときには，書誌を利用します。

定評があるものとしては，②**『法律判例文献情報』**（第一法規）です。ただ，1981年より前のものはカバーされていないこと，ややアップ・デートが遅いように思われることが難点です。[*9]

他方，比較的タイムリーに雑誌論文などを収録するものとして，③**『法律時報』**の末尾にある「**文献月報**」があります。これは，1929年以来，広く用いられ，『法学文献総目録』および④**『戦後法学文献総目録』**（日本評論社）（13巻まで刊行されており，1992年12月までカバーされている）として合本されています。②・④がカバーしていない期間は③によりますが，法律のジャンルごとに分類されてはいるものの，毎月の③を1つ1つチェックするのは根気がいりますし，キーワード検索ができないという欠点があります。もっとも，⑤「**文献月報検索サービス**」が開始され，利用可能になっていますので，ずいぶん検索が楽になっています。同様に⑥ Westlaw Japan の書籍／雑誌の文献情報も便利です。さらに，法律文献に限られたものではありませんが，⑦ **CiNii Articles**（http://ci.nii.ac.jp/）も有用です。ただし，文献としての特色や位置づけは知ることができません。そこで，⑧**『法律時報』**の「**学界回顧**」[*10]（毎年12月号に掲載）を見ることがお勧めです。ただ，これは網羅性が必ずしも確保されていないこと，執筆者によって論文等の内容の紹介に精粗があること，もちろん，キーワード検索ができないことなどの欠点を有しています。

なお，②から⑦のほかに，⑨**最高裁判所図書館『邦文**

> 💬 **Comment 9**
> したがって，最近のものは冊子体のもので地味に探さなければなりません。

> ❓ **Information 10**
> 書評の一種ですが，最近では評価を示さないものが増えています。民法については，「民法学のあゆみ」，刑法については，「刑事法学の動き」がときどき『法律時報』に，商法については「文献商法学」が，『旬刊商事法務』（商事法務研究会）に掲載されるので，これらも参考になります。

5 法律学の資料を探す──学習への第一歩

法律雑誌記事索引』（DVD が出されている。なお，最高裁判所図書館蔵書検索システム（http://www.opac8.com/user/courts/court.html）では平成 17 年 1 月以降の法律記事を検索できる）や⑩**法務省司法法制調査部職員『法律関係雑誌記事索引』**（商事法務研究会）（法務図書館図書情報検索システム（http://lib.moj.go.jp/opac/wopc/pc/pages/TopPage.jsp）では，法務図書館の蔵書検索のみならず法律雑誌記事も検索できます）,⑪**国立国会図書館『国立国会図書館サーチ』**[*11]があります。また，日外アソシエーツの⑫ **Magazine Plus** は⑪より広い範囲をカバーしており[*11]，⑨・⑩とならんで記念論文集に掲載された論文も対象とする点で有用です。国立国会図書館サーチでも記念論文集に掲載された論文をある程度検索できますし，あまり知られていませんが，CiNii Books でも記念論文集に収められた論文を網羅的ではありませんが見つけることができます。

以上に加えて，単行本の目次情報を検索できるものとして，⑬ **Book Plus** があり[*11]，③も目次情報をカバーしています。

> ? Information 11
> 国立国会図書館サーチ
> https://iss.ndl.go.jp/
> Magazine Plus と Book Plus（有料）
> http://www.nichigai.co.jp/database/index.html

4. 実際に探してみよう

> たとえば，「空クレジットと保証人の錯誤主張の可否」[*12]というテーマで文献を探してみましょう。

STEP 1　NDL-OPAC, CiNii Books, Book Plus およびオンライン書店

NDL-OPAC の詳細検索で「図書」および「博士論文」のタイトルに「空リース」「空クレジット」が含まれているものを探しましたがゼロでした。そこで，タイトルに「クレジット」が含まれているものを検索すると，

> 💬 Comment 12
> 「空クレジット」には，いろいろなパターンがありますが，代表的なものは，商品売買の事実はないのに，売買がなされたように装って，加盟店がクレジット会社から支払いを受けた上で，多少の手数料を控除した後の金銭を顧客に渡し，顧客はこれを用いた上で，立替金をクレジット会社に返済していくというような場合です。似たものに「空リース」があります。

5-1 雑誌論文／単行本

博士論文では 22 件ヒットし（ただし，タイトルに「クレジット」が含まれていないものも 3 件混じっている），法律関連では，①加藤良三『消費者信用法の研究——クレジット・カード法の研究』が見つかりました。また，図書では 614 件ヒットし[*13]（ただし，タイトルに「クレジット」が含まれていないものも混じっている），①が 1989 年に『クレジット・カード法の研究』として千倉書房から刊行されていることが判明しました。その上で，法律関係の文献を絞り込むために「クレジット法」「クレジット判例」「クレジット AND 法律」「クレジット AND 法的」[*14]で検索してみると，それぞれ，9 件，2 件，19 件，16 件ヒットしました（しかし，「クレジット AND 法」で検索すると，全くヒットしませんでした）。そこには，たとえば，長尾治助『判例クレジット法』，クレジット判例研究会編『クレジット判例ハンドブック pt.2』・『クレジット判例ハンドブック pt.3』・中坊公平ほか編著『クレジット法の理論と実際：消費者信用法制と消費者信用情報』，『法と政治の理論と現実：関西大学法学部百周年記念論文集　下巻』（書誌情報をみると，沢井裕「クレジットをめぐる法と裁判」が収められていることがわかります），などが見つかりました。[*15]

他方，図書のうち「ファイナンス・リース」がタイトルに含まれているものを検索しようとすると 71 件ヒットするのですが，実際には，そのほとんどは，「ファイナンス・リース」がタイトルに含まれていませんでした。そこで，「リース取引」で検索すると 73 件ヒットしますが，そのほとんどはリース会計または税務に関するものでした。

そこで，CiNii Books で同様の検索を試みたところ，「ファイナンス・リース」で 4 件ヒットし，その中に，

💬 **Comment 13**
ずばりのものが見当たらないときは，ターゲットとするキーワードの上位概念をふくみそうな連載や単行本をまず見つけてみると，次への手がかりが得られます。

💬 **Comment 14**
"アンド（and）"とはキーワードがすべて含まれている文献を探すことになります。また，"or" は対象語いずれか 1 つが含まれているものを探すことになります。

💬 **Comment 15**
以下の結果は 2016 年 2 月時点のものです。

5　法律学の資料を探す──学習への第一歩

森田宏樹「ファイナンス・リース契約の法的構造：リース物件の「受領」および「借受証」の交付の法的意義」『民事法学への挑戦と新たな構築：鈴木禄弥先生追悼論集』が含まれていました。

また,「リース契約」,「リース判例」というようなキーワードを用いて検索すると,渡辺直行『リース取引の法と実務』,日本弁護士連合会編『特別研修叢書.昭和60年度』(岡部真純「リース契約の実務と訴訟」が収められていることが書誌情報でわかります)などがあることが判明しました。野口恵三『判例に学ぶリース取引』,吉原省三＝岡部真純編『判例リース・クレジット取引法』,手塚宣夫『リース契約の判例総合解説』,加藤一郎＝椿寿夫編『リース取引法講座』,クレジット・リース判例研究会『クレジット・リース判例問答集：営業マンのための契約から回収までのすべて(別冊NBL18号)』,『現代社会と法の役割：甲斐道太郎教授還暦記念論集』(書誌情報をみると,島川勝「クレジット訴訟の到達点と課題」が収められていることがわかります)などが見つかりました。

以上に加えて,Amazonやイーエスブックでは,「クレジット AND 判例」で検索しましたが,Webcatで見つけることができたもの以外にはめぼしいものはありませんでした。

さらに,空クレジットにおける保証人の責任という観点からは,保証人の責任についての総合判例研究を探したいところですが,CiNii Booksで「保証人」をタイトル・ワードとして検索すると,平野裕之『保証人保護の判例総合解説：「契約」の否定,「債務」の制限および「責任」の制限』が見つかりました。また,NDL-OPACで「保証人」を検索すると,関連しそうに思わ

[?] Information 16
主なサイトとして,
紀伊國屋書店 https://kinokuniya.co.jp/
三省堂書店 https://www.books-sanseido.co.jp/
Amazon https://www.amazon.co.jp などがあります。

れる論文として鹿野菜穂子「保証人の錯誤」，宮本健蔵「不正常な信用供与取引と保証契約の錯誤無効」（いずれも，『財産法諸問題の考察：小林一俊博士古稀記念論集』所収）が存在することがわかりました。

STEP2 国立国会図書館サーチ，CiNii Articles，法律判例文献情報

　こんどは，適当な雑誌論文がないかどうかを探してみます。国立国会図書館の国立国会図書館サーチの記事・論文では，「空クレジット」で17件，「空リース」で7件，それぞれヒットしました。古い論文がないため，今度は，「クレジット AND 保証人」で検索してみますと，1998年より前の文献が2件ヒットしました。

```
1. 物上保証人に対する債権者の義務（クレジット債権の確保と消費者保護）／山本 隆司
掲載誌 立命館大学人文科学研究所紀要（通号 61）1994-03 p.p1〜49

2. 日本におけるクレジット債務保証人の法的保護―その必要性と立法の方向（弱者と人権―その現状と課題）／長尾 治助
掲載誌 立命館大学人文科学研究所紀要（通号 63）1995 p.p119〜134
```

　他方，「リース AND 保証人」では1998年より前（1988年は含まない）の文献は1件のみヒットしました。

```
リース契約・割賦販売契約と連帯保証人の錯誤／中野 哲弘
掲載誌 判例タイムズ 38(23) 1987-10-15 p.p17〜23
```

　この結果から，「クレジット」ではなく，「割賦販売」をキーワードに含めて検索したらどうかということに気づきますが，残念ながら，これでは新しい論稿を発見することはできませんでした。

　なお，CiNii Articles では，たとえば，「空クレジット」で15件，「空リース」で6件，それぞれヒットしましたが，これらは国立国会図書館サーチの結果と完全に重複していました。

他方，法律判例文献情報の，文献編検索によると，「リース AND 保証人」で9件，「クレジット AND 保証人」で24件，保証 AND 錯誤で177件，「空クレジット OR 空リース」で58件という結果になりました。

　この結果，判例評釈等以外で，タイトルから判断して，関連しそうな論文・総合判例研究としては，たとえば，都筑満雄「複合契約と錯誤――錯誤論を通じた複合契約論の考察」南山法学34巻1号，藤井聖悟「いわゆる空リースをめぐる裁判例と問題点」『判例展望民事法(3)』，中野哲弘「リース契約・割賦販売契約と連帯保証人の錯誤」判例タイムズ642号，牛尾洋也「保証契約と錯誤に関する覚書」龍谷法学25巻4号，小林一俊『錯誤（叢書民法総合判例研究4-1)』，大西武士「リース取引の保証と錯誤」銀行法務21, 42巻14号，43巻1号，43巻2号，43巻3号，43巻5号，林彰久「空リース」吉原省三＝岡部眞澄編『判例リース・クレジット取引法』，巻之内茂「空リース・多重リース・仮装リース」『金融・商事判例782号（増刊号）リース取引』が見つかりました。

STEP 3 文献月報検索サービスおよび Westlaw Japan の「書籍／雑誌」――最近の文献を発見するために

　国立国会図書館サーチのアップデートのタイミングはとても早く，CiNii Article もかなり早く更新されていますが，念のため，Westlaw Japan の書籍／雑誌の文献情報や文献月報検索サービスを用いて，検索してみます。特に，判例評釈等については，判例体系や LEX/DB が必ずしも最新のものまで収録していない可能性があるので，現在のところ，文献月報検索サービスを用いることが有効です。

STEP 4　注釈書・コンメンタール

　さらに，一般的には，文献の重要性を知るためにも，注釈書，コンメンタールの該当部分を見ておくことが望ましいといえます。たとえば，『注釈民法』『新版注釈民法』の索引で「錯誤」「(空) クレジット」「(空) リース」というような項目を探してみて，保証人の責任と関係がある部分がないかどうかをチェックしてみます。

　もっとも，この場合，『注釈民法』の総索引には，空クレジット，空リースは項目として拾われていませんし，『注釈民法(3)』95条の注釈でも，空クレジット等の場合に保証人が錯誤を主張できるかという問題にはふれられていませんでした。しかし，『新版注釈民法(3)』ではふれられており，そこで引用されている文献にあたってみることにします。

STEP 5　講座ものから探してみる

　『現代契約法大系』第4巻では，「割賦販売契約」「クレジット契約と消費者の抗弁権」が，第5巻では，「リース」が，それぞれ取り上げられていますが，空クレジットと保証人の錯誤の問題にはふれられていませんでした。また，『金融取引法大系』にも空クレジットと保証人の錯誤の問題を取り上げたものは見あたりませんでした。ただし，加藤一郎＝椿寿夫編『リース取引法講座』には，伊藤進「リース契約と金銭消費貸借・担保契約の法理との関係」が収められていました。

　他方，錯誤については，『民法講座1』(有斐閣) に中松纓子「錯誤」が，『民法典の百年Ⅱ』(有斐閣) に森田宏樹「95条」が収められています。いずれも，空クレジットの問題は取り上げていませんが，錯誤の規定の解釈に関して，立法過程の議論，判例や学説の展開を知ることができます。

STEP 6　より特化した雑誌および単行本

　より特化した雑誌や本を検索してみることも重要です。たとえば，クレジットなどについては，STEP 2 で得た結果にもでてくる『消費者法ニュース』などが取り上げていることが多いので，それらの雑誌等もチェックしてみます。残念ながら，空クレジットについては適切な論稿は発見できませんでしたが，一般的には，このような検索をすることによって，未公表裁判例を見つけることができることがよくあります。

STEP 7　芋づる式にたどる

　上記の検索結果の中で，タイトルからみて重要そうなもの，最近のもの，比較的分量が多そうなものを選んで，読んでみて，そこに引用されている文献をさらに読んでみます。

　たとえば，STEP 1 で見つけた宮本健蔵「不正常な信用供与取引と保証契約の錯誤無効」では，吉原省三（監修）『判例・信用供与取引法』が，鹿野菜穂子「保証人の錯誤」では，中舎寛樹「保証といわゆる多角関係」『法人保証の現状と課題（別冊NBL 61号）』が，それぞれ引用され，そのような関連文献があることがわかります（書誌データベースでは的確なキーワードを網羅的に思いつかないと，もれが生じます）。

　また，STEP 5 で見つけた森田宏樹「95条」の注(1)では，要素の錯誤に関する重要文献が列挙されており，野村豊弘「意思表示の錯誤」法学協会雑誌85巻10号，須田晟雄「要素の錯誤」北海学園大学法学研究8巻1号，2号，9巻1号，10巻2号，11巻1号，2号，12巻3号，13巻2号，小林一俊「錯誤無効のファクターに関する考察」亜細亜法学14巻1号，15巻1号，2号，16巻1＝2号などが比較的近時のものとしてはあることがわか

ります。

■専門にされている先生の論文を探り出して検索する

　今回のテーマについてはあてはまりませんが，以上に加えて，有効なのは，芋づる式の1つの変形ともいえますが，そのテーマを専門の1つとしている先生の論稿をさらに探してみるということです。

STEP1　たとえば，消費者保護と「公序良俗」の問題に関しては，大村敦志先生や山本敬三先生がこの主題について，精力的に書かれているはずだと見当をつけて，[*17]「大村敦志」「山本敬三」という著者名で法律判例文献情報をチェックしてみることです。そうすると，大村先生が『消費者法［第4版］』（有斐閣）という本を書かれていることや「契約内容の司法的規制(1)(2・完)」(NBL 473号，474号)，[*18]「取引と公序」（ジュリスト1023号，1025号）という論稿を公表されていることがわかります。

STEP2　また，大村先生の書かれたものという観点から，『民法講座』（有斐閣）をもう一度見てみると，別巻2に「契約と消費者保護」というテーマで書かれていることを発見できるでしょう。そして，たとえば，NBL473号の39〜41頁を見ると「公序良俗と取締法規」や約款規制について言及されており，注46を見てみると，加藤一郎先生が「免責条項について」『民法学の歴史と課題』（東京大学出版会）において，公序良俗概念を柔軟に解するという見解を唱えておられたことがわかります。

STEP3　また，取締法規と公序良俗という問題については，川井健先生のご論稿と磯村保先生のご論稿が注48で挙げられています。これは，学部学生にとってはとても意味のあることです。というのは，たとえば，『法律判例文献情報』では「公序良俗」を検索すると

💬 Comment 17
すでに見つけた結果に基づいて探しているテーマについての著書をもっておられる先生，探しているテーマについての論文でよく引用されている論稿の執筆者の先生という観点からのこの2人をピックアップできます。

💬 Comment 18
このことから「公序」というキーワードでも『法律判例文献情報』などを検索しておくべきだったことがわかります。

800件以上の文献がヒットしてしまい，それをすべて読むなどということは，普通の学部学生には非現実的だからです。この問題についての専門的研究者である大村先生がNBL473号の注46において，公序良俗と約款規制との関連に関して，2つの文献のみを示しているということは，とりあえずそれらの2つを読めば，学部学生としては，一応の要求を満たすということを暗示しているように思われるのです。

5-2 判例／判例解説・評釈

1. 重要な裁判例を探す

　裁判例といっても，分野によっては，きわめて多数に上り，学部学生のレポートでは，関連するすべての裁判例を引用・紹介する必要はないのが通常です。あるテーマに関して，重要な判例をおさえておけば，一応足りるのが通常でしょう。

　それでは，見つけた裁判例が重要であるかどうかはどのような基準で判断されるのでしょうか。ある裁判例が重要であるかどうかは，基本的には，最高裁判所（大審院）の判決・決定→高等裁判所（控訴裁判所）の判決・決定→地方裁判所の判決・決定の順に重要度が低くなると考えられます。そして，同じ審級の裁判所の判決・決定の中では，一番最初にある見解を打ち出した判決・決定が重要であると考えてよいでしょう。その中でも，後に出された判決・決定で引用されるような裁判例は重要であると考えてまちがいないと思われます。また，大審院・最高裁判所の裁判例の中では，大審院民事判決録（民録），大審院刑事判決録（刑録），大審院民事判例集

（民集），大審院刑事判例集（刑集），最高裁判所民事判例集（民集）や最高裁判所刑事判例集（刑集）などの公式判例集に掲載された判例が，高等裁判所の裁判例の中では，高等裁判所民事判例集（高民集）や高等裁判所刑事判例集（高刑集）などの公式判例集に収録された裁判例が，地方裁判所の裁判例の中では下級裁判所民事裁判例集（下民集）や下級裁判所刑事裁判例集（下刑集）などの公式判例集に収録された裁判例が，一応重要であると考えられます。

2. どのように見つけるのか？

次に，重要な判例はどのようにして見つけるのでしょうか。これは，ある点では簡単であり，ある点では難しいことです。

平均以上のレポートを書こうというぐらいなら，①『○○判例百選』，『昭和○○年度重要判例解説』などを見る，②『注釈○○法』，『コンメンタール○○法』などの一般的な注釈書をあたってみる，③総合判例研究を読んでみる，④そのテーマについての論文を読んでみることなどの手法が考えられます。[*19]

①の方法は，もっともお手軽ですが，1つのテーマについて2つも3つも重要な判例を説明してくれていることはなかなか期待できないという難点があります。この方法によるときは，解説の対象となっているメイン判例のほか，解説の中に示されている裁判例についても，目を通すことが大切です。また，解説者によってその解説の仕方が異なるため，重要判例を芋づる式に見つけられないことがあります。

②の方法は，コンメンタールの場合，判例・学説の取捨選択にあたって，かなり，執筆者の好みと傾向が反映

? Information 19

たとえば，多くのテーマについてそろっているものとして，古くなったが『総合判例研究叢書シリーズ』（有斐閣）など。民法であれば，『叢書民法総合判例研究』（一粒社）。また，たとえば，『民商法雑誌』（有斐閣）などにそのような論稿が掲載されることがあります。さらに，『新・判例コンメンタール』（三省堂）のような判例を対象にした注釈書があります。以上に加えて，記念論文集の中にも，判例研究をメインにしたものがあります。たとえば，商法については，『判例手形法小切手法（伊澤孝平先生還暦記念）』（商事法務研究会），『商法の判例と論理――昭和四〇年代の最高裁判例をめぐって（倉澤康一郎教授還暦記念論文集）』（日本評論社）などがあります。

するため，重要な判例がもれている危険性は覚悟しなければなりません。

これに対して，③④の場合は，比較的もれなく判例が拾われているのが普通ですが，刊行時以後の判例をどのようにして補充するかが問題となります。また，④は，テーマにぴったりの大論文があれば一番効率的なものの，自分の能力と努力を示すことができないのが難点です。

ただし，①②③④いずれも，執筆者の評価に基づいて裁判例が選択されているため，利用者としては楽ですが，どのような有名な先生でも見落としというものがありえますから，次に示すような，判例を大量に洗い出すという作業が，高いレベルの小論文を書こうと思うと必要になります。

3．判例と判例解説・評釈を大量に発見するには

まず，判例については，第1に，①**『判例体系』**（第一法規）が有用です。明治時代からの判例が整理されており，どの法律のどの条文に対応するかを知っているか，あるいは適切なキーワードを選択できればきわめて役に立つといえます（そして，本文収録はともかくとして，書誌情報の収録は，主要データベースでは最も早いといってよいほど，改善されました）。かつては，判例雑誌に載ったもの以外はカバーされていなかったのですが，最近では独自に判例を収集しています。また，TKCの②**『LEX/DB』**（http://www.tkclex.ne.jp/）は，①に負けない収録量があるのみならず，最近の裁判例については，本文収録のタイミングにつき，③に遅れをとっているものの優れているといえるでしょう。戦後の判例については，③**『Westlaw Japan』**（ウエストロー・ジャパン）（ただし，戦前のものもほとんどカバーされています）が，①と同様

の収録範囲をもつものとしては，④ LexisNexis JP または⑤『リーガルベース判例版』（日本法律情報センター）も有用です。第2に，1982年以降の判例については，5－1の3.で紹介した⑥『**法律判例文献情報**』（第一法規）も役立ちます。網羅性については，②が最もすぐれているようですが，もれを少なくしようとすると①〜⑥を併用することになります。そして，⑥はキーワードが比較的適切に付されているというメリットがあるように思われます。もっとも②および③も使いやすいとはいえます。なお，⑤のアップ・デートはやや遅いので，①ないし④を使えないときには，最近のものは，⑦『**判例年報**』（判例タイムズ社）でカバーするのが効率的です。また，②ないし④を使えないときは，せめて最近1年の判例時報，判例タイムズをはじめとする法律雑誌（本書末尾の資料のⅣにリストがあります）を丹念におさえていくことが，地味ではあるものの，確実な方法であるということができるでしょうし，労働法，消費者法など一定の分野については特化した雑誌にしか載らない裁判例があります。

　判例解説・評釈などを見つける方法としては，民事に限ると，⑧『**裁判所法施行後における民事裁判例評釈索引**』（法曹会。昭和22年〜35年を対象），⑨『**民事裁判例総索引**』（法曹会。昭和33年〜45年［民事訴訟法編は〜平成6年］を対象），⑩『**民事裁判例索引**』（最高裁判所事務総局）が網羅的で有用です。ただ，冊子形態なので，キーワードによる検索ができず，検索上の不便があることは否定できませんし，最近は刊行されていないようです。①から⑤はインターネット上で用いることができるため，きわめて使いやすいと思われます。このほか，使えるものとして，⑪『**戦後判例批評文献総目録**』『**続判**

💬 Comment 20
とくに自分のテーマに関連するもの。なお，商法の場合は，『金融・商事判例』（経済法令研究会）は裁判例の掲載が他誌に比べて早いようにみえます。

例批評文献総目録』（判例時報社），⑫『**法律時報**』（日本評論社）の末尾の「**判例評釈**」欄があります。ただ，⑩は，最近のものをカバーしておらず，かなり古めの判例に関する判例評釈をカバーしているにとどまっています。これに対して，⑫はかなりタイムリーで，⑥などの穴を埋めるのに最適で，「文献月報検索サービス」を利用すれば検索の容易さという点でも劣りません。以上に加えて，重要な最高裁判例が存在することが判明したら，ぜひ一読をお勧めしたいのが，⑬『**最高裁判所判例解説**』（法曹会）です。

　分野ごとに専門誌が存在し，専門誌は，おしなべて，判例解説・評釈の掲載が一般法律誌よりも早いようです。また，一般法律誌の場合については，一部のきわめて重要な判決に関する限り，さほど掲載の時期に差がないものの，一般的には，『判例時報』の付録の「判例評論」が比較的早く判例評釈が掲載される媒体のようですし，『重要判例解説』も比較的早く判例解説が載ります。また『ジュリスト』（有斐閣）の「時の判例」は対象裁判例はやや少ないですが，有用です。さらに新しい判例の存在は，たとえば，⑭『**判例時報**』（判例時報社）の末尾の「**最高裁判例要旨**」で調べるのが学部学生にとっては現実的でしょう。また，⑮『**裁判所時報**』（最高裁判所事務総局）は最高裁判所民事（刑事）判例集に比べタイムリーに刊行されています（一般論としては，印刷物の形態では最も早く判決が掲載されるものといえます）。

　しかし，最も早く入手する方法は，**裁判所のホームページ**（http://www.courts.go.jp/）に行ってみることです。ここから，各地の裁判所にもアクセスできます（http://www.courts.go.jp/map.html）。

5−2 判例／判例解説・評釈

図表 5-1 判例のみつけ方

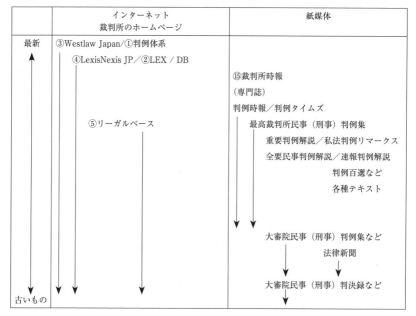

4．実際に判例を探してみよう

「議員定数不均衡」というテーマでレポートを書くために，判例を探そうと考えたとします。

STEP 1 判例百選および重要判例解説を使って基本的な判例を見つける[*21]

『憲法判例百選Ⅱ［第6版］』（2013年12月）には，国会の議員定数不均衡に関する判例として，最大判昭和51・4・14，最大判昭和60・7・17，最大判平成24・10・17の3つが収録されていました（百選153〜155事件）。

そして，この3つの判例の解説で言及されている判例をピック・アップします。すると，最大判昭和51・4・

Comment 21
以下131頁までの結果は2009年4月段階のものです。

14 についての山元解説（153 事件）で最大判昭和 39・2・5, 東京高判昭和 55・12・23, 最大判昭和 58・11・7, 最判昭和 63・10・21, 最判平成 7・6・8 および広島高岡山支判平成 25・3・26 が取り上げられています。最大判平成 24・10・17 についての辻村解説（155 事件）では最大判昭和 39・2・5, 最大判昭和 58・4・27, 最判昭和 61・3・27, 最判昭和 62・9・24, 最判昭和 63・10・21, 最大判平成 8・9・11, 最大判平成 10・9・2, 最大判平成 12・9・6, 最大判平成 16・1・14, 最大判平成 18・10・14, 最大判平成 21・9・30, 広島高判平成 25・3・25 および広島高岡山支判平成 25・3・26 に言及されています。なお，『憲法判例百選Ⅱ［第 4 版］』では，最大判昭和 60・7・17 についての安念解説（156 事件）が表形式で 8 つの判例を比較し，以上のほか，最大判平成 5・1・20 および最大判平成 11・11・10 などを挙げていました。

さらに，『憲法判例百選Ⅱ［第 6 版］』以後の重要判例を把握するため，平成 25 年度および平成 26 年度の『重要判例解説』の「憲法判例の動き」をみると，以上のほかに，最大判平成 25・11・20 および最大判平成 26・11・26 があることがわかります。

この程度の作業の結果，発見できた判例およびその解説等を読み込めば，学部学生にとって最低限の要求水準はクリアできるのではないでしょうか。

もっとも，判例百選 DVD などを使って，『憲法判例百選』のより古い版，『重要判例解説』，『憲法の判例』『憲法の基本判例』などで取り上げられている判例を探し，チェックするとなおよいことはいうまでもありません。

STEP 2　裁判所のホームページの活用

ここで取り上げたような典型的な争点については，**STEP 1** に加え，裁判所のホームページ（http://www.courts.go.jp/）の活用をお勧めします。

まず，最高裁判例集を探してみます。「議員定数」で検索すると49件ヒットしますが，その中には地方議会の議員定数に関するものも含まれています。また，昭和44年以降の重要な事件についてという限定はあるものの，行政事件裁判例集も検索できます。「議員定数 AND（衆議院 OR 参議院）」で検索すると65件ヒットします。他の事件もヒットしますが，選挙無効請求事件だけを拾って判決を読みます。

STEP 3　民間判例集からの芋づる式

民間判例集（この場合ですと，判例時報，判例タイムズなど）で主要な裁判例の本文にあたろうとすると，解説あるいはコメントが付されています（裁判官が書いていることが多いといううわさがあります）。そして，その中で，従来の裁判例としてどのようなものがあるかが紹介されており，場合によるときわめて網羅的に列挙されていますし，ときには未公表（最高裁判所裁判集に掲載されている場合もあります）の裁判例にも言及されていますので有用です。

たとえば，東京高判昭和62・10・22が判例タイムズ650号104頁に掲載されていますが，その解説欄にはそれまでの公表裁判例がリストアップされており，たとえば，最高裁判所裁判集民事（集民）にしか載っていない最判昭和41・5・31の存在とそれが集民に収録されていることを知ることができます。

STEP 4　データベースを用いて探す

しかし，卒業論文などを書く場合には，もう少し，勉

[?] Information 22
最高裁判所裁判集も最高裁判所判例集と同様，民事と刑事とに分けられており，集民，集刑と略して引用されることがあります。最高裁判所裁判集は市販されていないので，最高裁判所図書館などのほか，限られた大学の図書館のみが所蔵しています。

強したということをみせたいということも多いでしょう。そこで，さらに裁判例を見つけるためには，インターネットあるいは CD-ROM でキーワードを使って検索することが便利です。

たとえば，LexisNexis JP, Westlaw Japan または LEX/DB の「判例」を使える場合は，「議員定数 AND（衆議院 OR 参議院）」で検索します。Westlaw Japan では 268 件，LEX/DB では 326 件，それぞれヒットしました。

LexisNexis JP, Westlaw Japan または LEX/DB の「判例」を使っても，すべての公表裁判例が発見できるとは限りませんので，念のため，さらに探そうとするとき，または LexisNexis JP, Westlaw Japan または LEX/DB の「判例」が使えない環境にあるときは，『判例体系』および『法律判例文献情報』を使います。

『判例体系』で，「公職選挙法」および民事を選択し，「議員定数」で検索すると 222 件ヒットしましたが，そこには地方議会のものも含まれてしまいました。その中から衆議院，参議院に関するものを選び出して追加します。また，同様に，「憲法」で民事を選択し，「議員定数」で検索すると 186 件ヒットしました。

他方，『法律判例文献情報』の「判例検索」で，「議員定数 AND（衆議院 OR 参議院）で検索したところ，105 件ヒットしました（2015 年 5 月 5 日段階）。この過程で，「判例地方自治」という雑誌に多く載っていることが判明しましたので，各年度の索引号でチェックし，補充しました。

これらの間には重複があるので，その点に留意して整理します。

なお，Westlaw Japan は紙ベースの判例集に載って

いない裁判例を広く収録するよう努めているようであり，LexisNexis JP や LEX/DB にも独自に収集した裁判例が若干収録されています。

STEP 5　主要な文献から探す

そのテーマ（ここでは議員定数）についての主要な文献（論文，著書）を探して，そこで言及されている判例を追加するということも考えられます。すなわち，大きな論文であれば，その執筆時点までの，そのテーマに関する公表裁判例が網羅されている場合も少なくありませんし，場合によると，何らかのつてで，未公表裁判例を取り上げて言及している場合もあるからです。

議員定数に関しては，さまざまな文献がありますが，5-1で紹介したような手法で探してみます。その結果，たとえば，野中俊彦『選挙法の研究』に議員定数不均衡訴訟についての複数の論文が所収されていることがわかりますし，よりお手軽なものとしては，常本照樹「議員定数判決の構造」「議員定数判決の展開」法学教室211号および212号があることが判明します。[*23] そこで，これらで言及されている裁判例が **STEP 1** から **STEP 4** の過程ですべて把握できていたかをチェックし，もれていた裁判例を補充します。

❓ Information 23
法務省司法法制調査部編『憲法関係判例評釈文献目録』（法曹会），最高裁判所事務総局編『最高裁判所憲法判例集』（法曹会）なども有用です。

5-3　外国法・制度に関する文献

化学，物理学，生物学のような自然科学と異なり，法律学の領域においては，実験という手法は通常使うことができません。しかし，各国の法令や制度は，いわば壮大な社会的な実験を行っているようなものですし，日本では，注目されていない点について，諸外国では様々な取り組みがなされたり，日本とは異なる展開を示してい

ることはしばしばあります。そこで、大学の教員や大学院生は外国法や外国の制度から日本法あるいは日本の制度を考える上でのヒントを得ようとすることが少なくありません。意欲的な学部生にとっても、このようなアプローチから得られるものは少なくないと思われます。

1. 外国法・制度に関する日本語文献を探す——地道な方法

まず、包括的なものとしては、①**『外国の立法』**（国会図書館）の中の「**外国法令関係（国内）文献目録**」があります。1冊1冊見ていかなければならないので、効率的ではありませんが、さまざまな国の法律に関する文献が拾われており、アメリカ、イギリス、ドイツ、フランスのようにその国の法制の研究者が多い国以外の国について書かれた文献を調べるには必須であるといってもよいように思われます[*24]。また、『外国の立法』は特集をほぼ毎号組んでおり、最近、注目されている領域について各国の法制がどうなっているかについての概観を与えてくれることも指摘できます。その特集を見て、レポートや小論文のテーマを決めるというのも、ときにはお手軽な方法といえましょう。これに対して、②**『比較法研究』**（有斐閣）は毎号、むしろ基本的・典型的な問題、多くの場合、やや法社会学的なテーマについて特集を組んでいるほか、その末尾の「紹介」欄ではイギリス、ドイツ、フランスなどの法令・判例・学説の主要な動向がふれられており、とても有用です。

また、冊子体の③**『法律判例文献情報』**（第一法規）では外国法に関する論文には囲というマークがついていますし、④Web版**『法律判例文献情報』**では、外国法に関する部分を含む雑誌論文等だけを拾うということも

[?] Information 24
主な外国法関連文献等
①『外国の立法』
②『比較法研究』
③『法律判例文献情報』（"囲"というマークがついたもの）
④Web版『法律判例文献情報』
⑤『戦後法律文献総目録』
⑥『英米法研究文献目録1867-1975年』、『英米法研究文献目録1976-1995年』、『アメリカ法』
⑦『日仏法学』
⑧『法律時報』の「学界回顧」の英米法、ドイツ法、フランス法など

できるように検索プログラムが作られています。『法律時報』の「文献月報」をまとめた⑤**『戦後法律文献総目録』**（日本評論社）では外国法に関する論文が他の論文と区分されて示されています。

これに対して，調査対象とする国を限定して日本語論文を探すのであれば，英米法については，⑥田中英夫＝堀部政男編**『英米法研究文献目録 1867-1975 年』**（東京大学出版会），日米法学会編**『英米法研究文献目録 1976-1995 年』**（東京大学出版会）および**『アメリカ法』**（日米法学会）掲載の追録がきわめて網羅的に単行本および雑誌論文等をカバーしています。フランス法については，⑦**『日仏法学』**（有斐閣）の中の「文献報告」において，日本語文献およびフランス語文献の紹介が行われていますが，日本語文献については網羅的なものとなっています。また，「立法紹介」欄では（学部学生レベルでも重要であることがわかるような）注目すべき立法の状況が紹介されており，フランス語原文にあたる前に読んでおくととても便利です。さらに，比較的新しく，かつ内容紹介付きの文献情報としては，⑧**『法律時報』**の「**学界回顧**」の中の英米法，ドイツ法，フランス法などがお勧めできますし（ただし，網羅性は保証されていません），それぞれの法分野ごとの紹介でも外国法を研究対象としたものが明らかになるように書かれていることが少なくありません。*25

2. 日本語文献を読むだけではあぶない

外国法・制度に関する適切な日本語文献を見つけることが，比較法・制度を行ったレポートを書こうとする学部学生の手間を大きく省くことになることは否定できません。しかし，適切な日本語文献があったと思って喜ん

💬 Comment 25
　以上に加えて，いったん，適切な雑誌論文等や単行本が見つかれば，芋づる方式が有効です。

だ場合にも，3つほど心にとめるべきことがあります。

第1に，その論文などが書かれてから現在までの間に法令・判例の変更があったという可能性があります。[26] そこで，少なくとも，その論文等で引用されている条文のできるだけ最新のものと重要なコンメンタールの最新版にはあたってみることをお勧めします。[27]

第2に，相当高名な研究者であっても，何かの拍子に意味を取り違えて読んで，それを紹介していることがありうるということは肝に銘じなければなりません。したがって，（学部学生の場合は，たぶん）時間が許す限り，入手可能な外国語文献の原文にもあたるのが安全です。[28]

第3に，外国法・制度については，日本語文献は外国語文献を読む手助けにすぎないというぐらいのつもりでいたほうがよいでしょう。

3. 外国語文献を探す——最も手軽な方法

もっとも手を抜いた方法は，日本語文献で引用されている外国語文献をまず眺めてみることです。一応，重要な文献を引用しているはずですから，これは効率的です。[29] それが，教科書やコンメンタールのたぐいであれば，そのまま原文を読んでみるというのでよいでしょう。しかし，日本語文献が引用している外国語文献が論文である場合や単行本（とくに博士論文や教授資格論文など）である場合などは，なかなか読みづらいことがあり，かつ，学部学生であればそこまで読む必要がない，あるいは読む余裕がないということがあります。また，短い論文の場合にはその著者の見解が多数説であるかどうかも気になります。そこで，そのような場合には，当該日本語文献に引用されているコンメンタールや教科書がないかどうかをチェックし，それらを読むというのも一策です。

Comment 26
場合によっては，その論文執筆にあたって参照された外国語文献が出版されてからのケースもありえます。

Comment 27
加除式の法令集とか年度版法令集を使います。東京大学法学部附属外国法文献センターなどにはよくそろっています。

Comment 28
研究者には時間がなかったという言い訳は許されないでしょうが…。

Comment 29
ただし，改訂されていないかどうかはチェックすべきでしょう。

4. 外国語文献を探す——少し手抜きをした方法

　探しているテーマについて，外国語文献の内容を日本語で紹介し，あるいは引用している日本語文献を見つけられないとき，あるいは，見つけられても，そこで引用されている文献だけでは不十分と感じたときには，次のような少し手抜きをした方法があります。

　まず，探しているテーマに関係する条文は何法の第何条かを見つけて，それを手掛かりに，図書館にある外国語で書かれたコンメンタールや教科書の該当箇所を見つけるというものです。しかし，外国語を不得意とする者にとっては関係する条文を見つけるのも一苦労です。そこで，そのようなときは，外国法の条文の翻訳を入手して，それを使って探すという手があります。必ずしも，日本語訳の条文があるとは限りませんが，大学の研究者や実務家の方々が各大学の紀要類や『国際商事法務』（国際商事法研究所）に訳を連載していることが少なくありませんし，法務省の『司法資料』『法務資料』などに外国法の翻訳がとりあげられていることがかなりあります。さらに，単行本の形態になっている翻訳もあります。[*30]

　また，わたし（外国語も苦手）が愛用する1つの方法としては，論文のテーマのキーワードをそれぞれの国の言葉でおさえておいて，それを頭に置きつつ，図書館にある外国語で書かれたコンメンタールや教科書を眺めて，該当箇所を見つけるというものです。キーワードの外国語表現は，日本語文献の注に出てくる外国語文献のうち論文の題を見ていれば，予想がつきますし，日本語と外国語が対訳されている法律用語辞典を使うという方法もあります。また，関係条文を見つけることができれば，それでキーワードがわかるということもいえます。[*31][*32][*33]

> 💬 Comment 30
> これは，すでに見た普通の論文の探し方で見つけられますが，とりわけ，『法律時報』の「学界回顧」などを20年分くらいみれば，見つけられることが多いように思えます。

> 💬 Comment 31
> たとえば，商事法務研究会は会社法などについて，その手の本を出版することが多いようです。

> 💬 Comment 32
> これは実に機械的にできます。ある単語が出てくるのを待つだけですから。

> ❓ Information 33
> 手軽なのは，法務省刑事局外国法令研究会編『法律用語対訳集』（商事法務研究会）です。

5. 外国語文献を探す――正攻法

外国語文献を探すときでも，正攻法は書誌を用いることです。探し方の予備知識を得るためには，田中英夫ほか『外国法の調べ方』，最近のものとして，北村一郎編『アクセスガイド外国法』（以上，東京大学出版会）および板寺一太郎『外国法文献の調べ方』（信山社）が有用ですが，ここでは，最も基礎的な書誌を紹介しておきます。

まず，英米法に関する雑誌論文については，*Index to Legal Periodicals* があり，それ以外の国に関する雑誌論文については，*Index to Foreign Legal Periodicals* があります。また，アメリカを中心に英米法系の文献を探すために，*Current Law Index* は有用です。[*34] さらに，イギリスの雑誌論文を探すには，*Legal Journals Index* があります。

ドイツについては，*Karlsruher Juristische Bibliographie*（KJB）を最低見るのが研究者にとっては普通ですが，*Neue Juristische Wochenschrift* の *Fundhefte* も併せて見るとよいでしょう。フランスについては，*Encyclopedie Juridique Répertoire de droit*（Dalloz）が各法律分野について重要な単行本，雑誌論文を参考文献として示しており，書誌として役立つといわれています。[*35]

EC法およびEU諸国の法律に関しては，英語文献，フランス語文献，ドイツ語文献，イタリア語文献，オランダ語文献などを対象とする書誌として *European Legal Literature Information Service* がありますが，英文文献のみの書誌として *European Legal Journals Index* もあります。

なお，本格的に正攻法でいきたいという方には，実に網羅的に書誌などの情報がまとめられている板寺一太郎

[?] Information 34
アメリカ，イギリス，オーストラリア，ニュージーランド，カナダおよびアイルランドをカバーしています。

[?] Information 35
これと同じタイプのものとして *Jurisclasseur* があります。

『法学文献の調べ方』（東京大学出版会）を強くお勧めします。

6. 種本を見つける

書誌を用いて，そのテーマについての詳細な研究書（種本）が見つかれば，とたんに楽になります。とりわけ，ドイツ語圏の国々の博士論文（ディセルタチオーン）や教授資格論文（ハビリタチオーン）は多数公刊されており，当該国内法の状況について詳細な研究を加えるのみならず，比較法研究も充実していることが多いため，研究者にとっても，種本になることがしばしばです（フランス語圏の国々の博士論文（テーズ）も同様です）。

5−4　所蔵・オンライン上の情報の検索

1. 見つけた文献はどこにあるのか

目指す文献を見つけたとしても，それは，レポートや小論文を書くためのほんの第一歩。現物を手に入れて，それを読まなければ，レポートなどを書くことはできません。

見つけた文献がどこにあるのか，どこの図書館に所蔵されているのかを知るための，もっとも手を抜いた方法は，もちろん，自分の通っている大学などの図書館の司書の方に尋ねて，または頼んで探してもらうことですが，それでは物足りない，あるいは一刻も早く知りたいという場合には，まず，自分の大学の図書館の蔵書目録を調べてみることになります。

この方法がよいのは，見つかった文献をすぐに読むことができ，自分で複写できるので，複写費用も安上がり

で，また，多くの場合借り出すことができるという点です。

2. 自分の大学に目指す文献が所蔵されていない場合はどうするのか

　不運にも，自分の大学に目指す文献が所蔵されていない場合には，他の図書館に所蔵されていないかどうかを調べるわけですが，この場合も通っている大学の図書館の司書の方にお世話になることは可能です。

　自分で探してみようという場合には，いくつかの方法がありますが，比較的新しい本については，オンライン検索を行うことが有効です。

　各大学の所蔵状況をもっとも容易に知る方法としてお勧めできるのは，国立情報学研究所が提供しているCiNii Books[*36]です。これは，最新情報までカバーされているかは必ずしも保証されていないようですが（おしなべてタイムリーに更新されている様子），ある本がどの大学のどの図書館にあるのかを示してくれています（個人的な体験に基づくと，たとえば，早稲田大学および慶應義塾大学の蔵書は，CiNii Booksだけでは把握できず，当該大学のOPACを用いて把握する必要があります）。とりわけ，外国雑誌所蔵情報については，冊子体の『学術雑誌総合目録』（紀伊国屋書店）よりも，アップ・トゥー・デートであるように思われます。

　また，オンライン検索可能な大学図書館などを集めたサイトとしては，日本国内の図書館に関するサイトとしては，東京工業大学のサイト[*37]が優れているように思われます。これらのサイトで各図書館のホームページやホスト・コンピュータのアドレスなどを知って各図書館の目録にアクセスするというわけです。

[?] Information 36
CiNii Books　https://ci.nii.ac.jp/books/

[?] Information 37
http://www.libra.titech.ac.jp/

これでも，見つからないときは，日本国内で刊行された文献については，国立国会図書館がもっとも網羅的に所蔵しているはずなので，国会図書館の目録を見てみましょう。冊子体の目録は和書と洋書に分けて出ています。和書についてはすでに平成7（1995）年までカバーしており，『国立国会図書館蔵書目録』の明治期は第3編，大正期は第2編，昭和元年から24年までおよび23年から43年までは第3編1，昭和44年から51年までおよび52年から60年までは第1編1，昭和61年から平成2年までおよび平成3年から7年までは第1編が法律書をカバーしています。洋書については，昭和23（1948）年から昭和61（1986）年8月までをカバーする『国立国会図書館蔵書目録洋書編』の第4巻，昭和61（1986）年9月からをカバーする『国立国会図書館所蔵洋図書目録』の第1巻が法律書をカバーしています。オンライン検索も一部図書について可能になっています。さらにCD-ROMの形態のJ-BISCがあります。このほかに，国立国会図書館が所蔵する法律関係資料に関する冊子体の目録として，『国立国会図書館所蔵外国法令・議会資料目録』は，国別に法律・資料類型別に所蔵資料を整理して示しており，きわめて有用であると思われます。

外国の大学等の図書館の目録は，オンラインでアクセスするのが便利です。

[?] Information 38
国立国会図書館
https://www.ndl.go.jp

[?] Information 39
外国文献の入手方法については，京都大学国際法政文献資料センターの「外国の法律・政治行政資料の調べ方，文書の入手方法」（http://ilpdc.law.kyoto-u.ac.jp/frameset-mokuji.htm）がとても役に立ちます。

外国大学等の図書館の所蔵

【世界】
Worldcat
　https://www.worldcat.org

【アメリカ】
バークレー・デジタル図書館・サンサイト

http://sunsite.berkeley.edu

ウォッシュバーン大学

http://www.washburnlaw.edu/library/

【ヨーロッパ】

libdex

http://www.libdex.com/

【ドイツ】

Karlsruher Virtuelle Katalog (KVK)

http://www.ubka.uni-karlsruhe.de/kvk.html

【イギリス】

Copac

http://copac.ac.uk/

【フランス】

Sudoc (Systeme universitaire de documentation)

http://www.sudoc.abes.fr/

【イタリア】

ICCU (Istituto Centrale per il Catalogo Unico)

http://opac.sbn.it/

【スペイン】

REBIUN

http://rebiun.crue.org/

【カナダ】

Library and Archives Canada - AMICUS

http://www.collectionscanada.gc.ca/amicus/index-e.html

【ロシア】

RUSLANet

http://www.ruslan.ru:8001/z3950/gateway.html

【韓国】
韓国教育学術情報院
　https://www.keris.or.kr/
【中国】
CALIS 聯合目録公共検索系統
　http://opac.calis.edu.cn/

3．オンライン上の検索は時間の節約

　オンライン検索はキーワードによる検索を可能にしてくれるため，必要な判例や法令・文献を探すために必要な時間を短縮してくれます。

　日本でも，すでに5－1でみたように，雑誌論文（および最近の論文集・書籍中に所収されている論文）を検索することは容易になっており，5－2でみたようにインターネット上で利用できる判例データベースは整備されている状況になっています。しかし，書籍を全文検索することができないのはもちろんのこと（アメリカの書籍の中には，google book あるいは amazon で検索が可能なものがあります），発見した雑誌論文を読もうとすると，多くの場合，自ら図書館でコピーするか，司書の方にお願いして他の図書館からコピーを入手することが必要になります。

　もっとも，ジュリスト，法学教室，判例百選，判例タイムズ，金融・商事判例，金融法務事情，最高裁判所判例解説，銀行法務21および労働判例などDVDの形で提供されているものがあります。また，DVDでは入手できない雑誌について，TKCローライブラリー（オプション・サービス）が，法学協会雑誌，国家学会雑誌，季刊刑事弁護，法律時報，判例回顧と展望，私法判例リ

5 法律学の資料を探す──学習への第一歩

マークス，法学セミナーを pdf ファイルで提供しています（以前は，商事法務，資料版商事法務，NBL も提供されていましたが現在は提供されていないようです）。さらに，いくつかの大学は機関リポジトリに紀要の本文を収録しており（収録数が比較的多いものとしては，たとえば，北大法学論集，一橋大学研究年報法学研究／一橋法学，一橋論叢，名古屋大学法政論集，早稲田法学，同志社法学など。筑波ロージャーナル，法学志林，法律論叢（明治大学），慶應法学もある程度収録されています），また，国立情報学研究所に本文が登録されているもの（たとえば，阪大法学，岡山大學法學會雜誌，香川法学，金沢法学，九大法学，法政研究（九州大学），千葉大学法学論集など）もあります。

　他方，アメリカでは，Lexis や Westlaw のような有料サービスのほかインターネット上で得られる情報が充実しています。これらの有料サービスでは，比較的最近のものであれば論文および一部の書籍をテキスト・データで入手できます。また，古い雑誌論文も Heinonline で pdf データの形で入手できます。ごくわずかしか紹介できませんが，他方，無料のものとしては，以下のようなものがあります。

判例・法令に関するサイト及びリンク集【外国法】

京都大学大学院法学研究科附属国際法政文献資料センター（日本国内ではベストかもしれない）
http://ilpdc.law.kyoto-u.ac.jp/frameset-mokuji.htm

【アメリカ】
American Law Sources On-Line　http://www.lawsource.com/also/
Thomas Legislative Information　http://thomas.loc.gov/
Find Law　http://www.findlaw.com/

コーネル大学　http://www.law.cornell.edu/uscode/
ウォッシュバーン大学　http://www.washlaw.edu/　［各州の制定法，判例法に関するサイトへのリンクあり］
Full-text state statutes and legislation on the Internet http://www.whpgs.org/f.htm
議会（Congress.gov）　https://www.congress.gov/
連邦議会下院　https://www.house.gov/
東北大学の芹澤先生のHP　http://www.law.tohoku.ac.jp/~serizawa/index-j.html
東京大学の藤田先生のHP　http://www.tfujita.j.u-tokyo.ac.jp/
【フランス】
Legifrance　http://www.legifrance.gouv.fr/
清水先生のHP―フランス民法研究リンク集　http://homepage1.nifty.com/ksk-s/droitcivillink.html
クラレ・レガル総合法律事務所　http://www.clarelegal.com/ja/p/liens_utiles
【ドイツ】
Gesetzesweb　http://www.gesetzesweb.de
BGH　http://www.bundesgerichtshof.de/DE/Entscheidungen/EntscheidungenBGH/entscheidungenBGH_node.html
【スペイン】
日本スペイン法研究会　http://www.derecho-hispanico.net/enlaces.html
【その他】
Eagle-i　http://193.62.18.232/dbtw-wpd/textbase/searchEI.htm
Adminet　http://www.adminet.com/world/
イェール大学 Country by Country Guide to Foreign Law Research　http://library.law.yale.edu/research/guides/country-guide

| 蛯原先生のHP | http://www.meijigakuin.ac.jp/~ebi/droitfrancais/liens2.htm |

4. 手間暇を惜しまない

ただ，法令情報を提供するサイトが有料サービスと同じ速さで更新されているかというと，アメリカ以外のサイトはやや遅いようです。そこで，他のいくつかのサイトを渡り歩いて，情報を得るという工夫が必要になります。

5-5　沿革と実務に関する情報

1. 解釈論には立法者意思の探求も重要

ある法律のある条文をどのように解釈すべきかにあたって，その条文を起草・制定した人達がどのようなことを議論し，どのような経過を経て現在の条文になっているのかを調べることはとても有益です。現在の通説が条文の文言を無視するような解釈をしているのはなぜなのかを理解するのに役立つ情報が得られるのみならず，法律のある明文がある面を看過しているのではないかといわれている点について，意外にも，起草者たちはすでに議論を尽くしていたことが明らかになることも少なくありません。

とりわけ，法典調査会などの議事録や議事速記録を読むと，教科書や論文を読んだだけでは浮かび上がってこないさまざまな理由付け，意見の対立，議論，さらにはより現実的な理由（当時の社会的・経済的・政治的環境の産物ですが）を知ることができます。

たとえば，わたしも，助手論文を書くときに，明治44（1911）年の商法改正をめぐる審議の議事録を参照しましたが，そこからは，現在，商法の研究者の間で当然であると考えられている（？）「未実現利益の配当財源性の否定」がさまざまな議論の末に退けられていることが明らかになりました。

立法の沿革に関する研究は，多くの研究者が手をつけているところですから，学部学生としては，5-1でみた手法を用いて，探しているテーマについての論文・単行本を見つけ，その中でどのような一次的・二次的資料に言及されているかをチェックするのが早道の場合があります。

2. 可能であれば，一次的資料を

立法に至るまでの議論を踏まえることが大切であるとはいえ，その時代その時代により法律の条文が整えられて行くプロセスが異なるため，調べようとする時代の立法プロセスについて予備的な情報を得ておくことが，後々の作業を効率的に行うために有用です。

その上で，学部学生としては，まず，そのような立法が行われるに至った背景を立法前10年ぐらいの体系書・教科書あるいは雑誌論文から探ってみることが望まれます。ついで，法律案として国会に提出されるまでの議論を見ることになります。さらに，国会でどのような議論がなされたかを調べるという手順です。

この中で，信頼できる資料，一次的資料を入手しやすいのは，国会およびその委員会での審議内容に関するものです。国会およびその委員会での議事録は，官報の号外として公表されており，国会図書館で閲覧できます。また，昭和元年12月以降の帝国議会議事録および国会

5　法律学の資料を探す——学習への第一歩

の会議録はインターネットで見ることができます。http://www.ndl.go.jp/ のトップページからアクセスできます。検索もできるのでとても便利です。なお，戦前の衆議院あるいは貴族院における委員会議事録は東京大学出版会から復刻されて出版されています。

　また，法律案の制定過程における議論に関する一次的資料としては，私法分野に関しては，法典調査会の議事速記録などが東京大学などに保存されているほか，商事法務研究会が『日本近代立法資料叢書』として一部復刻刊行しています（このほかに，ボアソナード民法草案理由書やロエスラー商法草案なども一般に入手可能です）。また，起草者，立法関与者の残した資料が，さまざまな大学に所蔵されています。さらに，第2次世界大戦後のGHQによる占領下での立法に関しては，日米の公文書館に所蔵されている文書が参考になるほか，信山社の『日本立法資料全集』に民事訴訟法，会社更生法などの立法資料が集成されています。[*40]

?　Information 40
日本の国立公文書館
http://www.archives.go.jp/

3．次善の策——立法関与者による解説

　インターネット上でさまざまな審議会などの議事録またはその要旨を見ることができるようになってきました。たとえば，法制審議会の部会の議事要旨は公開されています（http://www.moj.go.jp/shingikai_index.html）。ただし，小委員会の議事録は非公開ということになっており，委員の先生方や関与された一部の官僚の方々以外は，それに，正面からアクセスできない状態にあります（かつては，部会の議事要旨も公開されていませんでした）。したがって，法制審議会など実質的に法案の内容の大枠が決まっていく会議体の中でどのような議論がなされたかについては，学部学生は知る機会がないといってもいい過

5-5 沿革と実務に関する情報

ぎではありません。もちろん，法制審議会の場合，「問題点」の公表，「改正試案」の公表というような手順はふまれていますし，それに対する各方面からの意見を整理したものが商法についてはかつて公表されていました。これはある程度有用でしたが，法制審議会の中での議論はどうなっているのか，多数意見以外の意見にどのようなものがあるのかは明らかではありませんでした。

そこで，学部学生としては，最近の法律に関しては，関与した省庁の方が書かれた『○○法の解説』『逐条解説○○法』『改正○○法』などという本を読んでみるとか，『法曹時報』に載せられる「☆☆法の解説」を読むことがもっとも手っ取り早いように思います。また，審議会に参加された大学の先生方が，専門誌（商事法であれば，『商事法務』など）に解説記事を書かれることや，また立法関与者を集めた座談会の様子が載ることがあり，とても参考になります。さらに，ジュリストには，立法に関与した先生方・省庁の方の共同研究（たとえば，青山善充＝伊藤眞ほか「新民事訴訟法をめぐって」）という形で，新しい（改正された）法律の実務上の問題点を検討する記事が連載されることが多いですが，そこには立案過程における議論が見え隠れしています。

また，新しい法律については，具体的な問題点があれば，所管の省庁に電話などで質問してみるのもよいかもしれません。2001年4月から情報公開法が施行されましたので，少しは教えてくれるかもしれません（筆者は試みたことがないので，保証の限りではありませんが）。

以上に加えて，具体的な法律の立案過程ではなく，法律を作るにあたっての問題点の洗い出しと方向性を探るワーキング・グループとしての○○省××局長の私的懇談会というようなものもあり，ここでの議論も法律の解

5 法律学の資料を探す——学習への第一歩

釈に将来役立つことがあるので，先行投資的に追いかけておくとよい場合（現在は学部学生であるけれど，大学院に進まれる予定のある方など）がありえます。各省庁のホームページに資料や，その議事要旨が載っていることもあるので，ご覧になるとよいでしょう。

なお，明治・大正期の立法についても，当時の立法・起草に携わった方々の著書から，起草・立法段階での議論をうかがい知ることができます。

4. 実務についての情報①——印刷された形態のもの

法律の解釈論あるいは立法論をしようとする場合，実務ではどのように処理されているのかを知ることが有益な場合が少なくありません。たとえば，民法の家族法の分野や会社法の分野では登記実務を知ることが，より適切な法律論を行うために重要です。また，金融法の分野では，銀行取引の実務に対する理解も大きな意味をもちそうです。

実務についての情報は，実務家の方が書かれた本・論文等や業界団体がまとめたマニュアルのようなものから得られますが，実務関係の記事がよく掲載される雑誌に目を通すというのも，学生にとっては重要です。そのような雑誌としては，「NBL」「商事法務」「金融法務事情」「銀行法務21（1995年まで「手形研究」）」というような商業誌のほか，各種業界団体・研究所の出している雑誌も役立ちます。また，登記実務等の観点から「登記研究」は必読文献の1つのように思われます。[*41]

実務書などを自分で買おうと思うと高価すぎる，自分の大学の図書館にはないというような場合は，国立国会図書館に行くのが手堅いですが，資料の閲覧のしやすさ，複写に要する時間の短縮などの観点からは，まず，図書

[?] Information 41
「金融」「証券」「信託」「証券資料」「資本市場」「損害保険研究」「月刊クレジット」「公正取引」「大阪株式懇談会会報」「月刊監査役」など。

148

館の司書の方に相談して，いわゆる専門図書館に紹介状を書いてもらうのがよいでしょう。たとえば，銀行については全国銀行協会連合会が銀行図書館を開放していますし，損保，生保いずれについても，関連する公益法人が充実した図書館を学部学生にも利用可能にしてくれています。*43

5. 実務についての情報②──その他の形態

もちろん，業界団体などに手紙，電話などで問い合わせれば，返事をいただけることが少なくありませんが，インターネットを用いて情報を探すことやe-mailで問い合わせることも考えてよいでしょう（ヨーロッパでは，e-mailによる質問には手紙による質問に比べ，返事をもらえることが多かったように思います）。

Comment 42
大学の先生に書いてもらったほうが利用が許されやすいケースもあります。

Information 43
なお，どのような専門図書館があるかを調べるには，『専門情報機関総覧』（専門図書館協議会）が役に立ちます。

第6章

法律学の資料を読む
——レポートを書くための準備

6 法律学の資料を読む──レポートを書くための準備

6-1 テキスト・体系書

1. テキスト・体系書は小論文のテーマの宝庫

　レポート・小論文を書こうとするとき，まず，最初にすることは，テーマの発見です。大学で講義を受けているとき，あるいは，新聞や雑誌を読んでいるときにテーマを発見できることが少なくありません。また，注釈書（5-1-2. の Key Word（111頁）参照）と呼ばれるものを眺めるのも学部レベルではよいかもしれません。つまり，注釈書を眺めて，議論が盛んに行われている論争点をテーマに選ぶというものです。しかし，学部学生のレベルであれば，テキストや体系書（2-2-1. 参照）を読んでテーマを発見することが1つの手堅い方法です。[*1]

　なお，テキスト等からレポート等のテーマを探すときには，やや厚めのテキストや体系書を使うのが有効です。一般に薄めの本や入門書ではどこが問題点なのかがわかりにくいからです。そして，後で述べるように，注の付いているものがテーマ発見には有用な場合が多いといえるでしょう。

　レポートなどのテーマは，もちろん，手に負えるものでなければどうしようもありませんが，他方，何らかの意味で新しさを感じさせる，あるいは検討する価値のあるものでなければなりません。もちろん，今までの議論をまとめることにも重要な意味があり，これまでになされたことがあまりないような整理を加えることも大切ですが，何か自分で考えたという面が現れていることが，レポートなどが高く評価されるためには不可欠です。

💬 Comment 1
　これらのほかには，学部学生にとって，おそらく最も簡単なテーマ設定方法として，重要な1つあるいは若干の判例を手掛かりにレポートを書くというものがあります。

(1) 判例と学説が対立しているもの

具体的な探し方としては、第1に、テキストの記述の中で、判例は××としているが、通説（私見）は○○と解するというような部分を見つけるのが1つの方法です。普通、判例と学説が対立している部分は重要なテーマであるといってさしつかえないからです。同様に、通説は△△と解しているが、□□と解するべきであるとテキストなどに書かれている部分も学説が錯綜あるいは対立していて、テーマとしてふさわしい可能性が高いと思われます。

(2) 注に書かれているもの

第2に、注に書かれているものは、テキストや体系書の大きな流れからはやや枝葉であるとそのテキストなどの著者は判断しているものですが、それにかかわらず、テキストの注で説明するということは、その部分にはそれなりの重要性があることを意味します。そして、注での議論はやや難しい、あるいは決着が付いていないものが少なくなく、レポートのテーマとしては十分に評価されるものも多く含まれています（もちろん、手に負えるのかという問題はありますが）。

(3) 学説間（テキストとテキストとの間）で重要な違いがあるもの

第3に、第1の方法と共通しますが、複数のテキスト等を読んで、その間の違いを見つけて、それをテーマにすることも考えられます。この場合は、単に結論の違いだけではなく、同じ結論に至るにしても、そこまでの論理展開の違い、理由付けの違いにも注目してみる必要があります。なお、レポートなどを書こうとするときは、すでに述べたように、もともとの記述にあたってみることが大切で、注釈書などでは、同じ類型の学説とされて

いる（たとえば，○○説というようにひとくくりにされている）複数の学説の間に重要な違いがあることがしばしばあります。したがって，複数のテキスト等から問題点を抽出しようとするときは，そのレッテルに惑わされることなく，どの点で共通し，どの点で異なるかをていねいに読んでみることが大切です。

2. テーマが決まった後のテキストなどの読み方[*2]

テキストは記述が簡潔なので，詳細な理由付けをテキストから知ることは必ずしも容易ではありません。したがって，論文を読んでみる必要があります。しかし，どんなに高名な先生方といえども，すべての領域について論文をお書きになっているということは普通ありません。そうであるとすれば，ある研究者がある論争点についてどのような見解（学説）をとっているかを，知る方法はその研究者が書いたテキスト等を読んでみることしかありません。確かに実際に講義を聴くことができれば，その先生の見解はわかるでしょうが，印刷されていない見解をレポートなどで引用し紹介するのは原則として適当ではないといえますし，すべての先生の講義を聴く機会に恵まれるということもまず考えられないでしょう。

よく，通説とか有力説あるいは少数説というレッテルが見解に付されているのをみかけますが，実は（7-4-4．参照），そのレッテル貼りが時代遅れになっている場合があります。そして，テキストなどや論文を丹念にしらみつぶしに調べてみたら，いつの間にか，かつての通説は少数説へ，かつての少数説は多数説へと変化が生じていたということを発見することがないわけではありません。そのような学説分布の変動を明らかにすることも[*3]，学部レベルのレポートとしてはかなりよい評価が得られ

💬 **Comment 2**
試験の準備のために読む場合には，①全体の流れ，全体の中での位置づけをつかむ，②試験問題を想定しつつ読む，③条文から結論へ至るまでどのような論理展開をしているかに留意する，④言及されている裁判例が試験問題としてアレンジされるとしたらどうなるかを予想する，というようなことを心がけるとよいでしょう。

💬 **Comment 3**
たとえば，民法177条の「第三者」の範囲について無制限説が立法者意思であり，通説でしたが，昭和初期には制限説が通説となりました（鎌田薫「対抗問題と第三者」『民法講座第2巻 物権(1)』（有斐閣）85頁，88頁注(43)，89頁注(47)参照）。

ると思われます。数十年前の論文等のみに依拠して，ある見解を通説と呼び続けるのが適当ではないことは明らかだからです。

　このように，重要なテキストを一応一通りチェックすることはレポートを書く上での基本的作業の1つであるといってよいでしょう。チェックしたものをどのように整理するかについては，さまざまな方法がありえますが，最も一般的な方法は時系列的に並べてみることです。つまり，古いテキストなどから，新しいテキストなどへという順序に並べてみるわけです。しかし，このときに単に刊行年度順に並べたのでは傾向がはっきりしない場合があります。そのような場合には，重要といわれる判例の前後，そのテーマと関連する法律改正の前後というように，時期を区分して分類してみるとよいでしょう（これは，研究者の先生方もなさっている方法です）。そして，同一著者でも見解を改めることがあるので，区分した時期ごとに同じ著者のテキストでも書名が異なれば，また同一書名でも版が異なればチェックしてみるというのがよいでしょう。

　テキスト等を読むときは，その見解の前提となっている部分とあわせて理解し，整理する必要があります。というのは，テキストは紙幅の都合もあり，記述の重複をできるだけ避けるように書かれているのが通例だからです。そこで，ある見解の前提がその見解が示されている場所のすぐそばには述べられていないこともありますし，また，前提であることを明示していないこともある点には注意を要します。

3. 実際にやってみよう

　「取締役会の承認決議を欠いている場合の取締役と会社との利益が相反する取引の効力」について，テキスト

6 法律学の資料を読む――レポートを書くための準備

💬 Comment 4

ただし、たまたま著者の手元にあるものと図書館でアクセスできたものしか拾っていません。したがって、初版によることができず、厳密さを欠いています。

の見解を整理してみましょう[*4]（**図表6-1**）。法律の規定の実質的改正があった時点として、昭和56年（間接取引包含）があり、重要な判例が出た時点として明治42年（当然無効説）、昭和43年（間接取引包含、相対的無効説）が容易に思いつくので、それらの時点を分類基準に整理してみます。

図表6-1　取締役の利益相反取引規制違反の行為の効力――体系書・テキストから見た学説の推移

	明治42		昭和43	昭和56
絶対的無効		柳川（M45）松波（T3）青木（T4）片山（T5）岡野（T9）西本辰（T14）松本（S2）鳥賀陽（S8）	石井（S26）	
無効（追認可）		寺尾（T10）小町谷（S19）服部（S26）西本寛（S26）鈴木（S30）	石井（S39）田中耕（S30）	
無権代理			野津（S28）	松田（S43）
有効		佐々（S13）	実方（S29）八木（S40）大隅（S34）大森（S42）	西原（S44）田中誠（S50）
相対的無効			服部（S31）	鈴木北沢（S49）鈴木＝竹内（S54）田中誠（S57）大隅＝今井（S58）神崎（S59）河本（S61）龍田（H1）前田（H2）森本（H5）
その他				

156

6-2 論　文

1. テーマを見つける

　ある大きなテーマについて，論文がたくさん存在していれば，そこには小論文やレポートで取り上げる価値のある問題点があることが分かります。学年末の試験や資格試験を受験する場合，またはレポートや小論文のテーマを自分で絞り込んではならない場合を除き，一般に，テーマを適切に絞り込むことが優れた小論文・レポートを書くための大事な第1歩です。確かに，絞り込みすぎると，意味のない部分だけが残ってしまうというおそれがないわけではありません。しかし，現実には，あれもこれも論じよう，書こうとすると，スペースと時間を使ってしまい，焦点のぼけた小論文になることが多いのです。

　テーマを絞り込もうとする際には，古典的なものを含め，いくつかの論文を読んでみることがとても役に立ちます。研究者ですら，新しいことを思いついたと思っても，実は明治時代にすでに指摘されていたということが少なくないのですから，学部学生としては，いくつかの論文ですでに重点を置いて論じられている問題にねらいを定めて，小論文のテーマを決定すればよいのです。もちろん，何か新しいことをいうことができれば，それに越したことはないので，論文を読むときには，それで問題が結論的に解決されたのか，その結論を導く理由付けは説得的に思えるか，そして，その議論の前提に同意できるかなどを考えてみるのがよいでしょう。さらに，もう1歩進めて，その論文が前提としている時代背景（経

Comment 5
　もちろん，立法（法律の制定・改正）によって解決されていないかどうかを確かめなければなりません。

Comment 6
　直感的に，結論や理由付けに納得がいかなければ，それは学部学生の取り上げるテーマとして十分と思ってよいでしょう。

済的・社会的事情）と現在の経済的・社会的環境を比較して，過去に妥当であった結論が現在では妥当であるとは思えないと考えるのであれば，それも小論文のテーマとしてはとてもよいことになります。

2. 論文を読む意味

　まず，テキストや学生向け解説書などでは，主要な（何をもって「主要な」というかは問題ですが）学説が3つ以上あっても，たとえば2つだけ取り上げているということも少なくなく，また，複数の学説に言及していても，微妙な違いは無視してまとめてあるのが普通です。しかし，小論文を書くときには，1つの学説のみによっては不十分でしょうし，また，テキスト等の著者が小さな違いであると考えた点が実は重要であると指摘するのが，小論文を書く醍醐味であるのですから，論文が存在し，入手可能であり，かつそれを読む時間的余裕と能力があるのであれば，論文（とりわけ，古典的なもの）を何編か読むことが望まれます。

　また，学説の論理的発展の状況やある見解が想定している状況等を，後述するように知るためには，いわゆるテキストや体系書の簡略な記述では不十分であり，論文にあたってみることが必要です。さらに，ある見解が主張されるに至った（とりわけ，社会的経済的背景との関連での）問題意識は紙幅の制約の厳しいテキスト等には示されていないことが多いので，それを知るためには論文を読んでみる必要があります。

　以上に加えて，大学の先生にとっては研究活動が重要であり，多忙などのため，テキストや体系書を著されない高名な先生方が少なくないことを考えると，論文を読むことによって，その先生のお考えを知ることは大切で

あるといわざるをえません。また，体系書等が出版されている場合であっても，著者の多忙や印刷事情などによって，体系書などの改訂がタイムリーに行われる保証はありません。同時に，体系書は一般向けに書かれるものなので，そこでは，ある程度熟した見解を示すべきであると考える研究者が少なくありません。そこで，かなり多くの先生方は，新たな見解は論文にまず示し，相当期間経過し，その見解の学界における位置づけが確かなものになってから，体系書に反映させるということがよく見受けられます。したがって，ある研究者の見解はその方が書かれた最近の論文を見ないと正確には把握できない場合が多いということができ，論文を読むことにはタイムリーな情報を得るというメリットがあるといえるでしょう。

3. 小論文に生かすためにどのように論文を読むか

　論文の読み方は必要に応じていろいろありえます。まず，要求水準の低いレポートを書くためであれば，単に，その著者がどのような考え方をとっているか，その根拠は何かをおさえるだけで足りることもあるでしょう。[*7][*8]

　しかし，それなりによい小論文を書こうと思ったときは，もう少し緻密な読み方が必要です。[*9]

　第1に，論文はそれが書かれた時の社会的経済的（憲法などの場合は「政治的」も含まれる？）状況を前提としているのが普通であり，時代的背景とは切り離せないので，そのような背景を踏まえて読んでみることが大切です。そして，その際にとりわけ留意するように努めたいのは，その論文が述べる解釈論・立法論はどのような問題に対処するためであったのかという点です。なお，その論文が書かれるまでの，とりわけ直前の判例の事案を

💬 Comment 7
ある程度の長さのある，まともな論文であれば，論文の最後にまとめてくれているはずです。

💬 Comment 8
これまでの学説や判例（とりわけ，外国法に関する部分）を説明している部分を飛ばして読んでみます。

💬 Comment 9
筆者が学部学生時代にこのようなことができたわけではありませんが，「目標は高く」ということで示してみましょう。

6 法律学の資料を読む――レポートを書くための準備

知ることは，その論文の時代的背景や対処しようとした問題を的確に知るために役立ちます。

第2に，学説をただ並べるためには論文を読む意義は少ないので，論文を読むときは学説相互間の論理的関係，学説の展開に注意する必要があります。ある学説がすでに存在した学説となぜ異なる見解をとるに至ったのか，どこを発展させたのかをおさえてみると，学説を単に羅列することを回避できるでしょう。また，それぞれの学説が重視する利益は何か，想定する状況はどのようなものかを的確に把握することで，一見対立しているように見える学説間には共通する点が多く，想定している事例がが異なるにすぎないことがわかることも少なくありません。[*10]

4. 実際にやってみよう

論文からみた学説の推移を次頁の**図表6-2**に書き込んでみましょう。[*11] この表から明らかになることは，昭和43年最判以降，相対的無効説を手形取引に限定せずに適用する見解をとる論者が急増したということです。また，昭和40年以降，絶対的無効説を採用する論者はないと考えられます。他方，表では明らかにはなっていませんが，相対的無効説をとる論者の中では無効を主張できるのは会社であり，取締役も第三者も会社に対して無効を主張できないとするのが圧倒的多数なので，善意の第三者以外の者と会社との関係については，現在の学説はどれによっても法律効果に大きな差はないといえるでしょう。さらに，少なくとも善意の第三者に対して取引の無効を会社が主張できないという方向で学説は一致してきているといえます。

? Information 10
米倉明「どういう論文が『よい』のか」『法学雑誌 tatonnement（タートンヌマン）』1号10〜11頁参照。

💬 Comment 11
一部，判例評釈（5-2，6-3-4.参照）および講座もの（5-1-2.のKey Word（112頁）参照）を含みます。テキスト等における学説の変更等の方が早い場合は省略し，網羅的ではありません。また，大隅博士は，昭和43年最高裁判決に際して裁判官として相対的無効説をとることを明らかにしていました。

6-2 論文

図表6-2 取締役の利益相反取引規制違反の行為の効力——論文から見た学説の推移

		明治42			昭和43	昭和56	
絶対的無効			柳川(M45) 青木(T4) 岡野(T9) 松本(S2) 松波(T3) 片山(T5) 西本辰(T14) 鳥賀陽(S8)	石井(S26)			
無効(追認可)			寺尾(T10)	小町谷(S19) 服部(S26) 西本寛(S26) 鈴木(S30)	石井(S30) 田中耕(S39)		
無権代理				野津(S28)	松田(S43)	〔米津(S44)〕	
有効		佐々(S13)	〔竹田(S14)〕	〔田中誠(S27)〕	大浜(S31) 実方(S29) 〔本間(S40)〕 大隅(S34)手形 大森(S42) 八木(S40)	西原(S44) 田中誠(S50)	
相対的無効				服部(S31) 〔大阪谷(S35)〕手形 〔北沢(S38)〕手形	高田(S41) 鈴木(S43) 〔大隅(S46)〕	鈴木=竹内(S56) 北沢(S54) 鈴木(S49) 〔菅原(S45)〕 〔北沢(S45)〕	大隅=今井(S58) 田中誠(S57)	森本(H5) 前田(H2) 龍田(H1) 河本(S59) 神崎(S61)
手形理論によって手形行為のみ有効			〔松本(T1)〕		鈴木(S32)			

※〔 〕内が論文等。〔 〕内に手形とあるのは手形行為のみについてその見解

6 法律学の資料を読む──レポートを書くための準備

　この作業に加えて，直接取引限定説と間接取引包含説を列とし，有効説・相対的無効説と無効（追認可能）説・無権代理説を行として，表の形で整理すると，学説がかなりよく対応していることが判明します（180頁の**図表6-4**参照）。つまり，会社法356条1項2号3号・365条1項（平成17年改正前商法265条）の対象となる取引を直接取引に限定するか否か，および手形行為を念頭に置くか否かが会社法356条1項2号3号・365条1項（平成17年改正前商法265条）違反の行為の効力をどう考えるかと密接に結び付いてきたことが判明します。[*12]

> 💬 **Comment 12**
> このように，学説を整理して，当たり前の結論を導くことも大切でしょう。

6-3　判例／判例解説・評釈

1. 具体的事案と結び付けて

　法律の勉強で最も重視しなければならないのは条文です。条文をより具体化する作業の結果は判例あるいは学説として示されます。具体的な事案の解決を与えるのが裁判ですが，裁判所のとっている理解（条文の解釈）を判例と呼ぶことにすると，判例は事案が過去に処理された際に用いられたルールとして，法律学の勉強において重要な意味をもちます。なぜなら，判例は裁判所によって実際の事案に適用される現実的な規範だからです。そして，とくに最高裁によって繰り返し確認されている規範は，多くの人が裁判所において主張し，論議したことを踏まえて作り上げられてきたものであり，さまざまな価値観の集大成といえるからです。事件についての裁判所の判断は，結論と結論に至る理由付けからなっていますが，少なくとも民法や会社法・商法については，裁判例のとる結論は相当な重みをもっており，[*13]裁判例のとる

> 💬 **Comment 13**
> 私法の適用が問題となる場合には，対立する具体的な利益の間のバランスが図られることが多く，裁判所がどのような利益をどの程度大切に考えているかを読み取ることができるからです。

結論を無視して議論することはできません。[*14]

しかし，注意しなければならないのは，1つ1つの裁判例は，それぞれの具体的・個別的事案を解決するためのものであり，具体的事案を離れて，判決の結論をうのみにしてはいけないという点です。どの部分が先例としての意味をもつか，すなわち，将来の裁判に影響を与える可能性があると考えられるかはその事実関係によって決せられるからです。その裁判がなされた事案の解決と関係がある部分のみが将来の類似事件へ適用可能なルールを示しています。

2. 判決文の構造

公表されている裁判例の多くは判決[*15]（決定も判例集などに載っていることがありますが）なので，判決文（決定文）がどのような特徴をもっているかについて，簡単に眺めておくことにしましょう。本書末尾の資料「法律文献等の出典の表示方法」のⅤ（266頁以下）をごらんいただくとわかるように，裁判例はさまざまな媒体で公刊されていますが，ここでは，『最高裁判所判例集』（最高裁判所民事判例集［民集］と最高裁判所刑事判例集［刑集］の両方が1冊の中に収録されているのが一般的ですが，大学図書館では，民集と刑集とを分けて製本していることがあります）に掲載されたものを例にとります。判決文の書き方は刑事と民事とでは異なり，しかも，民事の判決文についてすら，平成2年以降採用され，普及しつつある様式とそれ以前の様式とは異なります。また，最高裁判所は，事実審ではなく[*16]，法律審なので[*17]，最高裁判所の判決書の書き方は第1審判決や控訴審判決の書き方とは若干異なります。

[?] Information 14
中野次雄「判例と学説」『判例とその読み方』（有斐閣）114頁。

[?] Information 15
判決も決定の裁判の方式の1つです。判決は，裁判所が弁論を経た上で示す判断であるのに対し，決定は訴訟手続上の付随的な事項についてまたは迅速性が求められる手続において裁判所が示す判断です。決定については弁論を経るかどうかは任意です。

[?] Information 16
民事裁判においては，地方裁判所や控訴審としての高等裁判所は，必要な事実の認定をみずから行うので，事実審といわれています。

[?] Information 17
事実審における法の適用についてだけ審査して裁判をするものを法律審といいます。

6 法律学の資料を読む――レポートを書くための準備

○遺産分割審判に対する抗告棄却決定に対する特別抗告事件[1]

（平成24年（ク）第984号，第985号
同 25 年 9 月 4 日大法廷決定） 破棄差戻し[2]

【第984号抗告人】[3] 抗告人 相手方 Y₁
【第985号相手方】

【第985号抗告人】 抗告人 相手方 Y₂ 代理人 小田原昌行 ほか
【第984号相手方】

【第984号相手方】 相手方 申立人 X₁ ほか3名
【第985号相手方】
　　　　　　　　　　　　　　　　代理人　近藤　弘ほか

【原　々　審】　東京家庭裁判所　平成 24 年 3 月 26 日審判
【原　　　審】　東京高等裁判所　平成 24 年 6 月 22 日決定

　　　　　○判 示 事 項[4]
1　民法 900 条 4 号ただし書前段の規定と憲法 14 条 1 項
2　民法 900 条 4 号ただし書前段の規定を違憲とする最高裁判所の判断が他の相続における上記規定を前提とした法律関係に及ぼす影響

　　　　　○決 定 要 旨[5]
1　民法 900 条 4 号ただし書前段の規定は，遅くとも平成 13 年 7 月当時において憲法 14 条 1 項に違反していた。
2　民法 900 条 4 号ただし書前段の規定が遅くとも平成 13 年 7 月当時において憲法 14 条 1 項に違反していたとする最高裁判所の判断は，上記当時から同判断時までの間に開始された他の相続につき，同号ただし書前段の規定を前提としてされた遺産の分割の審判その他の裁判，遺産の分割の協議その他の合意等により確定的なものとなった法律関係に影響を及ぼすものではない。
（1，2につき補足意見がある。）

【参照】　（1，2につき）憲法 14 条 1 項　すべて国民は，法の下に平等であつて，人種，信条，性別，社会的身分又は門地により，政治的，経済的又は社会的関係において，差別されない。

民法 900 条　同順位の相続人が数人あるときは，その相続分は，次の

各号の定めるところによる。
　一　子及び配偶者が相続人であるときは，子の相続分及び配偶者の相続分は，各2分の1とする。
　二　配偶者及び直系尊属が相続人であるときは，配偶者の相続分は，3分の2とし，直系尊属の相続分は，3分の1とする。
　三　配偶者及び兄弟姉妹が相続人であるときは，配偶者の相続分は，4分の3とし兄弟姉妹の相続分は，4分の1とする。
　四　子，直系尊属又は兄弟姉妹が数人あるときは，各自の相続分は，相等しいものとする。ただし嫡出でない子の相続分は，嫡出である子の相続分の2分の1とし，父母の一方のみを同じくする兄弟姉妹の相続分は，父母の双方を同じくする兄弟姉妹の相続分の2分の1とする。
（2につき）憲法81条　最高裁判所は，一切の法律，命令，規則又は処分が憲法に適合するかしないかを決定する権限を有する終審裁判所である。

　　　　　　○主　　　文(6)
原決定を破棄する。
本件を東京高等裁判所に差し戻す。
　　　　　　○理　　　由(7)
　抗告人Y₁の抗告理由第1及び抗告人Y₂の代理人小田原昌行，同鹿田昌，同柳生由紀子の抗告理由3(2)について
　1　事案の概要等
　本件は，平成13年7月▲▲日に死亡したAの遺産につき，Aの嫡出である子（その代襲相続人を含む。）である相手方らが，Aの嫡出でない子である抗告人らに対し，遺産の分割の審判を申し立てた事件である。
　原審は，民法900条4号ただし書の規定のうち嫡出でない子の相続分を嫡出子の相続分の2分の1とする部分（以下，この部分を「本件規定」という。）は憲法14条1項に違反しないと判断し，本件規定を適用して算出された相手方ら及び抗告人らの法定相続分を前提に，Aの遺産の分割をすべきものとした。
　論旨は，本件規定は憲法14条1項に違反し無効であるというものである。
　　　　　　　　　（略）

以上を総合すれば，遅くともAの相続が開始した平成13年7月当時においては，立法府の裁量権を考慮しても，嫡出子と嫡出でない子の法定相続分を区別する合理的な根拠は失われていたというべきである。

要旨1(8) したがって，<u>本件規定は，遅くとも平成13年7月当時において，憲法14条1項に違反していたものというべきである。</u>

（略）

5　結論

以上によれば，平成13年7月▲▲日に開始したAの相続に関しては，本件規定は，憲法14条1項に違反し無効でありこれを適用することはできないというべきである。これに反する原審の前記判断は，同項の解釈を誤るものであって是認することができない。論旨は理由があり，その余の論旨について判断するまでもなく原決定は破棄を免れない。そして，更に審理を尽くさせるため，本件を原審に差し戻すこととする。

よって，裁判官全員一致の意見で，主文のとおり決定する。なお，裁判官金築誠志，同千葉勝美，同岡部喜代子の各補足意見がある。(9)

裁判官金築誠志の補足意見は，次のとおりである。

（略）

（裁判長裁判官　竹﨑博允　裁判官　櫻井龍子　裁判官　竹内行夫　裁判官　金築誠志　裁判官　千葉勝美　裁判官　横田尤孝　裁判官　白木勇　裁判官　岡部喜代子　裁判官　大谷剛彦　裁判官　大橋正春　裁判官　山浦善樹　裁判官　小貫芳信　裁判官　鬼丸かおる　裁判官　木内道祥）

（略）

抗告人Y_2の代理人小田原昌行，同鹿田昌，同柳生由紀子の抗告理由

第3　抗告の理由

（略）

従って，本規定は，人を出生によって取得する社会的身分により，合理的な理由もないのに経済的又は社会的関係において差別するものといわざるを得ず，憲法14条1項に違反する(10)（最高裁平成16年10月14日第一小法廷決定における裁判官才口千晴の反対意見，最高裁平成21年9月30

日第二小法廷決定における今井功裁判官の反対意見等参照)。

(略)

*(1)〜(10)は筆者が付したものであり,(略)部分は本書で省略した部分です。

　これは,最高裁判所民事判例集〔民集〕67巻6号1320頁以下に掲載されている判決で,新様式(最高裁判所事務総局「民事判決書の新しい様式について」平成2年)にそって書かれたものです。

(1)　事件名です。原告が訴状に記載した「訴名」を参考にして,付されるのが一般的です。

(2)　事件番号,決定(多くの場合は判決)年月日,担当法廷,結論です。「平成24年(ク)第984号,平成24年(ク)第985号」が事件番号ですが,(ク)は特別抗告事件であることを示す事件記録符号です。

　事件記録符号は裁判所および事件の種類によって決められており,以下のようになっています(一部省略)。

民事事件記録符号規程(平成13年最高裁判所規程第1号)

簡易裁判所		公示催告事件	ヘ	民事雑事件	サ
和解事件	イ	保全命令事件	ト	**地方裁判所**	
督促事件	ロ	抗告提起事件	ハツ	通常訴訟事件	ワ
通常訴訟事件	ハ	借地非訟事件	借	手形訴訟事件及び小切手訴訟事件	手ワ
手形訴訟事件及び小切手訴訟事件	手ハ	民事一般調停事件	ノ		
		宅地建物調停事件	ユ	控訴提起事件	ワネ
少額訴訟事件	少コ	農事調停事件	セ	飛躍上告提起事件	ワオ
少額訴訟判決に対する異議申立て事件	少エ	商事調停事件	メ	飛躍上告受理申立て事件	ワ受
		鉱害調停事件	ス		
控訴提起事件	ハレ	交通調停事件	交	再審事件	カ
飛躍上告提起事件	ハツ	公害等調停事件	公	保全命令事件	ヨ
少額異議判決に対する特別上告提起事件	少テ	特定調停事件	特ノ	控訴事件	レ
		過料事件	ア	上告提起事件	レツ
再審事件	ニ	共助事件	キ	抗告事件	ソ
抗告提起事件	ソラ	不動産,船舶,航空機,自動車及び建設機械を目的とする担保権の実行としての競売	ケ	通常訴訟事件	ワ
民事非訟事件	チ			控訴事件	ネ
商事非訟事件	ヒ			上告提起事件	ネオ
借地非訟事件	借チ			上告受理申立て事件	ネ受

6 法律学の資料を読む──レポートを書くための準備

罹災都市借地借家臨時処理事件及び接収不動産に関する借地借家臨時処理事件	シ	等事件		抗告事件	ラ
		債権及びその他の財産権を目的とする担保権の実行及び行使事件	ナ	特別抗告提起事件	ラク
				許可抗告申立て事件	ラム
				再審事件	ツ
地裁		財産開示事件	財チ	上告事件	ツ
配偶者暴力に関する保護命令事件	配チ	執行雑事件	ヲ	特別上告提起事件	ツテ
		企業担保権実行事件	企	民事一般調停事件	ノ
民事一般調停事件	ノ	破産事件	フ	宅地建物調停事件	ユ
宅地建物調停事件	ユ	再生事件	再	農事調停事件	セ
農事調停事件	セ	小規模個人再生事件	再イ	商事調停事件	メ
商事調停事件	メ	給与所得者等再生事件	再ロ	鉱害調停事件	ス
鉱害調停事件	ス	会社更生事件	ミ	交通調停事件	交
交通調停事件	交	承認援助事件	承	公害等調停事件	公
公害等調停事件	公	船舶所有者等責任制限事件	船	民事雑事件	ウ
特定調停事件	特ノ			人身保護事件	人ナ
事情届に基づいて執行裁判所が実施する配当等手続事件	リ	油濁損害賠償責任制限事件	油	人身保護雑事件	人ウ
				最高裁判所	
		過料事件	ホ	上告事件	オ
不動産, 船舶, 航空機, 自動車及び建設機械に対する強制執行事件	ヌ	共助事件	エ	上告受理事件	受
		仲裁関係事件	仲	特別上告事件	テク
		民事雑事件	モ	特別抗告事件	
債権及びその他の財産権に対する強制執行事件	ル	人身保護事件	人	許可抗告事件	許
		人身保護雑事件	人モ	再審事件	ヤ
		高等裁判所		民事雑事件	マ

刑事事件記録符号規程（平成13年2月7日最高裁判所規程第2号）

簡易裁判所		再審請求事件	た	訴訟費用免除申立て事件	ふ
略式事件	い	共助事件	れ	雑事件	て
公判請求事件	ろ	刑事補償請求事件	そ	**最高裁判所**	
証人尋問請求事件	は	起訴強制事件	つ	上告事件	あ
証拠保全請求事件	に	訴訟費用免除申立て事件	ね	非常上告事件	さ
再審請求事件	ほ			再審請求事件	き
共助事件	へ	費用補償請求事件	な	上告受理申立て事件	ゆ
刑事補償請求事件	と	雑事件	む	移送許可申立て事件	め
訴訟費用免除申立て事件	ち	**高等裁判所**		判決許可申立て事件	み
交通事件即決裁判手続請求事件	り	控訴事件	う	特別抗告事件	し
		第一審事件	の	費用補償請求事件	ひ
費用補償請求事件	ぬ	再審請求事件	お	刑事補償請求事件	も
雑事件	る	抗告事件	く	訴訟費用免除申立て事件	せ
地方裁判所		抗告受理申立て事件	や		
公判請求事件	わ	費用補償請求事件	ま	雑事件	す
証人尋問請求事件	か	刑事補償請求事件	け		
証拠保全請求事件	よ	決定に対する異議申立て事件			

行政事件記録符号規程（昭和38年10月1日最高裁判所規程第3号）

簡易裁判所		雑事件	行ク	**最高裁判所**	

6−3 判例／判例解説・評釈

共助事件	行ア	高等裁判所		訴訟事件（第一審）	行チ
雑事件	行イ	訴訟事件（第一審）	行ケ	上告事件	行ツ
地方裁判所		控訴事件	行コ	上告受理事件	行ヒ
訴訟事件	行ウ	上告提起事件	行サ	特別上告事件	行テ
控訴提起事件	行ヌ	上告受理申立て事件	行ノ	特別抗告事件	行ト
飛躍上告提起及び上告提起事件	行エ	特別上告提起事件	行シ	許可抗告事件	行フ
		抗告事件	行ス	再審事件	行ナ
飛躍上告受理申立て事件	行ネ	特別抗告事件	行セ		
雑事件	行ニ				
再審事件	行オ	許可抗告申立て事件	行ハ		
抗告提起事件	行カ	再審事件	行ソ		
共助事件	行キ	雑事件	行タ		

家庭事件記録符号規程（昭和26年最高裁判所規程第8号）

家事審判事件	家ホ	民事再審事件	家チ	成人刑事事件	行イ
家事調停事件	家イ	保全命令事件	家リ	少年審判等共助事件	行ニ
人事訴訟事件	家ホ	家事共助事件	家ヌ	少年審判雑事件	行ロ
通常訴訟事件	家ヘ	家事雑事件	家ロ	成人刑事雑事件	行ホ
家事抗告提起等事件	家ニ	少年保護事件	少		
民事控訴提起等事件	家ト	準少年保護事件	少ハ		

　結論は，主文の主要部分を簡潔に示したもので，最高裁判所の判決の場合，棄却，破棄差戻し，破棄自判があります[*18]。このほかに，最高裁判所への上告受理申立の場合は，上告不受理の決定があります。

❓ Information 18
6−3−3．(6)参照。

　(3)　訴訟当事者およびその代理人の表示です。

　(4)および(5)　判示事項，判決要旨（決定要旨）および参考条文は，判決文（決定文）にはなく，最高裁判所判例集の場合は，最高裁判所の判例委員会が編集にあたって付したものです。したがって，判示事項や判決要旨（決定要旨）としてあげられていない部分も重要な場合があり，また，判決要旨（決定要旨）はあくまでも当該事件との関係で理解すべき場合が少なくないことには注意しなければなりません。

　(6)　これが主文で，決定の結論を簡潔に示す部分です。本件の場合は，東京高等裁判所の平成24年6月22日決定を支持せず，東京高等裁判所にもう一度審理すること

を求めています。最高裁判所は，原審（通常は第2審）における事実認定を前提に裁判を行うのが原則ですので，原判決（原決定）を支持しない場合であって，さらに，事実認定が必要な場合には，破棄差戻しとなります。これに対して，原審が認定した事実に基づいて裁判をすることができる場合には破棄自判（請求認容，請求棄却など）とします。他方，原判決（原決定）を支持する場合には，上告（この例では特別抗告）を棄却することになります。

(7) 判決には理由を付さなければなりません。理由は，主文を導くに至った論理的過程を明らかにするものです。

(8) 「要旨」という語も，(4)および(5)と同様，編集上，判例委員会が付したもので裁判書に含まれていないものです。

(9) 最高裁判所の裁判書には，各裁判官の意見を表示しなければなりませんが（裁判所法11条），この例では，反対意見がないので，「裁判官全員一致の意見で」とされています。多数意見に加わった裁判官が理由を付加したいときは「補足意見」を，結論は同じでも理由が異なる場合は「意見」を，多数意見と反対の結論を支持する裁判官は「反対意見」を，それぞれ付します。下級裁判所の判決の場合には，このような記載はありません。

(10) 民事事件の場合，高等裁判所の決定に対して，最高裁判所に抗告できるのは，高等裁判所の決定に憲法の解釈の誤りがあることその他憲法の違反があることを理由とする場合に限られます（民事訴訟法336条1項）。そこで，憲法の解釈の誤りがあると主張しているのです。

○預託金返還請求事件

$\begin{pmatrix}平成14年（受）第399号\\同16年2月20日第二小法廷判決\end{pmatrix}$ 破棄差戻し[11]

（中略）

上告代理人上谷佳宏，同木下卓男，同幸寺覚，同笠井昇，同福元隆久，同山口直樹，同今井陽子，同松元保子，同小野法隆の上告受理申立て理由[12]

原判決は，最高裁判所判例（最高裁第3小法廷昭和63年4月5日判決）と相反する判決をしており，また，その判決内容は，近時，経営に行き詰ったゴルフ場が預託金返還を命じた判決による執行を免れるためにゴルフ場の名称（屋号）はそのまま使用しながら，休眠会社を利用するなどして営業譲渡をするということが広く行われていることを助長する結果となり，このような執行逃れを座視するより外に手段がないとすれば，司法に対する国民の信頼が失われることは明らかである。

したがって，屋号の続用に商法26条1項が適用（類推適用も含む）されるかどうかは，社会的な影響の大きい法令の解釈問題であり，本件には法令の解釈に関する重要な事項が含まれているので，上告受理を求めるものである。

（中略）

○参　　照
第1審判決の主文，事実及び理由[13]

主　　文

1　被告は，原告に対し，1300万円及びこれに対する平成13年2月18日から支払済みまで年6分の割合による金員を支払え。[14]
2　控訴費用は，被告の負担とする。
3　この判決は，1項に限り，仮に執行することができる。[15]

（略）

＊[11]～[15]は筆者が付したものであり，（略）部分は本書で省略した部分です。

6　法律学の資料を読む──レポートを書くための準備

(11)　(受)は最高裁判所の上告受理事件であることを示す事件記録符号です。

(12)　民事事件の場合，判決の内容については，判決に憲法の解釈の誤りがあることその他憲法違反があること，あるいは判決に理由を付さず，または理由に食い違いがあることのみが，最高裁判所に対する当然の上告理由です（民事訴訟法312条1項，2項6号）。ただし，原判決に最高裁判所の判例（これがないときは大審院または上告もしくは控訴裁判所である高等裁判所の判例）と相反する判断がある事件その他の法令の解釈に重要な事項を含むと認められる事件について，最高裁判所は申立てをうけて，決定で上告審として事件を受理することができるとされていますので（民事訴訟法318条1項），多くの場合，「法令の解釈に関する重要な事項が含まれている」と主張して，上告受理が申し立てられています。

(13)　最高裁判所判例集には，参考のため，現在では，原則として，第1審判決の主文，事実および理由，第2審判決の主文，事実および理由が掲載されています（最高裁平成25年9月4日大法廷決定では，第1審が家庭裁判所の審判なので，原々審判の主文および理由，原決定の主文および理由）。

ところで，新様式では，第1審および第2審の判決文は，以下のような構成になっています。

主　　　文
………………
事実及び理由
第1　請求の趣旨
………………
第2　事案の概要

> ....
> 1　争いのない事実
> ....
> 2　争　点
> ....
> 第3　争点に対する判断
> ....

　ここで，「事実及び理由」の「第2　事案の概要」の「争点」に記載されているのは，原告および被告（あるいは控訴人および被控訴人）が主張したことをまとめたものにすぎず，裁判所がどのように事実を認定したかは，「第3　争点に対する判断」に書かれています。したがって，「事実及び理由」のうち，「第3　争点に対する判断」を読んでみることが最低限，学部学生がすべきことということになるでしょう。ここには，裁判所の事実認定と法律判断が示されています。

　(14)　第1審判決の主文は，請求認容，請求棄却（一部請求認容，一部請求棄却の場合もある），訴え却下の3つの類型に分けられますが，ここでは，請求が認容されています。すなわち，原告が訴えによって主張した法律関係があるかどうかの審理（実態についての審査）を行った上で，原告の請求に理由があるとしたものです。これに対して，原告の請求に理由がない場合には請求棄却，訴訟要件[*19]（訴えの適法性）が欠けているときは，訴え却下（国内的な管轄違いの場合は移送）となります。実体についての審理をすることなく，訴えを排斥するものです。

　(15)　これを仮執行宣言といいます。判決の確定前に，強制執行をすることを認めるものです（民事訴訟法259条，310条。また，294条，323条）。これは，勝訴当事者

[?] Information 19
　訴訟要件とは，裁判所が判決（本案判決）を下すためにはみたされていなければならない要件をいいます。本案判決とは，原告が訴えによって主張した法律関係の存否を判断して，請求を認容あるいは棄却する判決をいいます。訴訟要件には，適式かつ有効な訴え提起行為があること，被告へ訴状が有効に送達されたこと，裁判所が管轄を有すること，当事者能力，当事者適格を有することなどがあります。

が早めに権利を実現できるようにしようとするもので，裁判所は，担保提供を条件とすることもできます。

　なお，本書では詳細には説明しませんが，民事訴訟の判断は当事者の主張・立証責任の分配に従って判断することになっており，原告の請求原因，被告の抗弁，原告の再抗弁，被告の再々抗弁の順に従って判断し，立証責任を負う側が立証できない場合は，敗訴となるという建前になっていること（詳細については，民事訴訟のテキスト等をご覧ください）に注目して，旧様式は以下のような構造になっていました（詳細については，司法研修所『民事判決起案の手引き（五訂版）』（昭和46年）参照）。1970年代以降1990年代中ごろまでの裁判例をみると，ほとんどがこのタイプです。

主　　　文
……………………
事　　　実
第一　当事者の求めた裁判
一　請求の趣旨[14]
……………………
二　請求の趣旨に対する答弁
……………………
第二　当事者の主張
一　請求原因[15]
……………………
二　請求原因に対する認否
……………………
三　抗　　弁
……………………
四　抗弁に対する認否

（以下，再抗弁，再々抗弁と続く）

　第三　証拠関係
　理　　　　由
　..........................

　この様式の判決文を読むときにも，「第二　当事者の主張」に書かれていることは，原告および被告（控訴人および被控訴人）が勝手に主張していることにすぎず，「理由」に書かれていることが裁判所の判断であることに留意してください。

　(14)　原告がどのような主文の判決を求めるのかを簡潔かつ明確に記載するもので，請求が認容される場合には，これと同じものが主文に掲げられることになります。

　(15)　請求を特定できる事実を記載するもので，請求に理由があるとされるために必要なすべての事実を記載する必要はないと考えられています。

3．裁判例の分析の仕方

　裁判所のとる条文の解釈論を「判例」というとすると，「判例」は個々の判決（あるいは判決群）から，抽出されるものです。そこで，裁判例の分析の目的の1つは「判例」の発見とその射程範囲（その判例を適用できる範囲）の確定です。

　このような目的の実現のためには，①その主題に関する最高裁・大審院の裁判例を網羅的に収集し（必要に応じて下級審裁判例も収集），②個々の裁判例の前提となっている事実関係を把握しつつ，ある裁判例と他の裁判例との関係を検討し，時系列的に判例の推移を明らかにすることが必要です。大学のレポートで判例を対象にする[*20]

[?] Information 20
『判例民法　大正10年度』（有斐閣）の序文を参照。

場合には、この作業が中心になります。下級審裁判例の間には明白な対立・食い違いがあることが少なくありません。しかし最高裁レベルの裁判例の間では、明白な判例変更がない限り矛盾・衝突がないと最初は仮定して、一見矛盾するような裁判例の事実関係の違いを検討してみることがとくに役立ちます。これによって「判例」とその射程範囲が明確にされます。この際、『最高裁判所判例解説』[*21]（法曹会）と「時の判例」（ジュリスト）が調査官の解説として有用です。

裁判例分析を上手に行えるようになるには、練習が必要で、先生方のまねをするところからはじめるしかありません。

4. 判例評釈・解説を読んでみる

まず、学部学生にとって簡単な方法は、判例評釈・解説を読んでみることです。判例評釈・解説としては、すでに示した文献（5-2参照）のほか、お手軽なものがありますが、『判例評論』[*22]（判例時報社）は必読といえるでしょう。また、ジュリストなどの法律雑誌や大学の紀要に掲載されている判例研究も有用です[*23]。

判例評釈・解説で、展開されている裁判例の整理・分析は、レポートや小論文を書くにあたって、少なくとも、3つの役に立つ使い方があると思われます。

第1に、徹底的に省エネをしようという場合には、ねらいをつけた判例評釈・解説における整理をスタート・ポイントとしてそれが書かれた後に公表された判例を追加し、修正を加えてみるというお手軽な方法があります[*24]。

第2に、少し、手をかけるのなら、判例評釈・解説に示されていた枠組みの中に、見つけたすべての裁判例をはめ込んでいくという方法があります。

[?] **Information 21**
本の形でも出ますが、『法曹時報』（法曹会）にまず掲載されます。

[?] **Information 22**
『主要民事判例解説』（判例タイムズ社）など。

[?] **Information 23**
評釈をまとめたものとして、たとえば、『判例民事法』、『商事判例研究』、『刑事判例評釈集』（以上、有斐閣）などがかつては刊行されていました。

[=] **Comment 24**
ただし、誤植などがありうるので、必ず原典（判例集）にあたることを忘れないようにしてください。なお、原典の中の誤植については、論文などでは、そのままにしておいて、（ママ）と入れておくことがふつうです。もちろん、理解を深めるためにも、また、どこが重要かを自分なりに識別する練習をするためにも、原典にあたるべきことはいうまでもありません。

第3の方法は，できるだけ多くの評釈・解説を読んで，そこに示されている整理・分析をまとめ，同時に見つけた裁判例をよく読んで，自分なりの枠組みを作り上げて，裁判例を整理し，分析するものです。[*25]

5. 判例の流れをつかむ

　判例を読むときの1つのポイントは，その判例が裁判例の積み重ねの中のどこに位置付けられるのかをおさえることです。最も大切なことは，大審院判例の立場はどのようなものであったか，その判決が出される前までの最高裁判所の判例はどのような考え方をとっていたか，その判決が下された後の最高裁判所の判例を初めとする裁判例の動向はどうかを眺めることです。このためには，判決中で引用されている過去の最高裁判所の判例が手掛かりになります。さらに，たとえば，ある判例が最高裁判所の判例であるとすると，少数意見についても多数意見とどこが異なるのかを分析し，補足意見にも目を配る必要があります。また，最高裁判所の判例を理解するにあたっては，その判決が下される前の下級審裁判例，とりわけ高等裁判所の裁判例の判断の分布はどのようなものであったのかを把握することが大切です。

　このような作業を通じて裁判例の推移と傾向を知り，どの判決が転換点となったのか，どの判決が影響力をもったのかを指摘できれば，学部学生のレポートとしては優れたものになると思われます。最高裁判所の判例がいったん下されても，判例変更が行われる場合もありますし，「事案を異にする」として実質的に判例変更が行われることもありうるので，最高裁判所の判例の動向は最近のものまでつかんでおくのがよいでしょうし，下級審裁判例の動向も入手できる情報の範囲で検討することが

> **Information 25**
> 　評釈と解説との区別は必ずしも厳格ではありませんが，評釈のほうが執筆者の当該判例についての評価，批評が示されているといえるでしょう。その観点からは，『☆☆百選』や『平成△△年度重要判例解説』などは判例解説ということになります。

望ましいということができます。*26

6. 事案に注目する

　裁判は個別具体的な事案の解決のためになされるものですから、その裁判がなされた事案を離れて、結論だけを見るのでは不十分であるのみならず、その裁判例が理由中で採用した法律解釈であっても、当該事案と切り離して考えることが不適切な場合が少なくありません。事案と離れて、抽象的に判例を理解することは、深い落とし穴にはまることにつながりかねません。

　また、他の争点についてのある解釈との連関において、当該争点について、その解釈が採用されている可能性についても留意しなければなりません。したがって、問題としている争点以外の争点についての判例の動きとの関係で判例を分析する必要があることもあります。

　判決の理由の中でも、当該事案の解決のために必要な解釈の部分と当該事案の解決には必要ではない判示部分（傍論）とを分けてとらえる必要があります。たしかに、日本では、英米のような厳格な先例拘束性*27は認められないので、この区別の重要性が乏しいようにも思われます。しかし、傍論部分については、最高裁判所のものであっても、その後の裁判例で直接引用されることが必ずしも多くないように思われますし、また、研究者の間では先例性が乏しいと考えられているようです。もちろん、傍論とはいっても、それが裁判所の将来の判断を予測させる重要な情報である以上、判例を題材にして研究する際には無視できないものであることはいうまでもありません。これにたいして、当該事案の解決のために必要な解釈の部分は後の裁判に大きな影響を与えるのが一般的です。

💬 Comment 26
　なお、ある争点について、最近では最高裁判所判例をはじめとする裁判例が公表されていないというような場合は、立法による解決がなされた場合などを除き、判例の方向が固まったと考えられている場合が少なくないといえるでしょう。

📖 Key Word 27
先例拘束性　同種の事件に対する判例がすでにあるときはその判例に拘束されるというもの。

7. 学説や社会的環境あるいは立法の動向との対応関係を見る

　裁判は本来，個々の事案の解決を主眼とするものであるため，社会的・政治的環境を踏まえてなされるという面をもちます。したがって，社会的・政治的環境が変化すると判例は変更されるということが少なくありません。[*28]　また，社会的・政治的環境が変化するとそれに対応する立法がなされることが少なくありませんが，そのような立法の動きは，環境の変化，価値観の変化，社会の認める利益衡量の変化を示すため，制定前であっても裁判に影響を与えることがあります。[*29] さらに，裁判においては結論の妥当性が重要であることはいうまでもありませんが，それを導く理由の説得力も大切であるため，学界における通説，有力説が判例に影響を与えることは十分にありえることです。そこで，学説や社会的環境あるいは立法の動向との対応関係を見て，裁判例を整理・分析することが，よいレポート・小論文を書き上げるために有益です。

8. 実際にやってみよう――判例の推移・展開の時系列①

　判例の推移・展開を分析的にまとめる方法として，図表6-3のように，条文の文言を分けて，それぞれの系統について裁判例の展開をおさえることが考えられます。ここでは，例として民法478条をとってみます。[*30]

9. 実際にやってみよう――判例の推移・展開の時系列②

　ある争点についての判例の推移・展開を事案や他の争

💬 **Comment 28**
　たとえば，尊属殺規定の合憲性の判断，株券発行前の株式譲渡の効力（印書事情が悪かった段階では，株券発行前の株式譲渡は会社との関係で無効とされていました。しかし，好転した後には不当な遅延の場合にあたれば，会社との関係でも有効とする判決がなされました）。

❓ **Information 29**
　たとえば，製造物責任法制定前のテレビの発熱による火災に関する判例（大阪地判平成6・3・29判時1493号29頁）。

❓ **Information 30**
　次頁の図表6-3は，安永正昭「民法478条の適用・類推適用とその限界」『現代における物権法と債権法の交錯（林良平先生献呈論文集）』（有斐閣）421頁以下における分析を参考にしてまとめていますが，網羅的ではありません。

6 法律学の資料を読む──レポートを書くための準備

図表6-3 民法478条に関する裁判例の展開

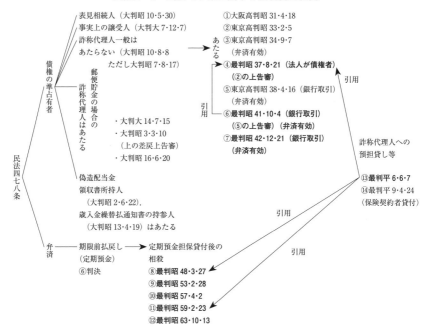

図表6-4 取締役の利益相反取引規制違反の行為の効力──裁判例

		取消可能説	絶対的無効説	無権代理説 無効説（追認可）	有　効　説	絶対的無効説
直接取引	手形取引以外	東京控判明35·12·23		大判大8·4·21 大判昭2·6·26		
	手形取引	大判明36·9·4 引　大判明37·6·21 用　（相手方の無効主張） 　大判明38·2·7	大判明42·12·2 大判大12·7·11	大判大9·12·2 最判昭36·6·23 最判昭38·3·14	大阪高判昭34·9·16	東京地判昭32·3·28 大阪高判昭36·4·12 最判昭46·10·13 最判昭47·2·22 最判昭47·4·4 最判昭48·12·13
間接取引				大判昭6·5·7 名古屋高判昭31·11·15 大阪高判昭40·10·19		最判昭43·12·25 最判昭45·3·12 最判昭45·4·23

最判昭43·12·25が間接取引包含説を採ることを明らかにした。

点についての判例の展開と結び付けておさえるという方法もあります。たとえば，取締役の利益相反取引の効力についての裁判例をまとめてみましょう（図表6-4）。

10. 判決の理由付けの比較検討

　後で述べるように，事実関係の分析なしには，裁判例の適切な把握はできないのですが，あるテーマの下で集めた裁判例を結論（たとえば，損害賠償請求が認容されたものと棄却されたもの）によって分類し，それぞれの結論ごとにその理由付け・法律論としてどのようなものが挙げられているのかを一覧してみることは重要です。時系列に従って並べてみて，理由付け・法律論が類似していれば，多くの場合は有力な学説あるいは先行する裁判例の影響を受けていることが推測されます。そして，同じ理由付け・法律論が繰り返し採用され，とりわけ最高裁判所によっても採用され，かつその後の下級審裁判例もそれを踏襲している場合には，さしあたって，判例としての意義は大きいものと思われます。

11. 事実関係の分析の仕方

　我が国の場合，個別的・具体的な事案について裁判はなされることとなっており，事件が異なれば，同一の事実関係は存在しません。したがって，ある判例の事実関係の細部まで問題とすると，その事実関係を前提とする判決理由は一回的なものということになります。そこで，判決理由の前提となる事実関係をある程度類型化してとらえなければ，理由付けあるいは法律論に関する判例の立場は明らかにはなりません。また，事実関係と結論との関係も事実関係を類型化してとらえなければ，裁判例の傾向も把握できないものと思われます。

そこで，事実関係を類型化して整理する必要がありますが，どのようなポイントに注目して類型化すべきなのかをはじめから推測することは簡単ではありません。ですので，次のような方法を取るのがよいと思われます。

　まず，①事実関係に含まれる，思いつく限りのファクターを挙げて，同じ争点を含んでいると考えられる裁判例について表などを作成し，一覧して，裁判例間の事実関係の相違点はどこにあるかを見つけます。そして，②裁判例の結論の相違と事実関係に含まれる個々のファクターの相違とが対応していないかどうかを眺め，異なると結論も異なるようなファクター，異なっても結論に影響を与えないファクターを選び出し，「○○の場合には，損害賠償請求が棄却されることが多い」とか「××の場合には，要素の錯誤がみとめられることが多い」という結論を暫定的に考えてみます。そして，それでは説明がつかない裁判例についてはさらに詳細に検討し，説明がつく裁判例との重要な相違がないかどうかを検討します。

12．ピンからキリまでの判例研究

　裁判例の比較研究には，たとえば，明治時代から現在に至るまでの長い期間に裁判例のとる立場がどのように変化してきたかを眺めるという面と，同じような時期にどのような裁判例があるかを見るという面とがあります。両方の考察が重要ですが，レポートなどの紙幅がない場合に，いずれのアプローチをとるかは与えられた課題によって決まりますし，また，存在する裁判例の数にもよります。

　ところで，学部学生のレポートにおいて要求される判例分析の最小限はどの程度なのかを考えてみると，少なくとも，①最高裁判所（大審院を含む）の裁判例の推移

をおさえることでしょう。とりわけ，結論が異なる場合には，事実関係に何か重要な違いがあるのかどうかを検討することをお勧めします。さらに，②それぞれの最高裁裁判例について，その原審および1審判決からの判決理由・結論を追って，三審制の下で，どのように動きがあったのかを分析するぐらいのことはすべきです。1つの事件についてであれば，本来，事実関係は同じはずですから，理由付けや法律論は比較しやすいと思われますし，また，事実認定が変化した場合にはそれはなぜなのかを考えてみることもできます。

さらに余裕があれば，最高裁裁判例の立場（結論あるいは理由付け・法律論）が変更されたと考えられる場合には，その前後の他の下級審裁判例の動きを追ってみるところまですれば，学部学生のレポートとしては申し分ないといえましょう。

13. 実際にやってみよう――判例のまとめ方①

まず，少し楽したいと思う学生ならどうするかを考えてみましょう。やや怠け者というぐらいですから，すでに，たとえば，『総合判例研究叢書』（有斐閣）が公刊されていたり[*31]，判例を丹念に拾った論文があるような，有名な論点を対象にすることを考えるでしょう。大学の先生方の書かれたものを，種本にして，最近のものを付けたり，最高裁判所の裁判例だけを抜きだしたりというのは楽だからです。そこで，

■**賃借権の無断転貸・無断譲渡と民法612条に関する裁判例を扱うことにしました。**

STEP1 このテーマについては，まず，『総合判例研究叢書 民法(11)』に鈴木禄弥「賃借権の無断譲渡と転貸」（以下，鈴木論文という）が見つかる上，かなり大き

💬 Comment 31
『法律図書総目録』のほか，大学の図書館などのオンライン・カタログあるいはインターネット上で「判例研究」というようなことばがタイトル名あるいはシリーズ名に含まれるものを探せばよいでしょう。

な論文もありそうだからです。

STEP 2　そして，鈴木論文のはしがきを見ると，『法律時報』の12巻2号以下に戦前の裁判例について，我妻榮＝広瀬武文「賃貸借判例法」（以下，我妻＝広瀬論文という）という連載があることがわかります。しかし，なにぶんこの連載はかなり古い上，『総合判例研究叢書　民法(11)』は昭和33年に出されたものです。したがってこれらに載っている裁判例にあたっただけでは，怠けたことがあまりにも明らかです。

STEP 3　そこで，もう少し近年のものはないかと講座ものを見てみると，『民法講座　第5巻』（有斐閣）に「賃借権の譲渡・転貸」，『民法典の百年Ⅲ』（有斐閣）に「民法612条」として，いずれも原田純孝先生が書かれているのが見つかります。また，「民法612条」の注を見てみると，注(33)で原田先生は『新借地借家法講座　第1巻』（日本評論社）に「借地権の無断譲渡・転貸」（以下，原田論文という）というタイトルでより詳細なご論稿を書かれていることが判明するので，それを参考にして，裁判例を補充するという作業をすることが1つの戦略として考えられます。

STEP 4　そして，『新借地借家法講座　第1巻～第3巻』は1998年から翌年にかけて出版されているので，補充はせいぜい1995年以降の裁判例をすでに述べた道具を使って探せばよいと思われます。ただし，小論文で取り上げる裁判例については，判例集で原文にあたってみることが必要なのは当然のことです。

　ところで，我妻＝広瀬論文，鈴木論文および原田論文を入手してみたところ，それらで検討の対象とされている裁判例はきわめて多いことがわかります。そこで，ゼミなどで，賃借権の譲渡・転貸というタイトルを与えら

れ，それを狭めることができない場合は別として（この場合は，大審院および最高裁判所の判例に限定するとか，戦後に限定することが考えられます），自分でテーマを絞り込めるレポートや小論文の場合には，絞り込んで，分析を加えたほうがよいと考えられます。

　絞り込みの１つのアプローチとして，最判昭和28・9・25民集7巻9号979頁が，いわゆる信頼関係破壊の法理を採用したことに注目して[*32]，それが定着したといえるのはどの時期であるのかを，昭和28年最判以降の最高裁の裁判例を拾って整理するというものがあります。つまり，裁判例がたくさんある場合には，最高裁あるいは最高裁と高裁というように絞ることがまず考えられます。次に，最高裁の裁判例だけでも多い場合には，リーディング・ケースといわれるものを中心において，その前後（前は下級審裁判例になることが多いでしょうが）を調べるというアプローチをとります（**図表6-5**）。

　ここで，とりあえず，最高裁判所の判例の結論と主要な理由をならべてみて，その流れを見ます。その中で，流れが変わって，その後踏襲されている裁判例がリーディング・ケースです。より安直には後の裁判例で引用されているものはリーディング・ケースの可能性が高いです。もっとも，リーディング・ケースがどれであるかを見つけるのは学生にとってむずかしいことでもあります。そこで，最も安直な方法（その結果，まちがうこともある）としては，百選などの解説や『最高裁判所判例解説』（法曹会），定評のあるテキスト，体系書［**2-2-1.**参照］，コンメンタール［**5-1-2. Key Word**参照］でリーディング・ケースといわれている場合にはそれを一応信じてみることでしょう。その上で前後の最高裁の裁判例を調べて，実は別なものがリーディング・ケースなのだ

Key Word 32
賃貸借契約のような当事者間の高度な信頼関係を基礎とする継続的契約においては，当事者間の信頼関係を破壊したといえる程度の債務不履行がなければ，その契約を解除することはできないという法理。

6 法律学の資料を読む——レポートを書くための準備

図表 6-5 借地・借家の無断転貸・譲渡——昭和 28 年最判以降の最高裁の裁判例

	事案	判示内容	反対意見の存否	法廷
昭和 28・9・25 民集 7 巻 9 号 979 頁	借家の一部転貸	解除権不発生	5 人中 2 人	第 2 小法廷
昭和 30・9・22 民集 9 巻 10 号 1294 頁	借家の譲渡	解除権を行使できない	全員一致	第 1 小法廷
昭和 31・5・8 民集 10 巻 5 号 475 頁	借家の一部転貸	解除権を行使できない	全員一致	第 3 小法廷
昭和 36・4・28 民集 15 巻巻 4 号 1211 頁	借家の一部転貸	解除が無効	全員一致	第 2 小法廷
昭和 39・11・19 民集 18 巻 9 号 1900 頁	借家の一部転貸	解除権不発生	全員一致	第 1 小法廷

と発見できれば高い評価を受けることができます。

上の表からは，少なくとも 2 つのことがわかります。1 つは，解除権が発生しないのかそれとも解除権を行使することができないのかという問題については，昭和 30 年代には明確になっていなかったこと（ただ，同じ小法廷で表現に食い違いがあることから，裁判所はその 2 つの差をあまり意識していなかった可能性がある），もう 1 つは，最高裁判所のすべての小法廷で信頼関係破壊の法理が認められ（最高裁の場合には，判決が近接した時期になされている場合には，どの小法廷のものであるかについても注意を払うとよいように思います），リーディング・ケースといわれる昭和 28 年最判は僅差でこの法理を認めたにすぎなかったが，その後は全員一致で認めていることです。

また，もう 1 つのアプローチとしては，どういう類型の事案なのかに注目して絞り込むことがあります。たとえば，①「借地人と借地権の譲受人との人的関係と 612 条の適用」とか②「閉鎖会社（人的会社）が賃借人である場合に実質的経営者が変更された場合と 612 条」というような絞り方もあります。①については，親族間の借地上の建物の所有権移転等に伴うケースと賃借人と転借人（または賃借権譲受人）が実質的に同一であるという

Comment 33
解除権とは，契約当事者が，その一方的な意思表示によって契約を解除できる権利をいいます。

Comment 34
定評のある文献における類型化を参考にして，新しい裁判例を追加することを基本にすることが楽です。

会社の組織変更や個人商人の法人成りのケースがあるので、それを分けて考える必要がありえるでしょう（図表6－6）。

　この表から明らかになることの1つは、昭和28年最判が信頼関係破壊の法理を採用してからは、転貸・譲渡を認定しつつ、背信行為と認めるに足らない特段の事情があるとして、1つの裁判例（東京高判昭和31・3・14）を除き、解除を認めていないという点です。

　②については、最判平成8・10・14民集50巻9号2431頁がありますので、それまでの下級審裁判例を、たとえば、合名会社、合資会社、株式会社のケース、さらにどのような付随的事情があるかなど、とくに当初の賃借人が法人であったのか個人であったのか（法人成りの結果、法人が賃借人になっているのか）に注目して分析するとおもしろいかもしれません。つまり、画期的な最高裁判所判決が出たときは、それまでの流れとその後の動向を丹念に追ってみることが考えられます。そして、賃借人と転借人（または賃借権譲受人）が実質的に同一であるという会社の組織変更や個人商人の法人成りのケースに信頼関係の破壊を認めない裁判例の事案と比較して、整合性があるのかを考察してみるというのもよいかもしれません。つまり、平成8年最判のような考え方（賃借人が法人である場合には、その法人の構成員や機関に変動が生じても、賃借権の譲渡にあたらない）が広く妥当とすると、個人が賃借人の場合に、いったん会社形態にした上で、持分や株式を譲渡することによって、612条の適用による解除を実質的に回避できる可能性が生ずるようにも思われます。最判昭和29・12・14判タ45号32頁が示した傍論「賃借人である会社の株式譲渡などが賃貸人の承諾なしで借地権を譲渡するための脱法的手

💬 Comment 35
個人事業者が株式会社や合同会社などを作って、法人形態で事業を行うことをいいます。

💬 Comment 36
ここでは、会社法における「持分」という意味です。会社法における「持分」は持分会社（合名会社、合資会社、合同会社）の社員としての地位または会社財産に対して有している計算上の数額をいいます。

6 法律学の資料を読む——レポートを書くための準備

図表 6-6　法人成り・組織変更などのケース（参考文献に載っているもののみ）

	ケース	解除	転貸・譲渡	信頼関係破壊
神戸地判昭和 25・5・26 下民集 1 巻 5 号 805 頁	法人成り	×	×	−
東京地判昭和 25・7・15 下民集 1 巻 7 号 1109 頁	法人成り（有限会社）	×	×	×
東京地判昭和 26・10・11 判タ 21 号 54 頁	法人成り（株式会社）	×	×	−
横浜地判昭和 27・11・27 下民集 3 巻 11 号 1664 頁	借地権の現物出資	×	−	−
長崎地判昭和 29・3・20 下民集 5 巻 3 号 386 頁	法人成り（合資会社）	×	○	×
東京地判昭和 30・6・15 下民集 6 巻 6 号 1136 頁	法人成り	×	○	×
最判昭和 30・9・22 民集 9 巻 10 号 1294 頁	組織変更（有限会社）	×	○	−
東京高判昭和 31・3・14 下民集 7 巻 3 号 572 頁	法人成り（株式会社）	○	○	×
最判昭和 38・10・15 民集 17 巻 9 号 1202 頁	借地上の建物の所有権を僧侶から宗教法人に移転	×	○	×
最判昭和 39・11・19 民集 18 巻 9 号 1900 頁	法人成り（株式会社）	×	○	×
最判昭和 46・11・4 判時 654 号 57 頁	法人成り	×	○	×
最判昭和 47・4・25 判時 669 号 64 頁	実質的に建物賃借人の個人企業である会社に使用させた	×	○	×
東京地判昭和 63・11・14 判時 1324 号 61 頁	借地上の建物の所有権を借地人の個人商店の性格を有する株式会社に移転	×	○	×
東京地判平成 4・10・29 判タ 833 号 228 頁	再築した建物が借地人の個人企業の名義で登記された	×	○	×

○：あり，×：なし，−：不明

段としてなされた場合には 612 条の類推適用の余地があるとした」も注目に値します。

14. さらに学習したい方のために

引き続いて，さらに学習したい学生がとる手法で，空

クレジット[37]や空リース[38]の場合に、保証人が錯誤無効を主張できるかという問題に関する裁判例の流れを追ってみましょう。

判例体系（D1-Law.com），LexisNexis JP, Westlaw Japan, または LEX/DB で検索できる状況にあれば、まず、これを使います（5-2参照）。更新が頻繁に行われており、かつ、収録裁判例の数も多いからです。しかし、判例体系，LexisNexis JP, Westlaw Japan または LEX/DB でも漏れている裁判例がありますし（特に下級審裁判例）、収録誌の範囲に限界があること、および、アップ・デートが遅いことがありうる点には留意しなければなりません。

そこで、キーワードの選択がかなり的確であると考えられる『法律判例文献情報』を用いて、さらに検索を行います。これは、1981年以降のものに基本的に限られるという欠点とアップ・デートが多少遅れるという欠点がありますが、以下に含まれる裁判例のほとんどは、「空リース AND 空クレジット」あるいは「（クレジット OR リース）AND 保証人」で見つけることができました。

以上に加えて、金融関連のテーマなので、『金融・商事判例』および『金融法務事情』に掲載された裁判例を、索引を使いつつ、探すこともできますが、『文献月報検索サービス』を用いることが効率的でしょう。

このほか、最新のものを探すために、裁判所のホームページで検索し、また、Google などのサーチ・エンジンを用いて検索することも考えられます。

その結果に基づいて、空クレジットと保証人の問題を取り上げた裁判例として見つかったものをまとめると、次頁の表のようになりました。

> **Comment 37**
> おおざっぱには、クレジット・カードの会員（顧客）が商品を購入していないにもかかわらず、加盟店（販売店）と示し合わせて、商品を購入したかのように見せかけ、クレジット会社との間で立替払契約を締結し、売買代金相当額をクレジット会社から加盟店に対して払わせることをいいます。

> **Comment 38**
> サプライヤー（リース物件の売主）がユーザー（リース物件の使用者）と示し合わせて、リース物件が引き渡されていないにもかかわらず、リース物件を引き渡したかのようにして、サプライヤーがリース会社から代金を受け取るというものです。

6 法律学の資料を読む——レポートを書くための準備

図表6-7 空クレジットと保証人の錯誤
(X：クレジット会社, Y：保証人, A：主債務者)

	対象物件/ローン期間	保証人の属性	保証額	Xの帰責性	判断のポイント
①大阪高判昭和56・10・29（判時1037-118）	ドライクリーナー／3年間	会社（取引相手）	400万円（うち手数料等73万）	BはXの系列店。Xは系列会社間でのみ通用する特別の支払券でX-B間の決済を完了させる。XはAB間の取引実体について不知。	原因取引に実体がなければ連帯保証しなかったであろうと認定できる（表示上の効果意思と真意が不一致）。真意は契約内容として表示されている。Yにとっては主債務の態様，すなわち，立替払契約が通常の取引形態である。商品引渡のある現実の売買であることが保証をするについての重要な内容となっていた。
②東京高判昭和58・12・13（金法1063-40）	自動車／2年間	個人（知人）	99万円	Xの担当者は実際に割賦販売物件の存在を確認せず（書類のみの審査）。	保証の付従性→主債務者が債権者に対して主張できない事由（AB間の民法94条2項による仮装売買の実体）は連帯保証人も主張できない。
③仙台高判昭和60・12・9（判時1186-66）	受水槽等／4年9ヶ月	個人（Aと保証をしあう親しい知人）	約2800万円（空リース分含む）	空ローン（および空リース）が仕組まれていたことを知らず。自らの従業員も架空取引に関与していたことについても不知。	割賦販売方式をとっていても実質は金融目的の実現を内容とするもの。保証の実質は融資に関する保証。空ローンであることは動機の錯誤にすぎず，その動機は債権者に表示されていない。
④東京地判昭和61・5・8（判タ650-179）	店舗設備一式／5年間	個人（友人）	592万円	XはAB間の取引が架空取引であることについて不知。	商品引渡しなし→無担保の融資金債務となる。連帯保証契約における表示上の効果意思と内心的効果意思（通常取引の契約上の債務を連帯保証する意思）の不一致→錯誤。真意は契約内容として表示されている。
⑤東京高判昭和62・1・20（判タ650-176）	④と同じ	④と同じ	④と同じ	—	クレジット取引は金融の側面を帯有する売買。連帯保証契約において本件物権の引渡しの有無は格別重要な意味を有しない。XY間契約書に割賦販売であれば保証し，それが金融目的ならば保証しない旨の動機は表示されていない。
⑥広島高判平成5・6・11（判タ835-204）	店舗設備一式／5年間	個人（Aの帰属する会社グループの取締役）	約2000万円（空リース分含む）	Xの担当者は実際に割賦販売物件の存在を確認せず（書類のみの審査）。しかし物件の存在が主債務の不存在（空リース，空ローン）を知っていたか，知らなかったことにつき，重大	主たる債務の発生原因は連帯保証契約の内容にあたる。また，主たる債務の発生原因についての錯誤はYが当然に引き受けた危険であるとはいえない。客観的に見ても通常人であれば連帯保証しなかったと認めるのが相当。連帯保証契約の契約書とリース，割賦販売の各契約書と

				な過失があるとまで認められないと認定される。	の一体性から，通常の契約を前提にして当該契約を保証することが契約書上明示されているといえる。
⑦最判平成8・11・12（判時1805-56コメント欄）	⑥と同じ	⑥と同じ	⑥と同じ		原審の適法に確定した事実関係の下においては，Yのした本件保証の意思表示が錯誤により無効であるとした原審の判断は，正当として是認することができ（る)。
⑧東京地判平成10・3・23（判タ1015-150）	印刷機械／5年間	個人（従業員）	378万333円（うち手数料等78万333円）	A側のX担当者がXの元従業員であったため，XはAとの取引については審査を十分にしなかったことは認定される。	真実の売買があっても担保価値はそれほど期待できないもの。保証人にとって商品の担保価値を考慮して保証契約の可否を決するとは考え難い。主債務の発生原因も金銭消費貸借契約類似の立替払い契約であり，機械の引渡しの有無はさほど重要でない。
⑨東京高判平成11・2・9（金判1159-11）	⑧と同じ	⑧と同じ	⑧と同じ		⑧を引用
⑩福島地裁会津若松支判平成12・7・27（判タ1101-202）	呉服の売買代金	個人2名（知人か）	2977万円（認容された部分は509万円）	小売店Aが仕組んだ複数の架空のクレジット取引の実態について不知。	小売店が顧客の信販会社に対する債務を連帯保証し，さらにそれを連帯保証したという場合，小売店と保証人との連帯保証契約は，小売店と顧客の間の真正な売買契約の成立を当然の前提とするもの→真正売買の成立は契約の要素に該当。空クレジットの場合，主債務者の履行の可能性や求償権の実効性に差異あり。
⑪最判平成14・7・11（判時1805-56）	⑧と同じ	⑧と同じ	⑧と同じ		保証契約は特定の主債務を保証する契約であるから，主債務がいかなるものであるかは保証契約の重要な内容→主債務が立替払契約上の債務である場合には，商品売買契約の成否は，原則として，保証契約の重要な内容→空クレジット契約であることを保証人が知らなかった場合には，法律行為の要素に錯誤あり。

6 法律学の資料を読む――レポートを書くための準備

⑫東京地判平成19・6・29（Westlaw Japan）	人工気象室を構成する物件／立替払	個人（被告会社［取引先］の取締役）	1億8213万円余り	X担当者は契約書調印後，大学関係者，Y₁・Y₂の立会の下で，人工気象室を外部から観察し，写真撮影をしたが，大学関係者から，本件物件は実験で使用中であるとして，中への立入りを拒まれたため，その製造番号やリース物件であることを示す表示の有無等を子細に検分することができなかった。		被告会社は，本件物件が第三者によって既に訴外大学に納入されていたものであるとの事実を秘匿し，被告会社においてこれを新規に納入するものであるとの虚偽の事実をXに告知して，その旨誤信させ，Xに本件立替払契約を締結させて本件立替払をさせた。
⑬東京地判平成19・1・17（Westlaw Japan）	自動車／5年	個人（知人）	371万円余り	特に認定されていない。		保証契約は，特定の主債務を保証する契約であるから，主債務がいかなるものであるかは保証契約の重要な内容である。そして，主債務が，商品を購入する者がその代金の立替払を依頼しその立替金を分割して支払う立替払契約上の債務である場合には，商品の売買契約の成立が立替払契約の前提となるから，商品売買契約の成否は，原則として，保証契約の重要な内容である（⑪判決を引用）。→本件売買契約当時，本件自動車の時価は約100万円程度にすぎず，本件立替金のうち約200万円は被告会社に留められることなく，第三者のDに支払われていることが認められ，実際には代金約100万円の売買契約が存在していただけで，その余の約200万円の部分に関しては売買契約の実体が存在しなかったが，Y₂は，本件連帯保証契約を締結した際，このような実体について全く認識していなかった。本件連帯保証契約におけるY₂の意思表示は，売買契約の実体を欠く部分に関し，法律行為の要素に錯誤があった。

　また，民間判例集のコメント欄には，未公刊の裁判例についての言及があることがあります。たとえば，最判平成14・7・11に対しては，金融・商事判例1159号5

6-3 判例／判例解説・評釈

頁のコメント欄で最判平成8・11・12への言及がありました。

他方，空リース（および介入売買）*39 と保証人の錯誤の問題に関する裁判例は以下のようにまとめられます（X：リース会社等，Y：保証人，A：主債務者）。

> 💬 Comment 39
> 仕入先と販売先との間で，商品・金額・決済条件等をあらかじめ決定した上で，信用および資金力のある会社を介入させる形で成立させる取引をいいます。

図表6-8 空リースと保証人の錯誤

	対象物件／リース期間	保証人の属性	保証額	Xの帰責性	判断のポイント
⑭東京地判昭和59・7・20（金判716-26）	自動盤／84ヶ月	Aの下請	388万9200円	特に認定なし。	リース契約の金融としての実質，本件の後Yも空リースを利用，AとYとは元請・下請関係→要素の錯誤なし。
⑮大阪地判平成元・3・10（判時1345-100）	綿布等の織物	Aの監査役	1億5000万円		介入取引。保証の付従性→錯誤無効を主張できない。
⑯東京地判平成元・6・28（判時1341-95）	ミシン／72ヶ月	Aの製品納入先会社の代表取締役の弟（後に登記簿上の代表取締役）	2793万6千円	調査確認が不十分。	保証の付従性（錯誤の主張はなかったようである）。
⑰東京地判平成2・5・16（判時1363-98）	空調機器／60ヶ月	不明	846万円	特に認定なし。	リースの金融としての実質。対象物件は使用開始後には客観的価値が急速に低下し担保的機能を有しない。空リースであることがAの支払状況に特段の影響を及ぼしていない。→要素の錯誤なし。
⑱仙台地判平成8・2・28（判時1614-118）	厨房用冷凍冷蔵庫／72ヶ月	Aの従業員	605万5200円		正常なリース契約と空リースとでは，主債務者による返済の確実性に相違がある。→要素の錯誤あり（動機の表示の有無は問題とならない）
⑲東京地判平成16・10・28（Westlaw Japan）	医療機器／5年	個人（レッシーであった医療法人の理事）	4630万円	X担当者は，リース物件の一部のみの存在を確認し，その余の物件については確認をせず。	Y₂・Y₃は理事として登記されたり機関として具体的行為を行ったことや，理事として報酬を受領したり利益配当を受けたりしたことなし。本件リース物件の引渡しがなされないことを認識できなかったという点については，X側の帰責性よりも，Y₂・Y₃の帰責性の方が大きいとはいえず，本件連帯保証について，Y₂・Y₃において，本件リース物件の引渡しがなされないことを知らなかったことについて錯誤無効を主張

193

6　法律学の資料を読む――レポートを書くための準備

| | | | | | することが，信義則に反して許されないとはいえない。 |

⑪最判平成14・7・11が①から⑩（**図表6-7**）および⑭から⑱（**図表6-8**）の裁判例とどのような関係に立つかを考えてみましょう。⑪判決は⑥判決の結論を正当であると認めた⑦判決と同じ結論を導いていますが，原審判決である⑨を破棄して，空クレジットであることに関する錯誤が要素の錯誤にあたることを明示的に認め，最高裁判所の立場を明確にしたものと解されます。[*40]

まず，要素の錯誤を認めている点では，①④⑥⑦⑩⑱と共通しますが，中でも，動機の表示を明示的には問題としていない点で，⑩（⑱もこれに近い理論構成）と共通します。これは，縁由の錯誤については，動機の表示がなければ95条の適用を受けないとする確立した判例（大判大正3・12・15民録20輯1101頁，最判昭和29・11・26民集8巻11号2087頁など）を背景として，他の担保の存在，他の保証人の存在が特に保証契約の内容とされない限り，あるいは保証契約締結にあたって表示されたと認められない限り（これが認められたものとして，大阪高判平成2・6・21判時1366号53頁），それらについての錯誤は保証契約の無効をきたさないとしてきた従来の裁判例（大判明治38・12・19民録11巻1786頁，最判昭和32・12・19民集11巻13号2299頁，最判昭和38・2・1判タ141号53頁）とは異なるようにも思われます。[*41]

しかし，他の担保の存在や他の保証人の存在は，当然には保証契約の内容をなすものとはいえないのに対し，主たる債務は保証契約の内容をなすという違いがあるということができます。そして，⑪は空クレジットであるか正常なクレジット契約であるかどうかは，主債務の履行可能性や求償権の実効性に影響を与えるという観点か[*42]

💬 **Comment 40**
「要素」とは，そのような錯誤（勘違いまたは間違い）がなければ，そのような意思表示はしなかっただろうと考えられるほど重要な部分のことです。Aを買おうと考えていたにもかかわらず，誤ってBと買うと言ってしまったような場合には要素の錯誤があるといわれています。

💬 **Comment 41**
縁由とはある法律行為または意思表示をするに至る動機をいいます。たとえば，近くに地下鉄が通るからある土地を買おうと購入したところ，近くに地下鉄が通るというようなことはなかったときには縁由の錯誤があるということになります。

❓ **Information 42**
債務を弁済した者が，支出した金額の全部または一部の支払いを，それを負担すべき者に請求できる権利をいいます。

ら，保証人にとって重要であった（要素性がある）としたものと理解できます。③⑤⑧⑨⑫⑰判決が金融としての性格を指摘していたのは，錯誤の重要性を否定する趣旨であったと解することができますが，⑪判決によって，そのような評価は受け入れられないことが明らかにされたとみることが可能です。また，②⑮⑯判決のように保証の付従性を理由（このような理由付けで保証人の錯誤主張が認められないということになるのかそもそも怪しかったのですが）として錯誤主張を認めないという立場も最高裁判所は採用しないことを明らかにしたということができます。

また，⑰判決や⑪判決の第 1 審判決である⑧判決が対象物件の交換価値が下落することに注目し，重要性を否定したことと対比すると，⑪判決は，対象物件の担保としての価値にではなく，むしろ主債務の履行可能性などに注目したものと考えられます。したがって，この点からは，他に担保があると誤信した場合には原則として要素の錯誤を認めないという従来の判例と⑪判決とは矛盾しないと説明することが可能でしょう。

なお，荷為替契約に基づく債務を連帯保証したところ，船荷証券が偽造であったという事案について，大審院は，特約がない限り，連帯保証人は責任を負わないと判断していました（大判昭和 15・6・28 民集 19 巻 1087 頁）。これは，⑪判決と同様，主債務についての錯誤であると解することができます。また，最近では，ある工事の代金によって借入金が返済されると期待して保証人となったにもかかわらず，当該工事が架空工事であった場合に連帯保証人の錯誤主張を認めた裁判例（福島地郡山支判平成 13・4・12 金判 1151 号 40 頁およびその控訴審判決である仙台高判平成 13・12・26 金判 1151 号 32 頁）が存

[?] Information 43
保証債務が存在するためには主たる債務が存在することが必要であり，かつ，保証債務の負担は主たる債務の負担の限度でのみ存在し（民法 448 条），主たる債務の消滅とともに保証債務は消滅するというものです。

[?] Information 44
隔地売買の売主が為替手形を振出し，買主が運送人から運送品の引渡しを受ける権利を表章する貨物引換証／船荷証券と引き換えにその手形を引き受けることによって代金を支払う取引をいいます。

[?] Information 45
連帯保証とは主たる債務者と連帯して債務を負担することを約束する保証。

在していました。

次に⑪判決の射程が問題となりますが、「保証契約は特定の主債務を保証する契約であるから、主債務がいかなるものであるかは保証契約の重要な内容」であるという判決の理由付けからは、空クレジットのみならず、空リースにも及ぶと解するのが自然であるとも思われます。たしかに、⑪判決の事案も、空リースについて錯誤主張を認めた公表裁判例である⑱判決の事案も、主債務者の従業員が保証人となっているケースであり、保証人救済という面があったのではないかとも推測されますが、⑪判決の理由付けはクレジット取引一般にあてはまるものと解され、⑬判決は⑪判決を引用して保証人の責任を限定しましたし、⑲判決も同様の価値判断によっているようです。

他方、⑪判決は「商品売買契約の成否は、原則として、保証契約の重要な内容である」（下線筆者）としており、その例外にあたるのはどのような場合であるかが問題となりえます[*46]。たとえば、③判決のように、空クレジット（空ローン）であるかどうかにかかわらず保証したであろうと認められる場合が例外にあたると推測することもできるのかもしれません。

[?] Information 46
原則とある場合には、常に例外を意識することが大切です。

15. 実際にやってみよう——判例のまとめ方②

5−2の4.で探した国会の議員定数に関する裁判例をまとめると以下のようになります（同一判決日の同一裁判所の判決は省略。この続きは読者の方々にお任せします）。

なお、判例集未登載のものを1件、三輪和宏＝河島太朗「参議院の一票の格差・定数是正問題」（調査と情報610号）(http://www.ndl.go.jp/jp/diet/publication/issue/0610.pdf) 5頁に依拠して追加しています。

6−3 判例／判例解説・評釈

図表6−9 国会議員定数をめぐる裁判例

裁判所	判決年月日	合憲/違憲	衆議院/参議院	人口比	選挙人比	備　考	出　典
東京高裁	昭和37・4・18	合憲	衆議院	1対2以上			行13-4-514
東京高裁	昭和38・1・30	合憲	参議院	1対4			行14-1-21
最高裁大法廷	昭和39・2・5	12対0	参議院	1対4		1人は訴えは不適法とする	民集18-2-270
東京高裁	昭和39・10・20	合憲	衆議院	1対3.6			行15-10-1976
東京高裁	昭和41・5・10	合憲	衆議院		1対3以上		行17-5-503
最高裁第3小法廷	昭和41・5・31	5対0	参議院		1対4		集民83-623
最高裁第3小法廷	昭和41・12・23	合憲	参議院	1対4.04	1対4.58		判例集未登載
東京高裁	昭和48・7・31	違憲	参議院		1対5.08	再選挙を行うことは技術的に困難→請求棄却	判時709-3
最高裁第1小法廷	昭和49・4・25	5対0	参議院		1対5.08		判時737-3
東京高裁	昭和49・4・30	合憲	衆議院	1対4.99			判時737-10
最高裁大法廷	昭和51・4・14	0対14	衆議院	1対4.99		合理的期間経過。事情判決。なお，1人は訴えは不適法とする	民集30-3-223
東京高裁	昭和53・9・11	合憲	衆議院	1対3.71			行29-9-1596
東京高裁	昭和53・9・13	違憲	衆議院		1対3.50	事情判決	行29-9-1621
大阪高裁	昭和54・2・28	合憲	参議院		1対5.26		行30-2-308
東京高裁	昭和54・6・13	合憲	参議院		1対5.26	憲法の要請に反する	行30-6-1089
東京高裁	昭和55・12・23	違憲	衆議院		1対3.94	事情判決	行31-12-2619
札幌地裁	昭和56・10・22	違憲	衆議院			損害賠償請求認容	判時1021-25
大阪高裁	昭和57・2・17	違憲	衆議院		1対3.95		行33-1・2-42
大阪高裁	昭和57・9・28	合憲	参議院		1対5.37	選挙権の平等の要求に適合しない。ただし，合理的期間未経過	行33-9-1900
最高裁大法廷	昭和58・4・27	13対1	参議院		1対5.26		民集37-3-345
最高裁大法廷	昭和58・11・7	8対6	衆議院		1対3.94	1対3.94は憲法の選挙権の平等の要求に反する程度。ただし，合理的期間未経過。なお，1人は訴えは不適法とする	民集37-9-1243
広島高裁	昭和59・9・28	違憲	衆議院		1対4.40	事情判決	行35-9-1442
東京高裁	昭和59・10・19	違憲	衆議院	1対4.54		事情判決	行35-10-1693
大阪高裁	昭和59・11・27	違憲	衆議院		1対4.41	事情判決	行35-11-1846
大阪高裁	昭和59・11・29	違憲	衆議院		1対4.41	事情判決	判タ541-99
大阪高裁	昭和59・11・30	違憲	衆議院		1対4.41	事情判決	判時1142-7
大阪高裁	昭和59・12・7	違憲	衆議院		1対4.41	事情判決	判タ541-99
札幌高裁	昭和59・12・25	違憲	衆議院		1対4.41	事情判決	判時1142-7
最高裁大法廷	昭和60・7・17	1対13	衆議院		1対4.40	合理的期間経過。事情判決	民集39-5-1100

6 法律学の資料を読む──レポートを書くための準備

最高裁第1小法廷	昭和61・3・27	4対1	参議院		1対5.37		判時1195-66
東京高裁	昭和61・8・14	合憲	参議院		1対5.56		行37-7・8-1040
東京地裁	昭和61・12・16	違憲	衆議院		1対3.94	損害賠償請求は認めず	判時1220-47
仙台高裁	昭和62・9・8	合憲	参議院		1対5.85		行38-8・9-983
仙台高裁	昭和62・9・8	合憲	衆議院		1対2.92		判時1251-24
最高裁第1小法廷	昭和62・9・24	5対0	参議院		1対5.56		判時1273-35
大阪高裁	昭和62・10・12	合憲	衆議院	1対2.99		合理的期間未経過	行38-10-1199
東京高裁	昭和62・10・22	合憲	衆議院	1対2.99			行38-10-1361
広島高裁	昭和63・3・25	合憲	衆議院	1対2.99			判タ675-125
最高裁第2小法廷	昭和63・10・21	4対1	衆議院	1対2.99			民集42-8-644
最高裁第2小法廷	昭和63・10・21	4対1	参議院		1対5.85		判時1321-123
東京高裁	平成元・10・25	合憲	参議院	不明	不明		判自72-9
最高裁第2小法廷	平成2・4・20	合憲	参議院	不明	不明		判自79-107
東京高裁	平成3・2・8	合憲	衆議院		1対3.18		行42-2-205
大阪高裁	平成3・5・27	違憲	衆議院		1対3.18	事情判決	行42-5-733
広島高裁	平成3・10・14	合憲	衆議院		1対3.18		行42-10-1575
最高裁大法廷	平成5・1・20	9対6	衆議院		1対3.18	選挙権の平等の要求に反する。同日判決複数	民集47-1-67
東京高裁	平成5・2・23	合憲	参議院		1対6.59		判自112-16
大阪高裁	平成5・12・16	違憲	参議院		1対6.59	事情判決	判時1501-83
東京高裁	平成6・4・26	合憲	参議院		1対6.59		行45-4-1104
東京高裁	平成6・6・3	合憲	衆議院		1対2.82		行45-5・6-1301
大阪高裁	平成6・9・28	合憲	衆議院		1対2.82		判自146-27
広島高裁	平成6・9・30	合憲	衆議院		1対2.84		訟月42-3-597
最高裁第1小法廷	平成7・6・8	3対2	衆議院		1対2.82		民集49-6-1443
最高裁大法廷	平成8・9・11	8対7	参議院		1対6.59	違憲の問題が生じる	民集50-8-2283
最高裁大法廷	平成16・1・14	9対6	参議院	1対4.79	1対5.06	4名の補足意見は次回選挙まで漫然と現状が維持されると違憲判断がなされる余地は十分に存在するとした	民集58-1-56
東京高裁	平成16・12・9	合憲	衆議院	1対2.064			Westlaw Japan（新日本法規）
東京高裁	平成17・1・20	合憲	参議院		1対5.134		判自276-29
東京高裁	平成17・5・18	合憲	参議院		1対5.13		民集60-8-2828
東京高裁	平成18・3・28	合憲	衆議院	1対2.064	1対2.171		民集61-4-1747

最高裁大法廷	平成18・10・4	10対5	参議院		1対5.13	平成16年大法廷判決から6月しか経過していなかったこと、及び平成18年に若干の是正が行われたことが多数意見の理由の1つ	民集60-8-2696
東京地裁	平成19・5・30	合憲	参議院		1対5.134	国家賠償を求めたもの	Westlaw Japan
最高裁大法廷	平成19・6・13	12対3	衆議院	1対2.064	1対2.171	ただし、合憲とする裁判官のうち4裁判官は、本件区割規定は、その内容において、本来憲法の趣旨に沿うものとはいい難いのであり、是正を要すると指摘	民集61-4-1617
東京地裁	平成19・6・18	判断せず（訴え却下）	参議院		1対5.134	国家賠償を求めたが、訴権の濫用とした	Westlaw Japan

　少なからぬ読者の方々と同様、憲法の素人として、議員定数不均衡をめぐる上記の裁判例をながめてみると、いくつかのポイントが考えられます。

　第1に、議員定数不均衡を争う訴えとして、公職選挙法204条の選挙訴訟によることを認めるという裁判所の立場が確立しているという点です。最大判昭和39・2・5の斎藤判事の意見、最大判昭和51・4・14の天野判事の反対意見、最大判昭和58・11・7の藤崎判事の反対意見などは、訴えとして不適法であり、却下すべきであるとの立場をとっていますが、ほとんどの裁判例は、訴えの適法を前提に判断を下しています。

　第2に、どれだけの較差があれば、憲法の選挙権の平等の要求に反するかという点については、衆議院と参議院とでは異なった基準をあてはめています。衆議院については、選挙人比1対3.18を憲法の選挙権の平等に反するとした最大判平成5・1・20と人口比1対2.309を憲法の選挙権の平等に反しないとする最大判平成11・11・10とがあり、1対3以下あるいは1対2付近であれ

6　法律学の資料を読む――レポートを書くための準備

| ? | Information 47
1対2.13であった場合につき，最大判平成27・11・25は違憲状態にあったとしました（しかも，3人が違憲とし，うち2人は無効とする反対意見）。

| ? | Information 48
最大判平成24・10・17民集66巻10号3357頁は1対5.00について違憲状態にあったとし，最大判平成26・11・26民集68巻9号1363頁は，1対4.77について違憲状態にあったとしました（しかも，4人が違憲とし，うち1人は無効とする反対意見）。

| ? | Information 49
行政処分等取消し訴訟において，処分または裁決が違法ではあるが，それを取消すことにより公の利益に著しい障害を生じる場合において，一切の事情を考慮したうえ，それを取り消すことが公共の福祉に適合しないと認めるときは，裁判所が請求を棄却する判決（行政事件訴訟法31条）。

ば，憲法の選挙権の平等に反しないとする傾向があるのではないかと推測されました。他方，参議院については，最大判平成8・9・11が選挙人比1対6.59を憲法の選挙権の平等に反するとする一方で，最二小判昭和63・10・21が選挙人比1対5.85を憲法の選挙権の平等に反しないとしていますので，1対6までは許容されるという立場によっていたようにも思われます。しかし，最大判平成16・1・14は選挙人比1対5.06について5対10で憲法の選挙権の平等に反するという立場をとりました（さらに，もう1人の裁判官も，場合によっては1対5でも選挙権の平等に反するとしました*48）。

　第3に，憲法の選挙権の平等に反するほどの較差がある場合であっても，合理的期間を経過していない場合には，違憲とは判断しないという立場が最大判昭和51・4・14で採用されました。具体的には，公職選挙法改正後8年（最大判昭和51・4・14）では合理的感を経過したとされ，定数配分規定の施行から4年弱（最大判昭和58・11・7，最大判平成5・1・20）では経過していないとされました。

　第4に，違憲判決の場合にも選挙を無効とした最高裁判所判決はなく，再選挙を合憲に行うことが技術的に不可能であることを根拠として請求棄却したもの（東京高判昭和48・7・31。また，最三小判昭和41・5・31の田中二郎判事の補足意見）と事情判決の法理により請求棄却したもの（最大判昭和51・4・14以降の最高裁および高裁の判決）とに分かれています。前者は，芦部信喜「議員定数不均衡の司法審査」ジュリスト296号（1964年）の影響を受けたものではないかと推測されますが，現在では，後者の事情判決の法理によることが一般化しています。もっとも，事情判決の法理によった最大判昭和60・7・

17の補足意見では将来効判決が示唆されていました。[*50]

6−4　図表の活用

1. 眠くなりにくい

　春の昼下がりには，あるいは暖房のよくきいた部屋の中では，テキストなどをただ読んでいると眠くなってくるのが普通ではないでしょうか。このような時には，図表を作りながら読んでみると，不思議と睡魔に打ち克つことができます。人間は能動的に活動しているときは，そう簡単には眠ってしまわないからです。

2. 全体の流れや相違点を把握できる

　試験では，「○○と××の共通点と相違点について述べなさい」というような比較問題が出題されることが少なくありません。このような問題に対応するためには，もちろん，問題を想定して，準備しておくことも考えられますが，テキストを読んでいるときにも，似た制度や関連のある制度を比較して押さえておけばよいのです。このようにすれば，覚えなければならない量が減少し，[*51]最小の努力で，最大の効果をあげることができることになります。また，理解も深まるというものです。

　また，訴訟法や会社法などでは手続きの流れをチャートにしてみると全体の流れが理解できます。単にテキストの文章を読んで，頭の中に手続きの流れがすっと浮かぶような方は多くはないと思われます。他の人が作った図表を見ても，それなりに役立つでしょうが，自分で工夫して作れば，なおさら，記憶に定着するに違いありません。もちろん，勉強時間との兼ね合いがあり，図表を

[?] Information 50
　4人の裁判官（寺田，木下，伊藤，矢口）の補足意見では，「判決確定により当該選挙を直ちに無効とすることが相当でないとみられるときは，選挙を無効とするがその効果は一定期間経過後に始めて発生するという内容の判決をすることも，できないわけのものではない」と指摘されていました。

[💬] Comment 51
　法律学の勉強は，本来，暗記という方法ですべきものではありませんが，ある程度は暗記が必要な時もあります。

6 法律学の資料を読む──レポートを書くための準備

作ってばかりいたのでは、能率的な勉強とはならないかもしれませんが、自分で作ると、作る過程で考えたことなどと結び付くので、後になってからも、記憶を喚起しやすいはずです。また、他人にとっては見やすい、使いやすい図表でも、自分向きではないことがあるので、自分である程度は作ってみることがお勧めです。そして、図表を作るような作業は、場合によると、勉強にあきてきたときや、頭が疲れてきたときに、よい気分転換になるようにも思えます。

3. 論理の流れを対比してみる

2つ以上の見解が対立しているような争点については、テキストを読んでいるうちに混乱してくるということがあります。このような場合に、それぞれの理由付けと論理の展開を整理して対比してみると、理解しやすいでしょう。この作業をしてみると、実は、異なった見解といわれているものの間に大差がないことがわかったり、異なった前提をおいたり、違う状況を想定しているために、見解の対立があることがしばしば判明します。また、議論がお互いにかみ合っていないことを発見できることもあります。[*52]

💬 Comment 52
このような発見はレポートや小論文のよい材料になります。

また、法律学の答案はドミノ倒しと似ているところがあり、議論の順序も重要ですし、論理を積み上げていくことが大切ですから、テキストを読みながら、論理の流れを図示してみると、答案もスムーズに書けるようになると思います。

4. 実際にやってみよう①──手続きの流れ

たとえば、民事訴訟法や刑事訴訟法の教科書を読んでいると、その手続きなどが丁寧に説明されています。し

かし，現実に，訴訟を行ったという経験があればともかく，そうでないと，訴訟の流れをイメージすることは難しいものです。そこで，記憶を定着させるために，流れを図に表してみる（たとえば民事訴訟の流れについて**図表6-10**）ということが役に立ちます。

本を読むというだけでなく，頭の中で再整理し，書くというこのような作業を行うことによって，手続きの前後関係などを自分の頭の中で再確認することができ，後になっても，図を見て，記憶を比較的短時間で喚起することができるようになると思われます。そして，手続きの流れを見て，論点を思い出し，論点についての議論を思い出すというようなことを試験前には行えばよいのです。

5. 実際にやってみよう②——考え方の分析

会社法を例にとるならば，ある法令・定款違反行為が新株発行無効事由になるか，どのような招集手続き・決議方法の法令違反が株主総会決議取消事由になるのか不存在事由になるのかなどの問題については，テキストを読んでいるとその判断基準が頭の中でついつい整理できなくなることはないでしょうか。

裁判所や研究者は単なる直感で振り分けを行っているかといえば，そうではなく，少なくとも暗黙のうちにはいくつかのファクターを考えているはずです。

ここでは，株主総会あるいは取締役会の決議を欠いた行為の効力を考えてみましょう。ファクターとしては，①株主にとっての重要性は低いか，[*53] ②内部的事項にとどまらないか，③第三者は瑕疵の存否を知りにくいか，④無効とした場合に，それが，第三者に連鎖的に影響を及ぼすか，⑤無効としない場合に株主・会社の不利益の回

💬 Comment 53
株主総会決議が要求されているのは重要性が高いからであることは明らかです。他方取締役会決議でよいとされているのは，機動的な決定を必要とするためであることが少なくなく，取締役会決議事項の重要性が低いとはいいきれません。しかし，一般的には，取締役会決議を欠くことの瑕疵の大きさは株主総会決議を欠くことによる瑕疵に比べれば小さいと考えてよいでしょう。

6 法律学の資料を読む――レポートを書くための準備

図表 6-10 民事訴訟の流れ

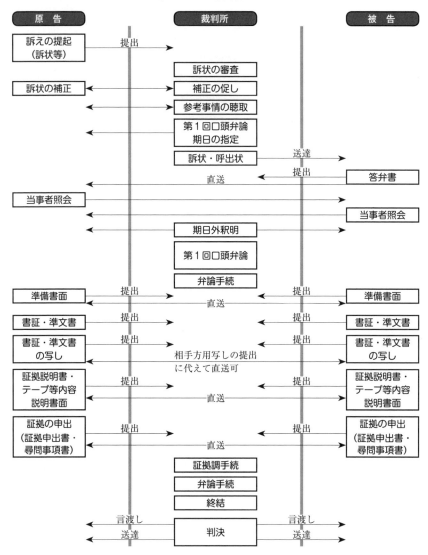

復は比較的容易か（取締役の損害賠償を認めれば十分かなど），などが考えられるでしょう。

もちろん，下の**図表6-11**は必ずしも確立した考え方に基づいたものではなく，1つの例を挙げたにすぎませんが，無効にすると連鎖的に悪影響を及ぼすような場合には，無効にされない傾向が，第三者が含まれない内部的なものの場合は無効にされる傾向が，それぞれあるといってよさそうです。また，第三者が瑕疵を容易に知りうるかということも行為の効力を考える際に影響を与えています。当たり前のことと思われるでしょうが，このように整理してみると，得られた判断枠組みを用いてここに挙げていない行為についても考えることができるようになり，応用力が養われるのではないでしょうか。[*54]

また，このように表を作ってみることによって小論文やレポートのテーマや発想が得られることも十分にありえます。[*55]

💬 Comment 54
　ただし，新株発行の場合には新株発行の一体性ということが強調される（たとえば，10億円の資金調達のために新株を100万株発行したときに，その一部だけが無効となるのではなく，全部が無効となるか，全部が有効かのどちらかであると考える）結果であるともいえます。

💬 Comment 55
　株主総会決議について，取消原因か不存在原因かを考える際にはこのファクターが重視されているように思われます。

図表6-11　ファクターで考える株主総会あるいは取締役会の決議を欠いた行為の効力

	①	②	③	④	⑤	効力
総会決議						
資本減少	×	×	×	×	×	無効
剰余金配当	×	×	×	×	×	無効
合併	×	◯	×	×*	×	無効
事業譲渡	×	◯	△	◯	×	相対的無効
新株有利発行	×	◯	×	◯	◯	有効
取締役会決議						
株主総会招集	◯	×	◯	△	△	無効

6 法律学の資料を読む──レポートを書くための準備

利益相反取引	○	△	○	△	○	相対的無効
多額の借財	○	○	○	△	○	相対的無効
社債発行	○	○	○	○	○	有効？
競業	○	○	○	○	○	有効
新株発行	○	○	○	○	○	有効

＊合併無効判決には遡及効がない

6−5　外国語文献

1. 比較法・比較制度のための文献の初歩的読み方

学部学生にとっても，レポートや小論文で外国法や外国の制度に言及したいと思うことがあるでしょう。しばしば「出羽守（でわのかみ）」[*56] 論法が好きだと風刺されることもありますが，とりわけ，立法論を展開しようとする場合には，外国の制度を参考にしたいと思うのが通常です。

💬 Comment 56
論文でアメリカ「では」，ドイツ「では」というパターンで書いてあるもの。

法律用語辞典の例

・田中英夫ほか編『英米法辞典』（東京大学出版会）
・鴻常夫ほか編修『英米商事法辞典［新版］』（商事法務研究会）
・山田晟『ドイツ法律用語辞典［改訂増補版］』（大学書林）
・ベルンド・ゲッツェ著『独和法律用語辞典［第2版］』（成文堂）
・Raymond Guillien, Jean Vincent ほか著

206

Terms juridiques 研究会（訳）中村紘一・新倉修・今関源成監訳『フランス法律用語辞典［第3版］』（三省堂）

5−3で，外国文献の初歩的な探し方については取り上げましたので，学部学生としては，どのようにその文献を読むとよいかが，ここでの主題です。外国語を得意にされる方は，正面突破を図る，すなわち，いきなり原書を読むことが可能でしょうが[57]，ここでは，私のようにあまり語学能力がない者が外国語で書かれた文献をどのように攻略するかを中心に見てみます[58]。

2．攻略法①──予備知識を得る

　語学が不得意な者にとっては，まず，ある外国語の1つの単語に多くの日本語が対応する場合にどれをあてはめてよいのかについて迷ってしまいます。また，文が複雑な構造をしていると，うまく読み取れないこともあります。このような問題に対処するためには，2種類の予備知識を得ることが有用です。

　第1に，その外国法についての予備知識です。これを得るには，その外国法について大学で開講されている講義をしっかり聴いたり，その外国法についての概説書を読んでみたりすることが考えられます。外国法について日本語で書かれている概説書としては，たとえば，英米法については，田中英夫『英米法総論上・下』（東京大学出版会），伊藤正己＝田島裕『英米法』（筑摩書房），望月礼二郎『英米法［新版］』（青林書院），フィリップ・S・ジェームズ『イギリス法(上)(下)』（三省堂），田島裕『イギリス法入門［第2版］』（信山社），ドイツ法については，山田晟『ドイツ法概論［第3版］ⅠⅡⅢ』

Comment 57
それでも，日常生活における使い方と法律文献における使い方とは一致しませんので，法律用語についての訳が充実した辞書や法律用語辞典を使うことをお勧めします。たとえば，consideration という単語は，日常生活では，よく考えること，熟慮，考慮;，考察，検討という意味で使われるのが普通ですが，法律用語としては約因と訳します。

Comment 58
もちろん，研究者の先生方からみれば，少し邪道かもしれません。

（有斐閣），村上淳一＝守矢健一＝ハンス・ペーター・マルチュケ『ドイツ法入門［改訂第8版］』（有斐閣），フランス法については，山口俊夫『概説フランス法　上・下』（東京大学出版会），滝沢正『フランス法［第4版］』（三省堂）などがありますが，適切な日本語文献のない場合はもちろんのこと，日本語文献があっても，英語（ドイツ語が得意な方はドイツ語）で書かれた外国法の概説書を併せて読んでみることは有益です。

英語で書かれた本で私が今までに使ったことのあるものの一部を参考のために挙げておきます。

英語で書かれた外国法の概説書一覧

【フランス法】
- Dickson,B. and U.Hubner, *Introduction to French Law*（Financial Times Management）
- Bell,J. *et al.*（eds.）, *Principles of French Law*（Oxford University Press）

【ドイツ法】
- Ebke,W.F. and M.W.Finkin（eds.）, *Introduction to German Law*（Kluwer）
- Foster,N. and S.Sule, *German Legal System and Laws*（Oxford University Press）

【オランダ法】
- Chorus,J.M.J. *et al.*（eds.）, *Introduction to Dutch Law*（Kluwer）

【北欧法】
- Dahl,B. *et al.*（eds.）, *Danish Law in a European Perspective*（Gadjura）
- Pöyhönen,J.(ed.), *An Introduction to Finnish Law*（Finnish Lawyers Publishing）
- Tiberg,H. *et al.*（eds.）, *Swedish Law, A survey*（Juristförlaget）

【その他のヨーロッパ諸国の法】
- Bocken,H.(ed.), *Introduction to Belgian Law*（Kluwer）
- Kerameus,K.D. and P.J.Kozyris（eds.）, *Introduction to Greek Law*

(Kluwer)
・Dessemontet, F. and T. Ansay (eds.), *Introduction to Swiss Law* (Kluwer)

【ヨーロッパ共同体法】
・Kapteyn, P.J.G. and P.V. van Themaat (eds.), *Introduction to the Law of the European Communities* (Kluwer)

　以上のほかに，*International Encyclopedia of Comparative Law*（Mohr Siebeck）というシリーズが有用です。これはさまざまな法分野について比較法的な検討を加えていますが，国ごとのレポートもあります。しかも，参考文献が摘示されているので，小論文を書くためには役立つと思われます（ただし，古くなってしまっている部分もあります）。

　第2に，その外国語文献が取り扱っているテーマについての予備知識です。外国法を紹介した論文を読むことが有益であることは当然です。また，わが国の重要な法律は外国法の影響を多く受けているため，外国の制度と日本の制度との間には共通点がありますから，当該テーマについて日本における議論を理解しておくとよいでしょう。外国語文献を読むときに，おおよそ，どの辺の議論がなされているかを知れば，どのようなことが書かれているかを推測でき，辞書を用いて，その推測が正しいかどうかを確かめればよいことになるからです。なお，ある法分野についての予備知識を得るために役立つものとしては，英語で書かれているものですが，たとえば，*International Encyclopedia of Laws*（Kluwer）があります（もちろん，個々の法分野ごとの適切な文献はほかに多く存在するはずですが）。これは国ごとにある法分野の情報を

提供しています。これのみに基づいて，小論文を書くことはできませんが，予備知識を得たり，手がかりを見つけたりするのには有用でしょう。

いずれにしても，予備知識があると，一部分だけでも読み取れることができると他の部分にどのようなことが書かれているかを推測できるので，かなり楽になるはずです。

3. 攻略法②——外国法の条文ぐらいは見つける

外国の文献を読むのはあまりにも負担が重いけれど，外国法に少しぐらいレポートでふれてみようというときは，日本語や英語で書かれた文献などで紹介されている当該国の法律の概要を引用するだけではなく，条文ぐらいは探して，読んでみて，言及するのがよいのではないかと思います。私には，北欧言語で書かれた文献をしっかりと読む能力と余裕はないのですが，せめて，条文にはどのように規定されているかぐらいは，できる限り探してみるようにしています。

外国法の条文の中でも，憲法については憲法調査会事務局『各国憲法集』という大部な翻訳資料がありますし，身近なものとしては高橋和之『[新版] 世界憲法集』（岩波書店）や初宿正典＝辻村みよ子 編『新 解説世界憲法集 [第3版]』（三省堂）があります。国立国会図書館デジタルコレクション（http://www.ndl.go.jp/jp/diet/field_kenpo.html）に各国憲法集が含められており，ギリシャ憲法やポルトガル憲法の日本語訳もあります。また，たとえば，不法行為法については，クリスティアン・フォン・バール著（窪田充見訳）『ヨーロッパ不法行為法(1)』（弘文堂）の末尾にヨーロッパ諸国の不法行為に関する法令の翻訳が載っています。『法務資料』（法曹会）や

『外国の立法』（国立国会図書館）にはさまざまな外国法の翻訳が収められていることが一般的ですし，『国際商事法務』（国際商事法研究所）にも外国法の翻訳がときどき載っています（たとえば，スペイン会社法の翻訳が21巻1号から9号までに連載されていました）。

　また，大学の紀要に外国の法律の条文の翻訳を連載されている先生方もおられます。最近ではインターネット上に外国法の翻訳を載せている先生方や大学院生・実務家の方々がおられます。日本語訳がない場合でも，いくつかの外国法については英訳が単行本として出版されていますし，フランスについては，法典の英訳がlegifrance［http://www.legifrance.gouv.fr］にアップロードされていますし，とりわけ，北欧の国などについては英訳した法文を政府関係のサイトで見つけることができることがあります。とりわけ，憲法や知的財産権法については，多くの国が自国のものを英訳していて，それらへのリンクがまとめられているサイトがあります（International Constitutional Law-Project Information［http://www.servat.unibe.ch/icl/info.html］，WIPO Lex［http://www.wipo.int/wipolex/en/about.html］など）。なお，ドイツ語訳はかなりの法律についてありますので，ドイツ語が得意な方は探してみると，いきなり原語で読んで悪戦苦闘しなくてもよいかもしれません。

　しかし，翻訳が公表された後に，法律改正がなされている可能性があるので，必ず，原文を入手し，翻訳を参考にして，訳してみるというのが賢い方針であるといえましょう。

4．攻略法③──キーワードに注目

　日本語で書かれた文献を読むときも同じですが，索引

6 法律学の資料を読む――レポートを書くための準備

や目次を用いて、自分に必要な部分を探して読むことが効果的な場合が多いと思われます。語学が得意でなければ、必要な部分をいかにして見つけるかということは、なおさら大切です。また、斜め読みといわれる読み方も、キーワードに注目していると思われますので、外国語で書かれた文献を読むときには、事前にキーワードとなる言葉をおさえておくと効率的であると思われます。

たとえば、私は、会計監査人の責任限定について調べるときには、責任、会計監査人、限定という言葉の外国語訳（その動詞形や形容詞形を含む）をあらかじめ調べて文献を探し、読んでみました。もちろん、辞書ではうまく調べられないこともありますので、会社法の概説書の目次を眺めてみて、それらしい語を見つけ、それを辞書で確認するという作業をしました。たとえば、民事責任（損害賠償責任）という場合の責任という言葉は、liability（英語）、Haftung（ドイツ語）、responsabilité（フランス語）、responsabilitá（イタリア語）、responsabilidad（スペイン語）、aansprakelijkheid（オランダ語）、Verantwortlichkeit（スイスのドイツ語文献ではこちらを使うことを好むらしい）というようにまず見つけて、それから、目次や索引を使って、目的の場所を見つけて、じっくり読むというのです。

これは、日本語訳や英訳、ドイツ語訳がなく、しかたがなく、原語で最初から条文を探すときにも役立ちます。まず機械的にその文字の並びを探して、それからゆっくりと読むというわけです。

> 💬 **Comment 59**
> 辞書では対応する語句が複数示されており、法律文献で一般的に用いられる語がどれなのかが必ずしもわからないことがあります。

第7章

法律学のレポート・小論文を書く
──作法を知る

7 法律学のレポート・小論文を書く──作法を知る

7-1 書くことの大切さ

1. 言うは易し，書くは難し

　ある問題点について，正確に理解しているか，また自分の考え方がまとまっているかなどを知るために一番よい方法は，書いてみることです。話すときは多少あいまいでもアラがあまり目立たないことがありますが書いてみると意外な見落としや論理の飛躍に気付くものです。実際，書くということは簡単ではありません。恥ずかしいことですが，私は小学生のころ，宿題の作文を母に代筆してもらっていました。話すことを書けばよいといわれても原稿用紙にむかうと，何も書けなかったのです。

2. 他流試合をする

　試験に加え，法学部でもレポート，大学によってはゼミ論文，卒業論文という形で，書くことが強制されます。[*1]論文，レポートは，努力を惜しまなければ，かなり満足がいくものを書けるかもしれません。

　しかし，自分で満足しているだけでは不十分で，客観的な立場にある先生方に高く評価していただけてはじめて，安心できると思います。

　そこで，お勧めしたいのが，他流試合です。つまり，自分の学校の先生以外の先生に論文を見ていただくことです。1番手ごろと思われる方法は，懸賞論文に応募することですが，公正な審査で定評があり，伝統のあるものとしては，みずほ学術振興財団主催のものがあります。[*2]学生のときにこの懸賞論文に応募してよかったと思ったことは審査員の先生方からの詳細な講評を書面でいただ

[?] Information 1
　レポートが課されていなくとも，自発的に書いて先生に見ていただくことはお勧めできます。『法学案内』(1965年) 20頁の星野英一先生のご指摘参照。

[?] Information 2
　応募は毎年1回，7月頃に各大学にポスターで掲示されるほか，ジュリスト，週刊エコノミストにも要項が掲載されます。問合せ先 TEL：03-3275-1571

けたことでした。3年生のときに書いたものに対して，内容のみならず，文献の選び方，引用の仕方などについて問題点の指摘をうけ，翌年は，その点に留意して書いたところ，賞をいただくことができました。本来なら，どのように論文を書くべきかについて，お手本になるようなものを読んでから書くべきだったのでしょうが，1回目のときはそのような作業を怠り，講評をいただいて，はじめて効果的に方向修正ができたわけです。他流試合をすることは，自分の欠点を知るにも，また目標を作るという意味においても大切です。野球の強いチームが練習試合を多くこなすのと全く同じです。

*3 Comment 3
もっとも，大学によっては学内で論文募集を行って，賞を出しているところもあります。このような場合にもていねいな講評をいただけるので有益です。

3. レポート・小論文を書く手順

　当然のことながら，まず，テーマを選ばなければなりません。次に必要な文献（材料）を集めます。その文献から学んだことを整理するとともに自分の考えをまとめます。そして，それらを文章の形で表すだけだといえば簡単そうに見えます。しかし，やみくもに文献を集めたのでは，いくら集めてもきりがありません。また，文献をただ読んだだけではまとめることは難しいでしょう。

　したがって，おおざっぱに関心のある領域に関する論文などをいくつか読んで，自分なりの暫定的な結論と目次を作ってみてから，本格的に文献を集め，それを消化するというのが，少なくとも学部学生にとっては現実的でしょう。

　文献の集め方と読み方については第5章と第6章とで見ましたので，ここではテーマの選び方と書き方のポイントを見ておきましょう。

7 法律学のレポート・小論文を書く──作法を知る

7−2 テーマの探し方

1. テーマの選択がレポートのできを決定する

レポートや小論文の出来栄えは，その執筆者の努力の程度と文章力のみによるのではなく，テーマの選択に大きく依存しています。テーマは材料のようなもので，材料が悪くては，おいしい料理にはなりにくいものです。重要でないテーマを選ぶとどんなに努力してもなかなか光るものに仕上げることができません。それだけに，いかに適切なテーマを選ぶか，とりわけ，与えられた時間と分量に合わせて的確に絞り込むことができるかがポイントとなります。また，同時に，適切な文献は調味料のようなもので，適切な文献・判例が存在しないテーマを選択すると苦労することが多いことも忘れてはなりません。[*5]

2. 天からの声？──副題（サブタイトル）をつける

学部学生がレポートや小論文を書くときには，先生などによって，すでにテーマが指定されている場合が少なくありません。そして，そのテーマについての概観を示すことが求められていることもありますし，与えられたテーマが十分に絞り込まれており，指定されたボリュームのものを書き上げることに四苦八苦することもあるでしょう。しかし，与えられたテーマが広い，大ざっぱ，大局的なものであることもかなりよく見られるところです。

そのような場合には，そのテーマの範囲で，どのように上手に絞り込む（副題をつけて限定する）ことができ

[?] Information 4
この大切さについては，米倉明「どういう論文が『よい』のか」法学雑誌 tatonnement（タートンヌマン）1号7〜8頁参照。

[💬] Comment 5
もちろん，適切な文献等がないが，きわめて重要であるというテーマはいくらでもあり，それを攻め落とすことが研究者の目的であるといっても過言ではありません。もっとも，その場合には，自分で新しい調味料を作るわけですから，当然，時間と手間がかかります。

るかが，そのレポートや小論文の出来栄えを左右します。焦点が定まらない，散漫なレポートが高い評価を受けることがないのは当然ですが，いくら絞り込んでもあまり重要でない部分に限定して議論したのではよい小論文などにはなかなかなりません。したがって，テーマを与えられたからといって安心するのではなく，それを前提にして，議論の範囲を絞り込むことを心掛けなければなりません。というのは，分量と時間の制約の中で，深く掘り下げることと広くカバーすることを両立させることは不可能であることが一般的ですが，深く掘り下げた小論文は高く評価されるからです。たとえば，みずほ学術振興財団の懸賞論文の募集要項には副題をつけてもよいと書かれていますが，議論を限定しないで書かれた小論文であって高い評価を受けたものは，いままでにはないのではないかと思われます。レポートなどの対象の絞り方についても以下に説明するテーマ選択方法が役立つでしょう。

3. 資料が入手できるものを選ぶ

世の中に新しいものはめったにないということを考え，また，労力と時間を惜しむというのであれば，すでに論文（集）や単行本，判例が多くあるようなテーマを選んで，レポートや小論文を書くというのが，お手軽でしょう。少なくとも学部学生に対して，厳密な意味での独創性が要求されることはほとんどなく，かえって，学部学生のレポートなどは，どれだけよく勉強したのか，それをどれだけ読みこなせたのかという観点から評価されることが多いのですから，利用可能な情報が多いという観点からテーマを選択することが一般に得策といえるのかもしれません。大学院生（博士課程の大学院生を含む）で

💬 **Comment 6**
大学院の最初の2年を修了するときに提出する，修士論文といわれるものの中にもこのようなものが意外と多いのでしばしば驚きます。

💬 **Comment 7**
法学教室やジュリストに載った入賞論文で副題がついていないものはなかったと記憶しています。

💬 **Comment 8**
ただ，このようなテーマ選択をすると，レポート・小論文書きはあまりおもしろくないでしょうが…。

7 法律学のレポート・小論文を書く——作法を知る

すら，外国法の研究をする際には，いわゆる種本（ドイツの教授資格論文・博士論文，フランスの博士論文など）をもとにしているといわれているのです。つまり，ゼロから組み立てるというより，先行業績をベースにして，情報を得て，得た情報を自分なりの視点から再構築するとか，先行業績以降の判例・立法の動きをフォローすることがしばしば見られるところです。そうであるとすれば，より厳しい時間的（そして，能力的？）制約に服する学部学生が，定評のある論文や単行本をベースにして同様の作業をして，小論文やレポートを書くことは決して許されないことではないのです（ただ，丸写しや要約では困りますが）。

4. 自分が最も興味をもつことができるテーマを選ぶ

最善とはいえないにしても，興味をもったテーマで書いてくれることは，レポートや小論文を読む側にとってありがたいことです。興味をもって，力を注いで書いたレポートなどであるかどうかは，不思議なことに，読み手にもわかるものです。書く側にとっても，すでに議論され尽くされたように自分には見えるテーマで書くことは無味乾燥で苦痛であることが多いでしょうし，また，自分が疑問に思うところを突き詰める作業はやりがいがあると感じられることでしょう。

💬 Comment 9
議論され尽くしていないことを主張できるのなら，逆にとても楽しいのですが…。

5. 論ずることに意味があるテーマを選ぶ

そうはいうものの，大学教員の立場からすれば，最も正統的で望ましいのは，その法律領域で重要であると思われるテーマを選んで書いてくれることです。重要なテーマが何であるかを知る方法については，この本でもところどころでふれてきており，論文を読む意義として

説明しましたが，ここで，まとめておきましょう。

　学部学生にとっては，まず，テキストや体系書でスペースをさき説明されており，とくに，多数の学説や判例が紹介されている論点はよいテーマであるといえるでしょう。コンメンタールや注釈書を眺めて，学説や判例が多く存在するものも，立法の解決がされていない限り，取り上げるに値するテーマであると思われます。より安直には，大学の先生方が書かれたいわゆる演習書（たとえば，芦部信喜『演習憲法［新版］』（有斐閣））や法律雑誌（たとえば『法学教室』の演習欄）で取り上げられているテーマもよいでしょう。

[*10]

💬 **Comment 10**
これに対して，講義を聴いている最中や，予習・復習の過程でテキストや論文を読む中で見つけるというのはより正統的な方法といえるでしょう。

　また，もう少し，時代の潮流に沿ったテーマを選ぼうと考えるのであれば，「文献月報」（『法律時報』の末尾にある）のほか『法律時報』12月号の「学界回顧」を見て，最近，大学の先生方や大学院生などが選んでいるテーマを知り，それを自分自身のレポートや小論文のテーマとすることが考えられます。よく論じられているテーマであれば，それだけ参考文献も存在し，レポート・小論文も書きやすいというものです。ただし，このとき，気を付けなければならないのは，プロやプロの卵はしばしば外国法に重点をおいて論文を書いていますが，学部レベルでは，外国法（英米法，ドイツ法，フランス法など）のレポートでない限り，日本法のレポートを書けばよいことが多いという点です。また，ボリュームという問題もあり，自分のレポート・小論文では参考とする文献に比べテーマを絞り込む必要があり，その場合には，もっとも重要な問題点はどこなのかを考えてみる必要があります。

　さらに，解釈論を問題とする小論文のためには，すでに，これまで何度か言及してきたように，大きくテーマ

7 法律学のレポート・小論文を書く——作法を知る

> [?] **Information 11**
> 米倉明「どういう論文が『よい』のか」法学雑誌 tatonnement（タートンヌマン）1号13頁〜14頁参照。
> いままでの議論を集めて、それに全面的に同意し、ありきたりの整理をするのでは、小「論文」とはいえないでしょう。

を選んだ上で、それに関連する論文や本、判例をまず読んで、その中で直感的に（自分の感覚でよい）結論または理由付けに納得のいかない部分を取り上げるという方法もよいでしょう。[*11]

立法論に関する小論文を書くために、法律学以外の隣接諸科学の助けを借りたり、何らかの実態調査や実証研究を踏まえたり、比較法を行ったりすることが大切になるといわれています。このことを裏返せば、テーマを探すために、たとえば、（応用）経済学の本やゲーム理論の本を読んでみるとか、各種の実態調査結果を眺めてみるとか、また、外国の法律・制度に関する文献を読んでみるとかいうことが有効であるということになります。

> [💬] **Comment 12**
> 商法の場合は、たとえば、『XXに関する問題点』というようなものや『XX法改正試案』など。

以上に加えて、もっとも最先端の議論をしたいと思えば、さまざまな省庁から出されている報告書や立法提案[*12]を読んでみるというのが、テーマを見つける方法としてお手軽です。ただし、このような領域については、立法論であるため、外国法の理解などがよい論文を書くために必要なことがありえます。もちろん、立法論が示されるということは、その裏側に解釈論として解決できないと考えられている問題があることを示すことが多いので、議論の裏側にあるその解釈論を再検討してみるというのも、とてもよい方向でしょう。

7-3 小論文の組み立て方

1. 読みやすく整理する

法律学の小論文も、他の小論文と同じく、それを読む者（たとえば、その科目の担当者、懸賞論文の審査員など）にとって読みやすく書くことが大切です。文章の書き方

としては，起承転結とか序破急がよいとしばしばいわれますが，法律学の小論文の場合も同じです。読みやすい小論文は1つ1つの文が理解可能なだけではなく，文章に流れがあり（文が論理的な順序に並べられているということ），1つ1つの段落，節あるいは章がそれ自体としてまとまりをもっているものです。

そこで，小論文を書くにあたっては，その小論文自体の組み立てを十分に考えることが大切です。もちろん，これまで紹介した技法を用いて，テーマを選択し，また，必要な文献を探し出し，それらを読んでよく考えることがとても大切ですが，そのような作業の後，あるいは作業と並行して，どのような枠組みで小論文の形にするかを考えてみることは軽視できない1つの作業です。

Key Word 13
序破急 はじめ，中間，おわりで構成すること。

Comment 14
実は，このことは，試験の答案を書く場合にもあてはまります。

2. 大きい枠組みから細分化していく——分量が比較的多い場合

まず，テーマ（論じたいこと）が決まったら，与えられた枚数に合わせて，章立てを考えてみることが大切です。たとえば，

```
            大きな骨組み
第1章  はじめに――問題の所在（と考察の方法）
第2章  これまでの日本における議論
第3章  ××（外国）における議論
第4章  自説の展開と論証
第5章  おわりに――自説の要約と今後の課題
```

というような大きな骨組みをまず決めて，これをブレークダウンしていきます。

すなわち，まず，章の中を款や節に分けます。この例

7 法律学のレポート・小論文を書く——作法を知る

では，第2章は，たとえば，以下のように，リーディング・ケースや立法作業に注目した時代区分によって細分化することができます。

> **第2章の細分化——時代区分**
> 第1節　立法までの議論
> 第2節　明治XX年大審院判決までの判例・学説
> 第3節　明治XX年大審院判決から昭和XX年最高裁判決までの判例・学説
> 第4節　昭和XX年最高裁判決以降の判例・学説

第3章もおおむね同じような手法でブレークダウンできるでしょう。

また，第4章については，たとえば，

> **第4章の細分化**
> 第1節　現在の学説の類型化と分析
> 第2節　立法者意思からの検討
> 第3節　文言・他の制度との関連づけによる検討
> 第4節　利益衡量的検討——社会的経済的環境の変動を踏まえて
> 第5節　XX法からの示唆に基づく検討
> 第6節　自説の主張

というような細分化が考えられるでしょう。

節の長さが長い場合には，記述の内容に従って，さらに，より小さいまとまりに分けていくべきことはいうまでもありません。なお，長い小（？）論文を書く場合には，たとえば，『法学協会雑誌』『民商法雑誌』『法学論叢』その他の紀要に掲載されている論文の構造をいくつ

か眺めて，その中で気に入った構成を自分のテーマに合わせて修正して使うというのも賢い手法であるといえるでしょう。ゼロから考えるのはなかなか骨の折れる仕事だからです。*15

3. 構成要素アプローチ——短めの小論文のために

　ある大きなテーマに含まれる問題点を細分化して，その問題点ごとに検討を加えていく（サブ・システムを作る）という方法もあります。このような方法をはっきりと併用した大きな論文の1つは，岩原紳作「株主総会決議を争う訴訟の構造(1)～(9・完)」*16（法学協会雑誌96巻6号から97巻8号）です。

　この方式は，短めの小論文やレポートにも使える方法です。たとえば，ある1つの条文あるいは判例を取り上げて検討する場合には，その条文の文言の1つ1つを検討するとか，その判例の判旨を分解して検討するということが考えられます。

　今になってみると，できが悪くて恥ずかしいのですが，わたしが学部学生のころに書いた小論文もどき（「『特ニ有利ナル発行価額』『著シク不公正ナル発行価額』と公正な発行価額」というテーマの16,000字程度のもの）の構成を示しますのでご覧ください。

> **目次例 1**
> 1　はじめに
> 2　公正な発行価額
> 　［判例を紹介し，要約した後に］
> 　1　消化可能性
> 　2　ディスカウント
> 　3　客観的価値

💬 **Comment 15**
かく言うわたしも，助手論文の組み立てはそういう方法で考えました。

❓ **Information 16**
とりわけ，97巻8号1059頁以下は次のようになっています。ぜひとも参照して下さい。
（前略）
第2節　株主総会決議を争う訴訟を構成するサブ・システムの分析
　第1款　原告法定
　第2款　不可争性
　第3款　被告（代表者）法定
　第4款　片面的対世効と公告
　第5款　排他性
（後略）

> 　　4　市場価格
> 　　5　公正な発行価額の概念
> 　3　特ニ有利ナル発行価額
> 　　1　新株発行無効原因となるか
> 　　2　「特ニ有利ナル発行価額」の意義
> 　　3　判例の検討
> 　　4　立法過程からの検討
> 　4　「特ニ有利ナル発行価額」と「著シク不公正ナル発行価額」の関係
> 　　1　旧280条ノ10の文言からの検討
> 　　2　現行法の解釈として

　この構成を見ていただけるとわかるように，テーマを細分化したものが各章の表題であり，節の表題は判例分析によって導いたキーワードあるいは「沿革と現在の解釈」という組み合わせになっています。

　もう1つ稚拙な例を挙げておきましょう。これは，「第三者割当増資と利益供与の禁止」（商事法務1258号71頁）という論考です（15,000字弱の分量）。

> **目次例2**
> 1　問題の所在
> 2　294条ノ2の立法趣旨
> 3　株主の権利の行使に関し
> 4　財産上の利益の供与
> 5　供与の主体としての「会社」
> 6　新株発行規制と利益供与禁止
> 7　おわりに

　この構成において，3から5は「会社ハ何人ニ対シテ

モ株主ノ権利ノ行使ニ関シ財産上ノ利益ヲ供与スルコトヲ得ズ」という，（当時の商法）294条ノ2の文言を分解して第三者割当増資との関係を論じるもので，きわめて単純なものです。短い論文やレポートの場合であれば，これぐらいの構成で十分であることが多いでしょう。短い小論文の，しかも学部学生による小論文の構成の実例をさらに見たいと思われる方は，数年に1度，みずほ学術振興財団の懸賞論文の入賞作品が『法学教室』に掲載されるので，それをご覧になるのがよいと思われます。また懸賞論文の入賞作品集は，財団から小冊子の形で頒布されているようですから，財団にお問い合わせになるとよいでしょう（7-1の2のInformation）。小論文の構成の仕方は人によって，また取り上げるテーマによって変わるのが自然ですが，それでも，他の人の書いた実例を見て，よいところはまねすることが，よい構成を考えつくために有益であることはたしかだと思います。

なお，このような構成の仕方は，比較法を行わない小論文やある制度全体の整合性を検討することを目的とする小論文にも適する方法であろうと思われます。

[?] Information 17
たとえば，安井綾「株主の帳簿・書類閲覧請求権——持株要件についての立法論——」法学教室190号12頁。かつては，ジュリストに掲載されていました。たとえば，大村敦志「法定地上権と登記」ジュリスト774号105頁。

4. 章，款，節，段落でまとまりを

すでに述べたように，同じ段落の中ではいろいろなことを取り扱うのではなく，ある事柄，ある見解に絞って述べるというように統一性を確保することが大切です。それは，章，款，節など表題が付される文章のかたまりについても同じく妥当します。より広いテーマの範囲で首尾一貫し，それに関連しないことは含まれていないようにまとめていく必要があります。

同時に，段落と段落の間では，適切な接続詞を用いて段落間の論理的関係を明確に示すことが望まれます。同

7 法律学のレポート・小論文を書く——作法を知る

じ料理でも盛り付け方がよければおいしそうに見えますが，乱雑に盛り付けられると料理までまずそうに見えますし，実際，複数の料理が混ざり合ってしまうと，1つ1つの料理がおいしいものであっても台なしになるのと同じように，小論文の場合も，適切な調査をし，よく考えたことでも，書くべきことを整理し，その記述の順序を考え，適切な表題をつけ，表題と内容とが一致するようにしないと，努力と能力の成果が読む者に伝わらず，低い評価を受けることがありえます。

7-4 引用と注

1．法律学の小論文には注が必要

多くの場合，学問というものは過去の研究の蓄積の上に積み重ねていくものですが，法律学の場合にはその傾向がより一層強いと思われます。したがって，法律学の小論文やレポートを書く際には，どのような過去の業績に依存したのかを，その中で明らかにしなければなりません。そのためには，参考文献のリストを付けるという方法もありますが，参考文献のどの部分に依拠したかを示すことが重要ですから，原則として，注を付すという方法がとられるべきです。[*18]

実際，大学院の学生の論文指導や論文審査をする側にまわってみますと，注や参考文献リストを見ただけで，ある程度その論文の出来栄えを判断できることがわかります。そのテーマについて重要とされる文献が参考文献リストに載っていないと勉強不足あるいは重要な文献を見分ける力の不足がわかりますし，また，適切に注がついていないと，どこかからそっくり書き写してきたので

💬 **Comment 18**

わたしは，2度目の大学3年生のときに河上記念財団（現在のみずほ学術振興財団）の懸賞論文に応募しました。ところが，そのとき，注というものをほとんど付けなかったものですから，いただいた講評の中で，その点が重大な欠陥であるとの指摘をいただきました。これは，法律学の小論文・レポートの書き方をわたしが全く知

はないかという疑念が生じます。

2. 引用と出典を示す注

　小論文などでしてはならないことの1つは，他人が考えたことをあたかも自分で考えたことであるかのように書くことです。したがって，他人の研究成果・文献をそのまま引用する場合はもちろんのこと，要約して用いる場合には出典を示すために注を付ける必要があります。

　そのまま引用する場合には，自分の見解と区別するために，かぎかっこでくくるなど，他人による叙述であることがはっきりわかるようにすべきですし，引用注も明確につけるべきです。引用注の場合にも，以下に述べる出典の示し方があてはまりますが，そのまま引用する場合には，とりわけ，出典のページ数を特定すべきです。[*19]

　なお，そのままの引用は必要最小限度に抑えると印象がよいと思われます。というのは，そのまま引き写すのでは何ら知的活動を行っていないからです。原典の筆者の表現をそのまま使いたい，その表現に何らかの意味が含まれていて，そのニュアンスが重要であるようなときにのみ，そのまま引用すべきであって，原典の主張している内容が重要であるにすぎない場合には，要約する方がよいように思われます。

3. 出典を示す注の付け方

　これは，その小論文を読む人が後でその正確性をチェックできる程度に出典を明確に特定するということにつきます。

　したがって，最低限の記載事項としては，執筆者，論文名（書名），掲載雑誌名，巻号，頁というものが挙げられるでしょう。[*20]なお，単行本については，第何版であ

らなかったということを示す失敗談で，失敗によって，重要なポイントを1つ学んだのです。本文が大切なことはいうまでもありません。しかし，少なくとも，学生のレポートや小論文では，独創的な見解を打ち出せないことがふつうですから，注にはほとんど同じぐらいの重要性があります。

💬 Comment 19
たとえば，○○頁以下とか，△△頁から××頁などという示し方は，引用の性格からみておかしいといえるでしょう。

❓ Information 20
出典の示し方についての詳細な指針としては，法律編集者懇話会編「法律文献等の出典の表示方法」（巻末参照）が参考になるでしょう。

7 法律学のレポート・小論文を書く——作法を知る

るかを示すことが必要です。たとえば,

> （雑誌論文）　山口厚「被害者の同意」法学教室181
> 号74頁
> （単行本）　　平井宜雄『債権総論［第2版］』36頁

というようになります。

しかし，プライオリティーを明確にするほか，学説の変遷を明らかにし，また学説と判例の前後関係を示すために，刊行年は示した方がよいし（研究者であれば必ず示すべきですが），出版社も読者の便宜のためには示すのが望ましいでしょう。この方針によれば，前述の単行本の例は，

> 平井宜雄『債権総論［第2版］』（弘文堂，1994年）36頁

となります。

なお，参考文献リストを付すのであれば，注では，刊行年や出版社を省略できるのは当然です。

同じ文献を何度も引用する場合には，単に，たとえば，鈴木・前掲○○頁とするのではなく，自分の小論文において最初に言及した注の番号も示すことをお勧めします。

> 鈴木・前掲（注4）○○頁

という具合です。もちろん，略称を決めて，最初の言及箇所で，その略称を示し，以後それで引用することも考えられます。たとえば，

（注20）田中英夫＝竹内昭夫『法の実現における私人の役割』（東京大学出版会，1987年）（以下，田中＝竹内『私人の役割』として引用する）12頁。

　（注38）田中＝竹内『私人の役割』27頁。

　というような書き方が考えられます。

　外国語文献の引用方法について，わが国で確立されたものはありませんが，アメリカの判例・文献などについては，いわゆる Blue Book（*A Uniform System of Citation*）によれば，文句のないところでしょう。

　なお，近時，インターネット上でのみ入手できる情報（論文など）が存在しますが，これは，URL とアクセスした日付で引用等するのが普通です。たとえば，

　『民法（債権関係）の改正に関する中間的な論点整理』
　http://www.moj.go.jp/content/000074384.pdf［最終アクセス：2015年5月5日］

　というように示します。

4. 横綱とふんどしかつぎ／無断孫引きの禁止

　恩師の竹内昭夫先生からうかがったエピソードですが，かつて，ある高名な先生が，「出典を示す注で，横綱とふんどしかつぎを並べるようなことをしてはならない，そういうことをすると文献を評価する目がないと思われるから」というようなことをおっしゃったそうです。これは，あるすでに広く論じられているテーマに関して，学会でも有名で高名な先生の学説と，駆け出しの若手研究者にすぎない先生の見解を並べて引用するのはバラン

7 法律学のレポート・小論文を書く――作法を知る

スを欠くという意味です。もちろん，この指摘は，プライオリティーを無視することを示唆するものでは決してありません。すなわち，どんなに無名なあるいは若い研究者が書いた論文・著書であっても，ある見解を最初に唱えたものであれば，それはどんなに高名な先生が書かれた著書よりも優先的に引用・紹介されるべきです。そこには，有名・無名，若手・大家の差はありません。最初の提唱者を探すことは決して容易ではありませんが，探し出すための努力を払う必要はあります。

しかし，たとえば，「××と解するのが通説（注○）である。」という場合の注○で指摘されるべき文献については，現在の状況を描写するものですから，「横綱とふんどしかつぎを並べるな」ということがあてはまるでしょう。そもそも，通説ということは，単に多数の研究者が支持しているというだけでなく，影響力のある研究者が支持していることを意味するはずだからです。これは，いわゆる有力説として引用等する場合にも妥当します。有力説という言葉には，高い評価を得ている研究者が主張していることが含意されているはずだからです。なお，多数説という場合も，多数かどうかを判断する際に，単に理由を示すことなく同調している研究者を数に入れるのは問題でしょう。十分に検討した上で支持している研究者がどれだけ存在するかが決め手になりそうだからです。

ただし，引用等する場合にもっとも重要なことは，原典，少なくとも自ら読んだもののみを注に掲げるということです。外国書などについては，学部学生の能力と与えられた時間では原典にあたれないことがありえますが，その場合には，孫引きした事実を明らかにし（もっとも悪いのは，「無断」孫引き），参照した文献を正確に示す

💬 **Comment 21**
具体的には，会社法の論文で，鈴木竹雄＝竹内昭夫『会社法［第3版］』（有斐閣）と拙著『リーガルマインド会社法』（有斐閣）だけを並べて引用する場合。

💬 **Comment 22**
ただし，過去の通説は現在の通説であるとは限らないことに注意してください。

❓ **Information 23**
三井哲夫「孫引きの勧め」『かわいそうなチェロ』（近代文藝社）122頁以下を参照。

📖 **Key Word 24**
孫引き　他の本に書かれていることや引用されている部分を，原典や原文を調べないで，そのまま引用すること（『大辞林［第3版］』（三省堂）2388頁）。

べきです。

　なお，判例を引用等する際には，リーディング・ケースといわれる最高裁の判例を原則として引用し，大審院の判例がリーディング・ケースと評価されている場合にも，最高裁の判例があれば言及すべきでしょう。判例については，裁判所名，裁判年月日，掲載誌（できる限り公式判例集）の巻号頁を示すべきで，論文・判例研究等「のみ」を，出典を示すものとして注にあげるのは，判決の原文にあたっていないことを自認するもので，小論文の評価を下げてしまいます。

5. 説明のための注の活用

　文献から学んだこと，自分が考えたことのすべてを小論文の本文に織り込もうとすると，本文が読みにくくなりますから，何を書き，何を捨てるかということが小論文をまとまったものとするために大切です。とりわけ，論旨を明確にするという観点からは，付随的なものは本文に含めるべきではありません。しかし，本文での記述をより明確にするとか，紹介する学説の微妙なニュアンスを明らかにするために，そのまま引用したり，説明を加えたりする必要性は否定できません。また，なじみのない言葉の説明を加えたいときもあるでしょうし，ついでに付随的な論点に回答を与えたいと考えることもありましょう[*25]。このような場合に，注を用いることができますが，学部学生の小論文であれば，本文と注との比率は，本文2，注1ぐらいにとどめ，注（出典を示すものと説明のための注）が多くなりすぎることは避けた方がよいのではないでしょうか。

[?] Information 25
　この例として，たとえば，青山善充「仮執行の効果に関する一考察」『法学協会百周年記念論文集　第三巻　民事法』（有斐閣）433頁参照。

第8章

法律学の答案を書く
―― より説得的な答案をめざして

8 法律学の答案を書く——より説得的な答案をめざして

8−1 学年末試験への立ち向かい方

1. 敵を知る

　大学入試と同様，試験の傾向をつかみ，その対策を立てることが大切です。傾向のつかみ方としては，ターゲット科目の過去における出題がどのようなものであったかについて情報収集することが基本でしょう。教員が配ってくれることもありますし，大学の生協などで販売されていたり，インターネット上のサイトで入手できることも最近では少なくないようです。過去の問題を眺めると，どのような出題形式（事例式[*2]，1行問題[*3]，語句説明など）が多いかは，すぐにわかります。さらに出題内容についても，毎年同じ問題を出す方，レパートリーは決まっていて，周期的に出題される方などがおられ，そのような場合は，一目瞭然です。そもそも，重要なところから出題される以上，同じようなテーマがしばしば問われるのは当たり前です。

　問題が繰り返して出題されていないように見える場合には，まず領域別（民法総則であれば，意思表示，法人，時効というような）に問題の分類をします。そうすると，領域別にバランスをとっているか，ある領域にかたよっているかを知ることができます。また，過去にさらにさかのぼって問題を集めることも並行して行うと10年周期などが見つかることがあります。

　もう1つ大切なことは，講義における先生のシグナルです。しつこく説明したところ，繰り返し出てきたところ，「ここは大切だ」と言い切ったところは狙い目です。この方法によっても予想がつかないときは，1行問題は

💬 **Comment 1**
大学によっては過去の問題や講義のノートを生協や近くの個人販売店などで売っているところもあります。

📖 **Key Word 2**
<u>事例式</u>　事例（ケース）を示して，それを前提とする法律関係について答えさせるもの。最近の司法試験の論文式の問題はこのタイプがほとんどであり，大学の試験でも事例がどれぐらい単純化されているかについて差があるものの，事例式の問題が出されることが多くなっているようです。このタイプの問題は，抽象的な法令の条文を上手に解釈して，具体的な事案に解決を与えることが重要であり，事例に含まれている事実のうち，法律的に意味のある事実とそうでない事実とを振り分ける能力も問われます。また，事例の個性（特に事実関係における個性・特殊性，とりわけ，関連条文の解釈について参考になりそうな判例がある場合には，そ

8-1 学年末試験への立ち向かい方

問題を網羅的に予想し準備するのが無難です。他方，事例式問題の場合は，『判例百選』に載っているような判例やポピュラーな演習書が，出題の参考になることが少なくないことに留意して準備するとよいでしょう。*4

2. 足のある蛇は蛇にあらず

大学入試ぐらいまでは，「空欄は全部埋めなさい」とか「わからなくても，とにかく何か書いてきた方がいい」などと教えられた方も少なくないことでしょう。

ところが，法律の，しかも論述形式の試験では，「余計なことを書かない。確実なところだけ，きっちり書く」という心掛けが大切です。*5 何か書いておけば，いくばくかの点をくれると思って，勉強してきたことを何でも書きつけては，かえって低い評価になってしまいます。*6

つまり，どんなによいお酒でもナメクジやハエやクモの死骸が浮いていたら，そのお酒全体がだめになってしまうのと同じく，書かなければならないことがすべて答案に書かれていても，そこに全くのウソや法律的なセンスが疑われるような誤解が含まれた文が1つでも付け加えられていると，低い評価しか付けようがないのです。しかも，正確な知識でも，問題と関係ないことが書かれていると，その書いた部分は薬にも毒にもならないというより，減点材料になってしまうことが少なくありません。なぜなら，余計なことが書いてあると「問題文の意味がわかっていないのではないか」とか「概念の区別が理解できていないのではないか」と採点者は勘ぐりたくなることがあるからです。*7

3. 勉強してきたことをすべて書こうとするな

うそを書くくらいなら，忘れたふり，気付かなかった

の判例の事案とどこが異なるか）をふまえて，解決を導けると高く評価されます。また，事例式の場合には，適切な場合分けをする必要もあります（たとえば，事例では，行為者に過失があったか，重過失があったかなどが明らかにされていないことがあります）。

📖 Key Word 3
1行問題 「○○について論ぜよ」，「○○について説明しなさい」とか「○○と××の異同について述べよ」というようなもの。かつては，このタイプの出題が多く，昭和40年代ごろまでは，司法試験の論文式の問題もこのタイプが多かったといえます（たとえば，昭和48年憲法第1問「信条等により差別されないことと，思想及び良心の自由とについて，憲法上の保障の意味を比較せよ」／商法第1問「株式会社のなす寄附について商法上問題となる点を論ぜよ」）。

💬 Comment 4
なお，最近は司法試験でも判例（最近は下級審判例も）をベースにした出題が目立ちます。

ふりをして書かない方がよいと思われます。うそは，よくできている部分まで台なしにしてしまいます。とりわけ，採点者が根本的と考えているような部分についてのミスは答案全体の評価を大きく下げてしまいます。というのは，法律学の答案の場合，ある部分が他の部分から独立しているということは案外少なく，全体の流れ・構造が意味を持つことが多いからです。

4. 答案中の論理的一貫性とバランスの重要性

　同時に，出題者は答案の中での論理的一貫性を強く求めているのが通常だということを肝に銘じなければなりません。単に，知識を書き並べただけではまったく評価されないこともありますし*8，説明問題の場合であれば同じ内容を書いても，まったく整理せずに，視点を示すことなく，思いついたまま書きなぐった答案と視点を明らかにしてよく整理してまとめた答案とでは雲泥の差があります。したがって，法律学の答案を書く場合には，多少なりとも時間を割いて，答案の構成を考えることが必要です。*9 もちろん，勉強の段階で論理的な先後関係に留意し，また論述の順序が身についていれば，いきなり書き始めても大失敗はないのかもしれませんが，多くの学部学生にとっては，あれを書くべきであったと書き始めた後になって思うことが少なくないので，あらかじめ構想を練ることは大切でしょう。

　かつて，論点カードとか論証ブロック*10を暗記するという話をしばしば耳にしましたが，それらを暗記しただけでは，幸運な場合を除いて，高い評価を得る答案を書くことはできないのではないかと思われます。たしかに，それぞれの問題点について，問題点を発見し，それについて自説を説得的な理由付けをもって主張することは重

? Information 5
ジュリスト176号26頁に掲載された座談会において加藤一郎先生は問題に関係のないことを書いて，「よくできていてもそれで可をとった人がある」と指摘していますし，他の先生方も同趣旨の発言をされていました。

💬 Comment 6
たまには仏のような先生がいらして，正しいところだけ拾って読んでくださるかもしれませんが，それをむやみに期待するのは楽観的すぎるでしょう。

? Information 7
服部栄三「法律の学び方と文献案内」ジュリスト増刊『法学案内 新訂版』(1973年) 86頁以下参照。

💬 Comment 8
たとえば，論理的な先後関係を無視した場合，記述の間に矛盾がある場合などです。したがって，法律学の答案では書く順序がかなり重要です。

? Information 9
矢沢惇先生は「問題が出てから，10分間なり20分なり，どこにポイントがあるか考え」たと述べられています（ジュリスト176号27頁）。

要なことであり，不可欠であるといえるでしょう。しかし，同時に，論点間の論理的関係（先後，択一，併存など）を的確に把握していることが法律学の場合にはきわめて大切ですし，ある論点についての見解・その根拠と他の論点についての見解およびその根拠とが矛盾せず，整合的であることが求められていることを心にとめて，勉強を進めるべきでしょう。

さらに，限られた時間内で限られた分量の範囲内で答案を書くことが求められるという試験の性格からは，重要な問題点についてはスペースを割いて（反対説にも言及し，自説の理由付けを厚くして）十分に論じ，小さい問題点については簡潔に述べるという方針をとることが賢明であることは，他の科目の試験と同じでしょう。*11 スペースの割き方や論述の濃淡が適切であると，問題をよく理解していると採点者は考えるはずです。うそではなくても，余計なことが書いてあると，「下手な鉄砲，数打ちゃ当たる」で書いたのではないかと勘ぐりたくなりますし，出題意図を把握できていないのではないかと思われかねません。

Key Word 10
解釈論上のポイント（論点）ごとまたは説明問題ごとに答案に書く内容をあらかじめまとめてカードしたもの。

? Information 11
ジュリスト176号に掲載された座談会において，加藤一郎先生は「必要でないことは省いてしまうというような重点的な書き方が必要だと思う」と述べられていました（26頁）。

5. 試験場でゼロから考えることはまず不可能

試験では与えられた比較的短い時間内に答案を作成することが求められます。これは，大学の学年末試験であれ，司法試験のような国家試験でも同じです。そうであるとすると，試験場で机に向かって，問題文を読んでから，新たな学説を考えるようなことはまず無理なことであって，あらかじめ準備し，理解した内容を問題に合わせて記述するという作業が中心にならざるをえません。ある法律に特化して研究をしている大学の先生方にとってすら，新しい学説を提唱することは難しく，かなりの

8 法律学の答案を書く——より説得的な答案をめざして

文献を読み，相当の時間をかけて考えて，かなり長大な論文の中で新たな学説を展開・論証されているのですから，多角化した勉強をしなければならない学部学生が90分とか2時間とかいう時間の中で，しかも，B4判の答案用紙1，2枚で新たな見解を，説得力をもって述べることは至難の業といってよいでしょう。

もちろん，出題者の方としては，単なる暗記だけで，答案を書いてほしいとは思っていませんから，手を変え品を変え，問題を一ひねりしたり，また，複数の問題点を組み合わせたりするのが普通です。また，過去の裁判例などとは少し違った事例を示してくることもあります。そのような場合には，現場で頭を使わなければなりませんが，それもゼロから考えるわけではありません。あらかじめ理解した思考プロセスに従って，また，理由付けを用いて，基本的な部分を書き上げた上で，その基礎の上にその問題で聞かれている細かい問題点を積み上げる，あるいは，その問題で示されている特殊事情に対応して少し修正するというぐらいが，与えられた時間内では精一杯であるのが普通でしょう。法律学の試験の答案は，条文を基礎として，基本原理・立法趣旨などを明らかにしつつ，規範を定立していくというように，積み上げていくというタイプであることが求められています。基礎あるいは土台にあたる部分を飛ばして書いたのでは説得力のある答案とはなりません。

より具体的な対策としては，とりわけ，事例式の問題は過去の裁判例にヒントを得て作られることが多いので，判例百選などに載っている裁判例の事実を確認しておくことが挙げられるでしょう。かりに，まったく同じ事案が出題されないとしても，裁判例で示された問題意識を踏まえて回答すると，スムーズに書ける場合が少なくあ

[?] Information 12
米倉明『民法の教え方』(弘文堂) 229〜230頁では「論点の抽出の後に，その論点に関する判例・通説をたやすくあてはめて解決するのがためらわれ，……判例・通説の拘束をはずす論理を展開できる能力を試すことができるような出題がめざされねば」ならないと指摘されています。ここからは，ふだんから，判例・通説が想定している利害状況をおさえ，その妥当する範囲に注意を払うとよいことがわかります。

[=] Comment 13
とくに，民法の先生方はご自分で事例を作られることも多いようです。

りません。また、一ひねりした問題や過去の裁判例などとは少し違った事例問題については、基本的な問題に対する回答あるいは過去の裁判例の事案の解決をまず考えた上で、それを修正・補正するというアプローチがよいでしょう。建物の基本的デザインを変えないで、最小限の変更を加えると建設費が安くなり、また工期も短くなるのと同様です。他方、複数の問題点を組み合わせた問題については、問題点相互間の論理的先後関係、特別法・一般法の関係*14、民事法ではたとえば複数の請求権についての競合関係*15などをあらかじめ意識して勉強しておくことが有益です。

6. 条文からスタート

　法律学の試験では、基本原理・原則の理解が問われることもありますが、たとえば、民法や刑法のような実定法科目についていえば、条文からまったく離れた論述が求められる場合はほとんどないと思われます。むしろ、法律の解釈すなわち条文の解釈が求められるのが通常です。いいかえれば、「わたしは条文を解釈しているのだ」という意識をもって、問題に対する答えを示すことが望まれます。*16

　したがって、ある結論を導くために最も強力な根拠は「この法律の何条にはこのように書いてある」ということなのですが、条文の文言を字面どおりに適用すると問題がある場合には縮小解釈や拡大解釈をしたり、ぴったりあてはまる条文がないときは類推解釈や反対解釈をして、妥当な結論を導くわけです。どの解釈手法（簡単には1-5を参照）を用いるかは、その条文の立法趣旨を踏まえて決めるべきですから、文理解釈する場合は別として、答案では、立法趣旨*17を簡単にでも示すことがとても

[?] Information 14
　特別法は一般法に優先すると考えられています（次注の法条競合の1つの例）。一応、一般法は、人、場所、事柄を限定せずに、一般的に広く適用される法であり、特別法は、特定の人、場所、事柄に適用される法ですが、一般法と特別法の区別は相対的であり、民法との関係では商法は特別法（民法は一般法）ですが、たとえば国際海上物品運送法との関係では商法は一般法（国際海上物品運送法が特別法）であると説明されています。

[?] Information 15
　たとえば、不法行為に基づく損害賠償請求と債務不履行に基づく損害賠償請求の両方が認められるのか、後者のみが認められるのかは国によって異なります。両方認められる場合を請求権競合、どちらか一方しか認められない場合を法条競合と呼ぶことがあります。なお、刑法との関係では、1つの犯罪行為が外観上数個の刑罰法規に当てはまるが、その1つだけが適用されることを法条競合と呼びます（こちらの方がはるかに有名）。

重要です。

　ある条文のある文言の解釈をめぐって，複数の学説が存在する場合や学説と判例が対立している場合には，1つの見解を当然のごとく，あたかも唯一の見解であるかのように書くのは勉強不足を自認しているようなものです。しかし，限られたスペースの中で答えをおさめるためには，あらゆる見解を紹介することもまた無謀なことといえそうです。そこで，スペースがないときは，理由付けの中で他の見解からの批判に答えることと他の見解の欠点を指摘することとを心掛けるのがよいでしょう。[18]

　どんなに有名な先生方でも，条文をスタートラインとして，学説を展開なさっているのだということを忘れてはなりません。最初は難しいかもしれませんが，自分も条文から考察を進めていくのだと心掛けることが，法律学の科目を苦痛の伴う暗記科目から，自分の頭で考えればよいという楽しい科目に変える秘訣です。このような習慣を身に付ければ，あまり見たことのない問題にも対応できるでしょう。

　商法の試験で貨物引換証が出題されたが，まったく勉強していなかったという状況のもとで，条文から丁寧に論じて，最終合格された方の司法試験合格体験記を一種の感動をもって，学生時代に読んだことをしばしば思い出します。[19]

7. 答案における判例の意義

　判例の重要性は科目によって異なりますが，[20] 判例と通説（多数説）が対立している場合には，賛成するにせよ反対するにせよ判例の見解には言及することが期待されているように見えます。しかし，[21] 試験場では判例集などを参照できないのが普通であり，そのような場合には，

[?] **Information 16**
『法学案内』において，星野英一先生は「試験の答案としては，一応条文にリファーする論理を使う……ということが必要です」と述べられています（21頁）。

[💬] **Comment 17**
たとえば，「○法○条の立法趣旨は『外観を信頼した者の保護』である」と一言書き加えることです。

[?] **Information 18**
ジュリスト176号掲載の座談会で石川吉右衛門先生は「『これには5説あり』なんて書かなくたって，大体わかるんだ。5説あるということを知っていなければ書けないような，コンデンスした〔濃縮した―引用者〕ようなものを書いてくれれば，120点，130点やりたくなる」と述べておられます（26頁）。

[?] **Information 19**
伊藤万里子「幸運な私の在学中合格の記録」受験新報昭和52年11月号172頁。「私の前には条文があるではないか」

[?] **Information 20**
どの科目でも，最高裁判所の判例がどのような判断を示している

いつ下された判決であるかなどを答案に示す必要はないのは当然ですし、○○事件判決と呼ばれるものであっても、一般的には単に「判例は」とすれば十分であると思われます。また、「判例は」としなくとも、判例と同じ見解が紹介されていれば、採点者はその学生が判例を知っていると考えてくれることもあるでしょう。答案においては、ある見解に説得力があるか否かが最も重要な点であり、判例であることのみをもって説得力が必ずあるとはいえないことも留意すべきであり、判例と同じ見解をとるからといって、理由付けが不十分であってよいということにはなりません。とりわけ、裁判は、第一義的には、ある事案の解決を目指してなされたものですから、裁判例の射程距離を踏まえた論述をすると高く評価されるでしょう。そのためにも、勉強の過程で、裁判例の事実関係のポイントとなる点をおさえておくことには意義があります。*22

かは重要ですが、とりわけ、憲法については判例の重要性はきわめて高いと思われます。

[?] Information 21
矢沢惇先生は、判例を「咀嚼していることは最小限度必要だということはいえる」とされていました（ジュリスト176号29頁）。

[?] Information 22
米倉明『民法の教え方』（弘文堂）133〜136頁では、「一般論の丸暗記、機械的あてはめ、結果の当否についての無反省・無責任……をやめて、事件の個性に即した……解決に努力すべ」きであることが丁寧に説明されています。

8-2　逆算的発想

1. 事例式問題もこわくない

「○○について説明しなさい」のような形式の問題（一行問題）は得意だが、事例が示されて「ABC間の法律関係を論じなさい」というタイプの問題は嫌いだという方が少なくありません。その最も大きな原因の1つは「何を書くことが求められているのかわからない」ことでしょう。このような方に有効なのは、逆算的勉強でしょう。

普通、法律の条文や法律学の教科書は、まず要件を示し、その要件が満たされたときにどのような効果が生ず

るかという形で述べています。そのため教科書をただ漫然と初めから終わりまで読み流しただけの勉強では、事例を見ても断片的な知識を順不同に思い出すだけで、ポイントのもれが生じてしまいます。そこで、法律上の効果（これが事例式問題の結論にあたります）に注目して、さまざまな法規定や制度をまとめて理解することをお勧めします。民法（財産法）を例にとると、損害賠償を求めることができる場合、解除できる場合、返還（引渡し）請求等ができる場合、履行を拒める場合というようにまとめておくと、事例式問題で重要なポイントを見落とすことが少なくなると思います。たとえば、

> 「飲食店を経営するAは、友人の子である11歳の少年Bに、夏休み中、店の仕事を手伝わせていた。Bがプロパンガスの操作を誤ったため火事となり、その店は全焼し、店に食事に来ていた客Cが負傷した。その店舗は、AがDから借りていたものである。AのC及びDに対する責任の有無及び考えられる種々の根拠について説明せよ。」（司法試験昭和51年第2問）

これは、「損害賠償」をCやDが求めうるかという問題です。そこで損害賠償を求めうる重要な場合を、債務不履行、不法行為（民法709条・714条・715条）、瑕疵担保責任というように民法から拾い出してあれば、本問の場合にそれぞれの要件が満たされるかをチェックすればよいことが分かります。

> 「Aは、甲からある土地を賃借し、その引渡しを受けてその土地上に建物を建築するための工事

8-2 逆算的発想

に着手した。ところが，Bは，Aよりも先に甲からその土地を賃借し，また，Cも乙からその土地を賃借しており，それぞれ，自分が賃借人であると主張して，Aの建築工事を妨害しようとしている。ただし，A，B及びCは，いずれも，賃借権設定の登記を受けていない。

この場合において，A，B及びCは，それぞれ他の2者に対し，その土地を使用するため自己の権利を主張することができるか否かにつき，その土地の所有者が甲である場合と乙である場合とに分けて論ぜよ。」（司法試験昭和57年第1問）

これは，引渡しあるいは妨害排除を求めうるかというものです。これに対しても，引渡し等を求めうる重要な根拠には，占有権と本権（占有を伴うことが予定されているもの）があり，さらに不動産賃借権に物権的請求権類似の請求権を認める立場からは不動産賃借権も引渡しあるいは妨害排除を求める根拠の1つとなることが思い出せれば*23，重要な論点を落とす危険性は少なくなります。

本権に基づく引渡し請求等を思い出せると，賃借権が債権であることから，所有者の権利を債権者代位権に基*24づき代位行使することを思いつくことが楽になります。*25

なお，このようにまとめるときには，類似した法律上の効果をもつ制度・法規定相互間の関係をおさえておくことが大切です。*26

2．価値判断をより深く理解する

民法や商法で，取消原因，無効原因，対抗することができないとされる場合，解除原因，差止めが認められる場合，損害賠償が認められる場合などを，それぞれま

[?] Information 23
ただし，対抗要件を備える必要があるかどうかという問題があります。たとえば，最判昭和28・12・18民集7巻12号1515頁参照。

[📖] Key Word 24
債権者代位権　一定の場合には，債務者の権利を債権者が債務者自身に代わって行使する（代位する）ことができる権利。

[?] Information 25
判例（大判昭和4・12・16民集8巻944頁）は，賃借人は，賃貸人である所有者が不法占拠者に対して有する請求権を代位行使できるとしています。

[💬] Comment 26
たとえば，債務不履行に基づく損害賠償請求と不法行為に基づく損害賠償請求との関係，債務不履行と瑕疵担保責任との関係という具合です。

8 法律学の答案を書く――より説得的な答案をめざして

めてみると，どのような利益が強く保護され，どのような利益バランスが図られているか，よく見えてきます。たとえば，なぜ無効ではなく「対抗することができない」とするのかと考えてみると，その条文や制度の趣旨がよりよく理解できます。また，趣旨を踏まえると，条文を字句どおり解すべきでない場合がうかんできます（たとえば，錯誤無効は表意者側からしか主張できないと解されていました。ただし，平成29年改正により，「取消し」になりました）。

さらに，それぞれの利益保護手段（救済手段）がどのように組み合わせて用いられるかを分析してみると，逆に，ある場面でどのような救済を与えるべきかもわかります。*27

💬 **Comment 27**
たとえば，募集株式の発行等の差止事由が無効原因より広くともよいのは取引の安全を顧慮しなくてよいからです。また無効原因を狭く解しても，損害賠償を認める場合を十分広くすることによってバランスをとることができます。

8-3 実際にやってみよう

〈問題例〉
　Aは，Bに対して，売却納品した物品の代金を支払うよう求めたところ，Bは，この取引はBの従業員Cが勝手にしたものであると主張して，支払わない。Aは，Bに対し，表見代理（民法第110条）による代金請求と使用者責任（同法第715条）による損害賠償請求とを考えている。Aが考えている二つの制度の関係について論ぜよ。（司法試験平成5年第1問）

　この問題は，事例式の形をとっていますが，実質的には，「表見代理（民法第110条）による代金請求と使用者責任（同法第715条）による損害賠償請求との適用関係および両者の要件と効果の相違点を説明せよ」という1

行問題（説明問題）であるといえます。

(1) **学説や判例の状況を十分に把握していない場合の対処法**

　①表見代理による代金請求と②使用者責任による損害賠償請求との適用関係については，かりに，学説や判例の状況を十分には把握していないとしても，論理的には，すでに説明した法条競合と請求権競合という2つの可能性が大ざっぱには想定でき，さらに，中間的な考え方もあり得ると考えることができます。すなわち，請求する側の当事者が契約関係の成立を期待していた以上，基本的に①表見代理の成否のみを問題とすべきであり，②使用者責任の成否は原則として問題とすべきではない（ただし，例外的に，表見代理を認めて本人にその行為の効果が帰属する，その行為を有効とすることが事柄の性質上許されない場合には使用者責任による損害賠償請求を認めるべきである）という見解が考えられます（法条競合）。

　逆に，①と②のいずれかによってのみ請求できることを示す民法の条文は存在しないし，①と②とでは要件も効果も異なるので，いずれを主張するかは，請求者（A）が選択できるという考え方（請求権競合）もありえます。

　さらに，②の請求が許されないというわけではないが，取引行為にかかわる問題は基本的には取引法の枠内で解決すべきであるという発想によって，まず表見代理の成否を検討し，表見代理が成立しない場合に，使用者責任の成否が検討されるべきであるという考え方も十分に成り立ちそうです。

(2) **対比が求められている場合**

　要件がどのように異なるか，効果がどのように異なるかを分析し，説明することになります。ここで，見かけ

上，異なるが実際には異ならないとか，たいして異ならないということを示せると，高い評価を得ることにつながる可能性があることは心に留めておくとよいでしょう。

〈答案例〉
（略）

　まず，①表見代理による代金請求が認められる要件と②使用者責任による損害賠償請求が認められる要件が異なる。第1に，表見代理が成立するためには基本代理権が存在することが要件の1つであるのに対し，使用者責任が成立するためには，行為者（被用者）の職務権限が代理権を伴うものであることを要せず，被用者による不法行為が存在することで十分である。第2に，表見代理が成立するためには，商事代理（商法504条）にあたる場合を除き，本人のためであることを示して行為がなされたことが要件の1つであるのに対し，使用者責任が成立するためには，「事業の執行について」加害行為がなされたことが要件であり，顕名は要件ではない。第3に，表見代理が成立するためには，代理権限の不存在についての相手方の無過失（第三者が代理人の権限があると信ずべき正当な理由がある。民法110条）が要件の1つであるのに対し，使用者責任が成立するための要件として，請求者の主観的要件は定められていない。第4に，使用者が被用者の選任およびその事業の監督について相当の注意をしたとき，または相当の注意をしても損害が生ずべきであったときは使用者は賠償責任を負わないとされているが（民法715条1項ただし書き），そのような規定は，表見代理については設けられていない。

　もっとも，代理における顕名主義は判例・学説上緩やかに適用されているから，第2点については，両者間の差異はさほど大きくないし，商事代理についてはなおさらである。また，使用者責任は，被用者がした不法行為が「その事業の執行について」なされたものであることのみを要件としているが，この要件がみたされるかどうかの判断は，当該被用者の意図がどのようなものであるかどうかによらず，客観

的・外形的になされるべきであると考えられている（外形理論）。この外形理論の趣旨は取引行為との関連では行為の外形に関する第三者の信頼を保護しようとするものであると考えられ，そうであれば，被用者の権限逸脱の事実につき相手方が悪意である場合または知らないことにつき相手方に重過失がある場合には「その事業の執行について」行われた行為であるとはいえないというべきである等として，そのような第三者は使用者責任を追及できないと考えられている。この限りにおいて，第3点についても，①と②との差異は，相手方に軽過失がある場合にのみ生じるということになろう。さらに，民法715条1項ただし書きによる免責が裁判例において認められることはほとんどなく，第4点についても実際には差異はないというべきである。

他方，効果に着目するならば，……（略）

(3) ある考え方を採用した場合に生ずる問題点への対応

〈問題例〉に即して考えるならば，法条競合により，契約法上の解決のみを認めるのであれば，表見代理と使用者責任との要件および効果に相違点があっても問題は生じないでしょう。しかし，表見代理と使用者責任のいずれによるかにより，要件や効果が異なるとすると，そのアンバランスが問題となりえます。

ここでも，学説や判例の分布状況を知らなくとも，論理的に考えてみると，どちらかに要件や効果を寄せるということが想定できます。

取引行為にかかわる問題は基本的には取引法の枠内で解決すべきであるという発想を前提とすれば，使用者責任の要件効果を表見代理の要件効果に近づけるべきであるということになるでしょう。このアプローチからは，取引行為または取引行為の外観を有する場合には，相手方に過失があるかぎり，かりに軽過失であったとしても，

使用者責任の成立を否定すべきであるということになります。他方，表見代理の要件効果を使用者責任の要件効果に寄せるというアプローチからは，相手方に重過失がないかぎり表見代理の成立を認め，軽過失について過失相殺の対象とすることが適当だということになりそうです。

以上のほか，より一般的な留意点を挙げておきます。

1. 条文を徹底的に引用する

実定法科目の答案では，いかに条文をよく理解し，また，解釈できているかという点が基本的なポイントということができます。大学の学年末試験や資格試験では，立法論*28ではなく，解釈論*29の理解について試されるのが普通ですから，条文をまめに引用することはきわめて重要なことです。制度間の横断的な関係を説明することを求める問題であれば，条文と立法趣旨だけで，学年末試験は合格点がもらえることも多いのではないかと思われるほどです。

2. 条文を正確に活用する

六法の使用が認められている場合に，条文をみれば一目瞭然な事項について，答案にうそを書くことは，印象がとても悪いということができます。条文を見るわずかな労力を惜しんではなりません。*30

3. 自分なりのまとめ・位置付けを示す

246頁に挙げた答案例は，たぶん許容範囲の答案であろうと思いますが，ただ，暗記してきたことを吐き出した答案のようにも見えます。「第1に」「第2に，」……とか「まず，」「また，」「さらに，」というように，**表現**

📖 Key Word 28
立法論　現存する法令にとらわれずに，いろいろな問題を解決するためにはどのようなルールを作ることが望ましいかということを検討すること。

📖 Key Word 29
解釈論　現存する法令を，いろいろな問題との関係で，どのように解釈するか（具体化するか）を考えること。

❓ Information 30
加藤一郎教授は答案中の誤字（摘出子，滴出子）との関連で同様の指摘をされています（ジュリスト176号8頁）。

上，きれいに整理するとともに，視点を示すことが重要です。[*31]

4. 積極的な理由付けを示す

答案用紙にどれだけのスペースがあり，どれぐらいの試験時間が与えられているかによって書くべき内容は変化してきます。しかし，解釈論を示すときに最も重要なのは，自分の結論とそれを支える理由付けです。解釈を問われている問題では，理由付けがなければ，0点とされても文句はいえません。理由付けの中でもっとも重要なものは，当然のことながら条文の文言です。とりわけ，他の条文との対比，全体の中の位置付けを意識してみることがよいでしょう。また，立法趣旨に言及することを忘れてはなりません。さらに，利益衡量的（1-5，4-1-1．など参照）理由付けも欠かすことはできません。

逆にいえば，テキストを読むときに，どのような理由付けがなされているかに気をつけてみるとよいということができます。

個人的見解にすぎませんが，これらの次に重要なのは，**反対説からの批判に対する反論**です。反対説の理由付けや反対説に対する批判は，明示的に書くことが求められていなければ，優先順位は低いと考えています。反対説からの批判に反論していれば，反対説を知っているものと採点者は考えるのが自然でしょうし，反対説を論破し尽くすのは難しいからです。

5. 重要性を意識する

論述のバランスと順序はきわめて大切です。論述の順序は，論理的な前後関係があればそれにしたがいますが，そうでなければ，重要な順に書くのが賢いことはいうま

💬 **Comment 31**
　法律学の答案では，答案の組み立て（論述の順序を含む）も重視されることから，いきなり書き始めるのではなく，まず答案構成を考えてから書き始めるのが賢い戦略であるといえましょう（8-1-4．も参照）。

でもありません。時間切れやスペースの不足で肝心な部分が書けないというのでは困るからです。もちろん，論理を積み上げるときに不可欠な論点を省くことはできませんが，ささいな論点は，場合によっては無視した方がよいことがあります。

　重要な部分の論述は厚く，そうでない部分は軽くという感じで書くべきだということです。たとえば，反対説の理由付けに割くスペースが自説の理由付けに割くスペースより多いなどということはぜひ避けてください。

6. もう少し具体的に

　「信義則」「権利濫用」あるいは「人権の保護」「実体的真実の発見」というような抽象的な言葉だけで理由付けるのではなく，より具体的に書くべきです。たとえば，「会社の事務処理等の便宜」というのは，たとえば，「権利行使のたびに株券をチェックしないですむため，大量の事務処理を画一的に行えることによる会社の事務処理の軽減」というように具体化できるでしょう。抽象的な言葉だけが並ぶと，覚えてきただけではないか，考えていないのではないか，ほんとうにわかっているのだろうかと採点者は疑いたくなります。

7. 首尾一貫させる

　答案の中で，前に書いたことと，後に書いたこととが矛盾しないように気を付けることが必要です。とりわけ，小問形式で出題された場合には要注意です。

8. 総論と各論

　小問形式であれば，それぞれの小問に特有なこと，説明問題であれば，いくつかの場合分けごとについての記

述を各論部分と呼ぶとすれば、ここで取り上げた答案例では出てきませんが、説明問題あるいは事例問題でも小問形式になっている場合には、同じことを2度繰り返して書くことを防いだり、全体的な視点を示したりするための総論部分が重要になってきます。説明問題であれば、総論部分にはそのテーマについての視点を示すことになりますし、事例問題でも共通する部分あるいは各小問の前提となることをまず示すことになります。こで、学生としては自分のセンスのよさを訴えかけるのですから、総論部分はふだんの勉強の過程でよく考えておく必要があります。ただ、総論をコンパクトにすることおよび総論部分にはその後の記述で言及するように心掛けることとをお勧めします。総論を書きっぱなしというのでは総論を書いた意味が大きく減殺されます。

資料　法律文献等の出典の表示方法

Ⅰ　文献の表示
1　雑誌論文

執筆者名「論文名」雑誌名　巻　号　頁（発行年），又は，巻　号（発行年）頁

例；①　山口厚「刑法典―過去・現在とその課題」ジュリ1348号2頁以下（2008）

②　大村敦志「大きな公共性から小さな公共性へ―「憲法と民法」から出発して」法時76巻2号（2004）71頁以下

注；1)　当該論文のサブタイトルは，表示することが望ましい。

2)　特集題を表示するときは，末尾に（　）に入れて（特集　刑法典の100年）などと表示する。

3)　「　」の中の鍵括弧は，『　』を使用してもよい。

4)　頁は「ページ」ではなく，「頁」と表示する。当該巻号の引用頁で表示するのを原則とするが，合本にした場合等で通し番号があるときは，それを表示してもよい。

5)　発行年は表示することが望ましい。和暦で表示してもよい。

6)　巻・号・頁は，「－」（ダッシュ）又は「・」（ナカグロ）で略してもよい。

　　例；国家73－7=8－1

7)　再収録された論文集があるときは，その論文集名を掲げる。論文集等の発行所名，頁は表示することが望ましい。

　　例；書名（発行所，発行年）所収，○○頁以下

8)　定期刊行物の略称は，269頁以下に掲出。

2　単行本

(1)　単独著書の場合

執筆者名『書名』頁（発行所，版表示，発行年），又は，執筆者名『書名（発行所，版表示，発行年）頁

例；塩野宏『行政法(1)行政法総論』121頁（有斐閣，第5版，2009）

注；1)　書名は，原則として『　』で括るものとするが，「・」（ナカグロ）でもよい。

　　例；塩野宏・行政法(1)（有斐閣，第5版，2009）121頁

2)　上記の例では，「行政法(1)」をタイトルに，「行政法総論」をサブタイトルにしているが，これらについては，本扉及び奥付に基づいて判断する。

資料　法律文献等の出典の表示方法

　　　3)　シリーズ名，サブタイトル，発行所，発行年は，原則として表示する。
　　　4)　「第一巻」などの巻名は，原典どおりとせず，(1)などと表示してもよい。
　　　5)　「改訂版」「新版」等が，書名に表示されている場合は書名の一部として表示し，書名に表示されていない場合は，（　）内に表示する。なお，初版本については，版表示は表示しない。
　　　6)　（発行所，版表示，発行年）の順序については，（発行年，版表示，発行所）でもよい。
(2)　共著書の場合
　共著者名『書名』頁〔執筆者名〕（発行所，発行年）
　例；小野昌延＝松村信夫『新・不正競争防止法概説』91頁（青林書院，2011）
　注；1)　出典表示の方法は(1)単独著書の場合を参照。
　　　2)　共著者が3名以上の場合は，1名のみ表示し，その他の共著者名は「ほか」と表示する。
　　　3)　共著者をつなぐ記号は，「・」（ナカグロ）でもよい。
(3)　編著書の場合（所収の論文表示を含む）
(a)　一　般
　執筆者名「論文名」編（著）者名『書名』頁（発行所，発行年），又は，編（著）者名『書名』頁〔執筆者名〕（発行所，発行年）
　例；①　岡部喜代子「共同相続財産の占有をめぐる諸問題」野田愛子ほか編『新家族法実務大系〔3〕相続〔1〕相続・遺産分割』137頁（新日本法規出版，2008）
　　　②　遠藤浩＝川井健編『民法基本判例集第三版』255頁以下〔遠藤〕（勁草書房，2010）
　注；1)　出典表示の方法は(1)単独著書の場合を参照。
　　　2)　編（著）者が3名以上の場合は，1名のみ表示し，その他の共著者名は「ほか」と表示する。
(b)　講座もの
　執筆者名「論文名」編者名『書名』頁（発行所，発行年）
　例；①　土井真一「日本国憲法と国民の司法参加―法の支配の担い手に関する覚書」土井真一編『岩波講座憲法4　変容する統治システム』235頁（岩波書店，2007）
　　　②　梶村太市「和解・調停と要件事実」『民事要件事実講座(2)―総論(2)』210頁（青林書院，2005）
　注；1)　出典の表示方法は，**1　雑誌論文**を参照。
　　　2)　執筆者と編者が同一のときは，後の方を省略する（例②参照）。

3)　「編者代表」,「編著」は（編）と,「監修」は（監）と略してもよい。
　　　4)　第1巻・第2巻,上巻・下巻等は原典のままの表示が望ましいが,(1)・(2),（上）・（下）と表示してもよい。
　　　5)　書名につける『　』はなくてもよい。その場合,編者名と書名の間は,「・」（ナカグロ）でつなぐ。
　(c)　コンメンタール
　　編者『書名』頁〔執筆者名〕（発行所,版表示,発行年),又は,執筆者名『書名』頁〔編者名〕（発行所,版表示,発行年）
　　　例；①　江頭憲治郎編『会社法コンメンタール6 － 新株予約権§§236-294』16頁〔江頭憲治郎〕（商事法務,2009)　又は,
　　　　　②　江頭憲治郎『会社法コンメンタール6 － 新株予約権§§236-294』16頁〔江頭憲治郎編〕（商事法務,2009)
　　　注；なお,以上のほか,(1)単独著書の場合を参照。
　(d)　記念論文集
　　執筆者名「論文名」献呈名『書名』頁（発行所,発行年）
　　　例；平井宜雄「債権者代位権の理論的位置―解約返戻金支払請求権の差押および代位請求を手がかりとして」加藤一郎先生古稀記念『現代社会と民法学の動向〔下〕―民法一般』223頁（有斐閣,1992)
　　　注；1)　献呈名は,加藤一郎古稀のように略して表示してもよい。
　　　　　2)　なお,最近の記念論文集には献呈名を表示しないものもある。その場合は,(b)講座ものの出典の表示方法による。
(4)　翻訳書の場合
　　原著者名（訳者名『書名』頁（発行所,発行年）
　　　例；オッコー・ベーレンツ著（河上正二訳）『歴史の中の民法―ローマ法との対話』73頁（日本評論社,平13)
　　　注；出典の表示方法は,(1)単独著書の場合を参照。

3　判例研究
(1)　雑誌の場合
　　執筆者名「判批」雑誌名　頁　巻　号　頁（発行年),又は,巻　号（発行年）
　　　例；髙部眞規子「判批」金法1897号26頁（2010)
　　　注；1)　「判例批評」「判例研究」等の判例研究の表示方法には,上記のほかに,原典どおりにタイトルを表示する方法,「髙部眞規子・金法1897号26頁」のような,著者名と出典のみを掲げる方法などがある。
　　　　　2)　「判例解説」（最高裁判所調査官解説）の場合は「判解」としてもよい。

(2) 単行本の場合

執筆者名『書名』事件，又は，頁（発行所，発行年）

例；東京・大阪医療訴訟研究会編著『医療訴訟ケースファイル Vol.3』127 頁（判例タイムズ社，2010）

注；判民，商判研，最判解説のような略語を使用してもよい。

4 座談会等

出席者ほか「テーマ」雑誌名（書名）巻　号　頁〔○○発言〕（発行年），又は，巻　号（発行年）頁〔○○発言〕

例；綿貫芳源ほか「行政事件訴訟法を見直す（下）」自研 76 巻 6 号 18 頁〔園部発言〕（平 12）

5 その他（文中の表示）

(1) 前掲文献の扱い

例；中山・前掲注(20) 240 頁

注；前掲（又は前出）の場合は，単行本及び論文ともに初出の注番号を必ず表示する。

　　なお，当該執筆者の文献が同一の（注）の中で複数引用されている場合には，下記いずれかの表示方法をとる。

(a) 論文の場合

該当の雑誌名だけを表示するのを原則とする。ただし，論文のタイトルの略表示を用いてもよい（特に，連載論文の場合，この用法が分かりやすい）。巻，号等は省略する。

例；(16) 碓井光明「行政上の義務履行確保〈総会報告〉（第 60 回総会行政の実効性確保）」公法 58 号 141 頁（1996）　→　碓井・前掲注(16) 141 頁

(b) 単行本の場合

例；(30) 菅野和夫『労働法　第九版（法律学講座双書）』（弘文堂，2010）374 頁　→　菅野・前掲注（30）374 頁

(2) 注番号の扱い

注番号は，(a)(b)の方法を参考に，通し番号で表示する。

(a) 講座論文，雑誌論文の場合

同一論文中は，通し番号とする。ただし，長論文の場合は，(b)による。

(b) モノグラフの場合（雑誌連載，単行本とも）

編，章又は節のような大見出しごとの通し番号とする。

Ⅱ　判例，先例，通達の表示

1　判　例

最大判平成 22 年 1 月 20 日民集 64 巻 1 号 1 頁
福岡高宮崎支判平 22・1・29 金判 1349・49
大判大 12・4・30 刑集 2 巻 378 頁

注；1）　頁は，原則として判示事項や囲み解説なども含めて当該判例が掲載されている初出の頁を表示する。ただし，関連事件や参考下級審判例など，まとめて複数の判例を掲載している場合，2 つ目以降に掲げられている判例を指すときは，その判例の初出の頁を表示する。

　　2）　特に該当部分を引用する場合は，その頁を〔　〕（キッコウ）で囲むか，読点（,）を付し連記する。

　　　　例；最大判平成 22 年 1 月 20 日民集 64 巻 1 号 1 頁〔12 頁〕

　　3）　引用頁の表示は，その判例集の通しの頁とする。

　　4）　最高裁の大法廷判決については「最大判」と表示し，小法廷判決については「最判」（小法廷を表示する場合は「最○小判」）と表示する。なお，旧大審院の連合部判決については，大連判と表示し，その他は大判と表示する。

　　5）　年・月・日及び巻・号・頁は「・」（ナカグロ）で表示してもよい。

　　6）　縦組みの場合には，原則として，漢数字を用いるが，年・月・日はアラビア数字で表示してもよい。

2　先例，通達

平 23・9・12 法務省民一 2426 号民事局民事第一課長回答（戸籍 863・83）

Ⅲ　デジタルコンテンツの表示

1　頁概念があるもののうち DVD など閉鎖型の文献の場合

書籍を DVD や CD-ROM 媒体に格納したものなど，頁イメージを有する文献を引用する場合は，書籍一般の原則に従い，文献自体に表示されているタイトル，頁数等を表示する。

2　頁概念があるもののうち開放型の文献の場合

最初から Web 上で発表されている，頁イメージを有しない文献を引用する場合は，URL を表示し，末尾に（　）でアクセス確認した日付を表示する。

例；法律編集者懇話会，「法律文献等の出典の表示方法［2013 年版］」，
法教育支援センター，http://www.houkyouikushien.or.jp/katsudo/pdf/

資料　法律文献等の出典の表示方法

horitsu.pdf，(2014. 03. 14)
　注；Web サイトの名称が著者名と同一の場合は省略してもよい。

3　頁概念のない Web サイト，データベースなどの場合
　Web サイト，データベースによってはタイトルがはっきりしないことが少なくなく，特定に配意する必要がある。それらのタイトルについては，著者，サイトの制作者等に照会して確認することが望ましい。
　例；参議院，「参議院審議概要第 162 国会【常会】委員会及び調査会等の審議概要 — 法務委員会」，http://www.sangiin.go.jp/japanese/gianjoho/old_gaiyo/177/1774103.pdfl，(2013. 11. 06)

Ⅳ　法令名の略語
　有斐閣の六法全書の法令名略語に依拠した。

あ　行

育介	育児休業，介護休業等育児又は家族介護を行う労働者の福祉に関する法律
意匠	意匠法
一般法人	一般社団法人及び一般財団法人に関する法律
医薬	医薬品，医療機器等の品質，有効性及び安全性の確保等に関する法律
煙禁	未成年者喫煙禁止法

か　行

河	河川法
会更	会社更生法
会更規	会社更生規則
会更則	会社更生法施行規則
外国裁判権	外国等に対する我が国の民事裁判権に関する法律
会社	会社法
会社計算	会社計算規則
会社則	会社法施行規則
会社法整備法	会社法の施行に伴う関係法律の整備等に関する法律
外為法	外国為替及び外国貿易法
介保	介護保険法
確定給付	確定給付企業年金法

確定拠出	確定拠出年金法
家事	家事事件手続法
家事規	家事事件手続規則
貸金業	貸金業法
学教	学校教育法
割賦	割賦販売法
仮登記担保	仮登記担保契約に関する法律
環境影響評価	環境影響評価法
環境基	環境基本法
感染症	感染症の予防及び感染症の患者に対する医療に関する法律
偽造カード	偽造カード等及び盗難カード等を用いて行われる不正な機械式預貯金払戻し等からの預貯金者の保護等に関する法律
旧借地	借地法
旧借家	借家法
旧建物保護	建物保護ニ関スル法律
供	供託法
教基	教育基本法
行審	行政不服審査法
行政個人情報	行政機関の保有する個人情報の保護に関する法律
行政情報公開	行政機関の保有する情報の公開に関する法律
行組	国家行政組織法
行訴	行政事件訴訟法
行手	行政手続法
銀行	銀行法
金商	金融商品取引法
金販	金融商品の販売等に関する法律
区画整理	土地区画整理法
刑	刑法
警	警察法
刑事収容	刑事収容施設及び被収容者等の処遇に関する法律
警職	警察官職務執行法
刑訴	刑事訴訟法
刑訴規	刑事訴訟規則
刑訴費	刑事訴訟費用等に関する法律
軽犯	軽犯罪法

資料　法律文献等の出典の表示方法

景表	不当景品類及び不当表示防止法
刑補	刑事補償法
憲	日本国憲法
憲改	日本国憲法の改正手続に関する法律
建基	建築基準法
検察	検察庁法
検審	検察審査会法
健保	健康保険法
小	小切手法
戸	戸籍法
公益通報	公益通報者保護法
公益法人	公益社団法人及び公益財団法人の認定等に関する法律
公開買付	発行者以外の者による株券等の公開買付けの開示に関する内閣府令
公害紛争	公害紛争処理法
後見登記	後見登記等に関する法律
更生	更生保護法
更生事	更生保護事業法
公選	公職選挙法
厚年	厚生年金保険法
高年	高年齢者等の雇用の安定等に関する法律
公文書管理	公文書等の管理に関する法律
雇均	雇用の分野における男女の均等な機会及び待遇の確保等に関する法律
国財	国有財産法
国際裁	国際司法裁判所規程
国際売買約	国際物品売買契約に関する国際連合条約
国籍	国籍法
国年	国民年金法
国賠	国家賠償法
国連憲章	国際連合憲章
国連平和維持	国際連合平和維持活動等に対する協力に関する法律
個人情報	個人情報の保護に関する法律
雇対	雇用対策法
国会	国会法
国旗国歌	国旗及び国歌に関する法律

国健保	国民健康保険法
国公	国家公務員法
国公倫理	国家公務員倫理法
雇保	雇用保険法

さ　行

裁	裁判所法
財	財政法
災害基	災害対策基本法
裁審	最高裁判所裁判官国民審査法
最賃	最低賃金法
裁判員	裁判員の参加する刑事裁判に関する法律
裁判外	
紛争解決	裁判外紛争解決手続の利用の促進に関する法律
裁判迅速化	裁判の迅速化に関する法律
財務規	財務諸表等の用語，様式及び作成方法に関する規則
自衛	自衛隊法
資金決済	資金決済に関する法律
司試	司法試験法
司修規	司法修習生に関する規則
司書	司法書士法
自然環境	自然環境保全法
自治	地方自治法
失火	失火ノ責任ニ関スル法律
児童買春	児童買春，児童ポルノに係る行為等の規制及び処罰並びに児童の保護等に関する法律
児童虐待	児童虐待の防止等に関する法律
自動車運転	
致死傷	自動車の運転により人を死傷させる行為等の処罰に関する法律
児童約	児童の権利に関する条約
自賠	自動車損害賠償保障法
児福	児童福祉法
借地借家	借地借家法
社債株式振替	社債，株式等の振替に関する法律
社労士	社会保険労務士法
住宅品質	住宅の品質確保の促進等に関する法律

資料　法律文献等の出典の表示方法

銃刀所持	銃砲刀剣類所持等取締法
宗法	宗教法人法
住民台帳	住民基本台帳法
収用	土地収用法
酒禁	未成年者飲酒禁止法
出資取締	出資の受入れ，預り金及び金利等の取締りに関する法律
少	少年法
商	商法
少審規	少年審判規則
消税	消費税法
商則	商法施行規則
商登	商業登記法
消費基	消費者基本法
消費契約	消費者契約法
商標	商標法
職安	職業安定法
食品衛生	食品衛生法
食品表示	食品表示法
女子差別 撤廃約	女子に対するあらゆる形態の差別の撤廃に関する条約
所税	所得税法
所税令	所得税法施行令
新案	実用新案法
人権A規約	経済的，社会的及び文化的権利に関する国際規約
人権宣言	世界人権宣言
人権B規約	市民的及び政治的権利に関する国際規約
人種差別 撤廃約	あらゆる形態の人種差別の撤廃に関する国際条約
心神喪失処遇	心神喪失等の状態で重大な他害行為を行った者の医療及び観察等に関する法律
人訴	人事訴訟法
人訴規	人事訴訟規則
信託	信託法
信託業	信託業法
人保	人身保護法

水質汚濁	水質汚濁防止法
ストーカー	ストーカー行為等の規制等に関する法律
生活保護	生活保護法
政資	政治資金規正法
精神	精神保健及び精神障害者福祉に関する法律
製造物	製造物責任法
税徴	国税徴収法
税通	国税通則法
性同一性障害	性同一性障害者の性別の取扱いの特例に関する法律
政党助成	政党助成法
税犯	国税犯則取締法
臓器移植	臓器の移植に関する法律
捜査規範	犯罪捜査規範
相税	相続税法
組織犯罪	組織的な犯罪の処罰及び犯罪収益の規制等に関する法律
租特	租税特別措置法

た 行

大気汚染	大気汚染防止法
代執	行政代執行法
建物区分	建物の区分所有等に関する法律
男女参画基	男女共同参画社会基本法
短時労	短時間労働者の雇用管理の改善等に関する法律
担信	担保付社債信託法
地球温暖化	地球温暖化対策の推進に関する法律
地公	地方公務員法
地財	地方財政法
知財基	知的財産基本法
地税	地方税法
地独行法	地方独立行政法人法
仲裁	仲裁法
著作	著作権法
通信傍受	犯罪捜査のための通信傍受に関する法律
手	手形法
典	皇室典範
電子契約特	電子消費者契約及び電子承諾通知に関する民法の特例に関する法律

資料　法律文献等の出典の表示方法

電子債権	電子記録債権法
電子署名認証	電子署名及び認証業務に関する法律
道	道路法
道交	道路交通法
動産債権譲渡特	動産及び債権の譲渡の対抗要件に関する民法の特例等に関する法律
独行法	独立行政法人通則法
特定商取引	特定商取引に関する法律
特定調停	特定債務等の調整の促進のための特定調停に関する法律
都計	都市計画法
土地基	土地基本法
特許	特許法
独禁	私的独占の禁止及び公正取引の確保に関する法律
独禁令	私的独占の禁止及び公正取引の確保に関する法律施行令

な　行

内	内閣法
内閣府	内閣府設置法
入管	出入国管理及び難民認定法
任意後見	任意後見契約に関する法律
年齢計算	年齢計算ニ関スル法律
能開	職業能力開発促進法
農地	農地法

は　行

破	破産法
廃棄物	廃棄物の処理及び清掃に関する法律
配偶者暴力	配偶者からの暴力の防止及び被害者の保護等に関する法律
売春	売春防止法
破規	破産規則
爆発	爆発物取締罰則
罰金臨措	罰金等臨時措置法
破防	破壊活動防止法
犯罪資金提供	公衆等脅迫目的の犯罪行為のための資金等の提供等の処罰に関する法律
犯罪被害回復	犯罪被害財産等による被害回復給付金の支給に関する法律
犯罪被害基	犯罪被害者等基本法

犯罪被害給付	犯罪被害者等給付金の支給等による犯罪被害者等の支援に関する法律
犯罪被害保護	犯罪被害者等の権利利益の保護を図るための刑事手続に付随する措置に関する法律
非営利活動	特定非営利活動促進法
非訟	非訟事件手続法
非訟規	非訟事件手続規則
人質	人質による強要行為等の処罰に関する法律
風俗	風俗営業等の規制及び業務の適正化等に関する法律
不公正告	不公正な取引方法
不正アクセス	不正アクセス行為の禁止等に関する法律
不正競争	不正競争防止法
不登	不動産登記法
文化財	文化財保護法
弁護	弁護士法
法税	法人税法
法適用	法の適用に関する通則法
法律支援	総合法律支援法
暴力	暴力行為等処罰ニ関スル法律
暴力団	暴力団員による不当な行為の防止等に関する法律
保険	保険法
保険業	保険業法
母子保健	母子保健法
母体保護	母体保護法

ま　行

麻薬	麻薬及び向精神薬取締法
麻薬特	国際的な協力の下に規制薬物に係る不正行為を助長する行為等の防止を図るための麻薬及び向精神薬取締法等の特例等に関する法律
マンション　管理	マンションの管理の適正化の推進に関する法律
マンション　建替	マンションの建替え等の円滑化に関する法律
密集市街	密集市街地における防災街区の整備の促進に関する法律
民	民法
民再	民事再生法

資料　法律文献等の出典の表示方法

民再規	民事再生規則
民施	民法施行法
民執	民事執行法
民執規	民事執行規則
民訴	民事訴訟法
民訴規	民事訴訟規則
民訴費	民事訴訟費用等に関する法律
民調	民事調停法
民調規	民事調停規則
民保	民事保全法
民保規	民事保全規則
明憲	大日本帝国憲法
酩酊防止	酒に酔つて公衆に迷惑をかける行為の防止等に関する法律

ら　行

利息	利息制限法
領海	領海及び接続水域に関する法律
旅券	旅券法
連結財務規	連結財務諸表の用語，様式及び作成方法に関する規則
労安衛	労働安全衛生法
労基	労働基準法
労基則	労働基準法施行規則
労組	労働組合法
労契	労働契約法
労災	労働者災害補償保険法
労審	労働審判法
労調	労働関係調整法
労働承継	会社分割に伴う労働契約の承継等に関する法律
労派遣	労働者派遣事業の適正な運営の確保及び派遣労働者の保護等に関する法律

V　判例集・判例評釈書誌の略称

　裁判所及び市販の判例資料で慣用化している略称に依拠した。
　2字表記を原則とする方向を追求したが，略称表記に「ゆれ」のあるものは，併記した。（　）内は，発行元，初号～終号刊行年を示す。～印の次に空欄のあるものは，今日，刊行継続中であることを示す。なお，次のⅥ欄も参照のこと。

1 大審院時代の判例集等
(1) 公的刊行物
行録　行政裁判所判決録（行政裁判所，東京法学院，中央大学，帝国地方行政学会，最高裁判所，明23（1輯）～昭22（58輯））
刑抄録　大審院刑事判決抄録（大審院，明24（1巻）～大10（93巻））
刑録　大審院刑事判決録（司法省，明8～明17，明19～20，明24～明28）
刑録　大審院刑事判決録（東京法学院，中央大学，明28（1輯）～大10（27輯））
刑集　大審院刑事判例集（大審院判例審査会，法曹会，大11（1巻）～昭22（26巻））
民抄録　大審院民事判決抄録（大審院，明31（1巻）～大10（93巻））
民録　大審院民事判決録（司法省，明8～明20，明24～明28）
民録　大審院民事判決録（東京法学院，中央大学，明28（1輯）～大10（27輯））
民集　大審院民事判例集（大審院判例審査会，法曹会，大11（1巻）～昭21（25巻））
朝高録　朝鮮高等法院判決録（高等法院書記課，司法協会，大3（1巻）～昭18（30巻）

(2) 私的刊行物
裁判例　大審院裁判例（法律新聞別冊）（法律新聞社，大14（1巻）～昭12（11巻））
判決全集　大審院判決全集（法律新報付録）（法律新報社，昭9（1輯）～昭17（9輯））
法学　法学（東北大学法学会誌）（東北大学，岩波書店，昭7（1巻）～昭19（13巻1号））
評論全集　法律〔学説判例〕評論全集（法律評論社，明45（1巻）～昭19（32巻））
新聞　法律新聞（法律新聞社，明33（1号）～昭19（4922号））

2 最高裁判所時代の判例集等
(1) 公的刊行物
下刑　下級裁判所刑事裁判例集（法曹会，昭34（1巻）～昭43（10巻））
下民　下級裁判所民事裁判例集（法曹会，昭25（1巻）～昭62（35巻5-8号））
家月　家庭裁判月報（昭24（1号）～）
行月　行政裁判月報（昭23（1号）～昭24（24号・追録））
行集　行政事件裁判例集（法曹会，昭25（1巻）～平9（48巻11・12号））
刑月　刑事裁判月報（法曹会，昭44（1巻）～昭62（18巻5-6号））

267

資料　法律文献等の出典の表示方法

刑資	刑事裁判資料
交通下民	交通事故による不法行為に関する下級裁判所民事裁判例集（法曹会，昭36度，昭38度）
高刑特	高等裁判所刑事裁判特報（昭29（1巻）〜昭33（5巻））
判特	高等裁判所刑事判決特報（昭24（1号）〜昭29（40号））
高刑速	高等裁判所刑事判決速報集（法曹会，昭56〜）
高刑	高等裁判所刑事判例集（判例調査会，昭23（1巻）〜）
高地簡特	高等裁判所・地方裁判所・簡易裁判所民事裁判特報（昭24）
高民	高等裁判所民事判例集（判例調査会，昭23（1巻）〜）
刑集	最高裁判所刑事判例集（判例調査会，昭22（1巻）〜）
裁判集刑	最高裁判所裁判集刑事（裁判所の部内資料，昭22（1号）〜）
最刑要旨	最高裁判所裁判集（刑事）要旨集
最高刑要旨	最高裁判所・高等裁判所刑事判例要旨集（1〜9）
最高民要旨	最高裁判所・高等裁判所民事判例要旨集（1〜9）
裁判集民	最高裁判所裁判集民事（裁判所の部内資料，昭22（1号）〜）
最民要旨	最高裁判所裁判集（民事）要旨集民法編（上）（下），商法・民事訴訟法（上・下），民事関連法編（上）（下），行政法編（上）（下），社会経済法編（上）（下）
民集	最高裁判所民事判例集（判例調査会，昭22（1巻）〜）
裁時	裁判所時報（法曹会，最高裁事務総局編，昭23（1号）〜）
一審刑集	第一審刑事裁判例集（昭33（1巻）〜）
知財集	知的財産権関係民事・行政裁判例集（法曹会，平3（23巻）〜平10（30巻））
登記先例	登記関係先例集（テイハン，昭30（上，下，追加編Ⅰ〜Ⅷ））
東高刑時報	東京高等裁判所判決時報（刑事）（昭26〜昭28（1-3巻））
東高刑特	東京高等裁判所判決特報（刑事）（昭22（1号）〜昭25（28号））
東高時報	東京高等裁判所判決時報（法曹会，昭28（4巻）〜）
不法下民	不法行為に関する下級裁判所民事裁判例集（法曹会，昭31〜昭32）
民資	民事裁判資料
無体集	無体財産関係民事・行政裁判例集（法曹会，昭44（1巻）〜平2（22巻））
労刑決	労働関係刑事事件判決集（法曹会，第1輯（刑事裁判資料10号）〜）
労裁資	労働関係民事行政裁判資料（昭23（1号）〜昭25（8号））
労民	労働関係民事裁判例集（法曹会，昭25（1巻）〜平9（48巻5-6号））
労裁集	労働関係民事事件裁判集（法曹会，昭24（1号）〜昭25（7号））

(2) その他の官庁刊行物

審決集	公正取引委員会審決集（公正取引協会，昭25（一）～）
排命集	公正取引委員会排除命令集（公正取引委員会部内資料，昭37～）
高検速報	高等裁判所刑事裁判速報（各高等検察庁作成の部内資料）
国税例集	国税徴収関係判例集（国税庁，昭24～）
取消集	審決取消訴訟判決集（特許庁，昭和23～）
訟月	訟務月報（法務省訟務局，昭30（1巻）～）
推計裁集	推計の合理性に関する裁判例集成（法務省訟務局，（昭25～昭53））
税資	税務訴訟資料（国税庁，昭22～）
直税要集	直接国税課税判決要旨集（国税庁直接税部，4冊（昭和22～昭60））
命令集	不当労働行為事件命令集（中央労働委員会，昭24～）
民月	民事月報（法務省民事局，昭19～）

(3) 私的刊行物

金判	金融・商事判例（経済法令研究会，月2）
金法	金融法務事情（金融財政事情研究会，月2，平22「旬刊金融法務事情」から改題）
交民	交通事故民事裁判例集（ぎょうせい，昭43（1巻1号）～）
判時	判例時報（判例時報社，月3）
判タ	判例タイムズ（判例タイムズ社，月1）
判自	判例地方自治（ぎょうせい，月1）
新聞	法律新聞（新法律新聞社，昭31（1号）～昭33（112号））；週刊法律新聞（法律新聞社，昭41（1号）～）
労経速	労働経済判例速報（日本経営者団体連盟，月3）
労判	労働判例（産業労働調査所，月2）

VI　定期刊行物の略称

　おおむね「法律時報文献月報」により，判例集の略称と同様に2字表記を原則とした。以下に，学会誌，市販の法律・判例雑誌と大学紀要の略称例を示す。
　なお，本案を利用する場合には，画一的な適用は避け，例えば，略称と完全誌名の対照表を付すなどの工夫が望まれる。

1　学会誌・法律雑誌，官公庁等の発行誌

A2Z	会社法務A2Z（第一法規，月1）
AIPPI	A.I.P.P.I.（国際工業所有権保護協会日本支部，月1）
L&T	Law & Technology（民事法研究会，年4）

資料　法律文献等の出典の表示方法

NBL	NBL（商事法務，月2）	
家族	家族〈社会と法〉（日本家族〈社会と法〉学会；日本加除出版，年1）	
監査	月刊監査役（日本監査役協会，月1）	
鑑定	不動産鑑定（住宅新報社，月1）	
企会	企業会計（中央経済社，月1）	
季教	季刊教育法（エイデル研究所，年4）	
季労	季刊労働法（総合労働研究所，年4）	
金財	週刊金融財政事情（金融財政事情研究会，週1）	
銀法	銀行法務21（経済法令研究会，月1）	
金融判研	金融判例研究（金融法学会；金融財政事情研究会，年1）	
金融法	金融法研究（金融法学会；金融財政事情研究会，年1）	
警研	警察研究（良書普及会，月1）	
刑ｼﾞｬ	刑事法ジャーナル（成文堂，年4）	
刑弁	季刊刑事弁護（現代人文社，年4）	
刑法	刑法雑誌（日本刑法学会；有斐閣，年4）	
警論	警察学論集（警察大学校；立花書房，月1）	
現刑	現代刑事法（現代法律出版，月1）	
交通	交通法研究（日本交通法学会；有斐閣，年1）	
公取	公正取引（公正取引協会，月1）	
公法	公法研究（日本公法学会；有斐閣，年1）	
国経法	日本国際経済法学会年報（日本国際経済法学会；法律文化社，年1）	
国際	国際法外交雑誌（国際法学会；有斐閣，年6）	
戸時	戸籍時報（日本加除出版，月1）	
戸籍	月刊戸籍（テイハン，月1）	
コピ	コピライト（著作権情報センター，月1）	
債管	事業再生と債権管理（金融財政事情研究会，年4，平15「季刊債権管理」を改題）	
際商	国際商事法務（国際商事法研究所，月1）	
司研	司法研修所論集（最高裁判所司法研修所，年2）	
自研	自治研究（第一法規，月1）	
自正	自由と正義（日本弁護士連合会，月1）	
自保	自保ジャーナル（自動車保険ジャーナル，月2）	
時法	時の法令（国立印刷局，月2）	
重判解	重要判例解説（ジュリスト臨時増刊，年1，昭48（昭41・42度），昭43（昭43度）〜）	

シュト	シュトイエル（税法研究所，月1）	
主判解	主要民事判例解説（判例タイムズ臨時増刊，年1，昭63（昭62度）～，平19から別冊判例タイムズ）	
ジュリ	ジュリスト（有斐閣，月1）	
訟月	訟務月報（法務省訟務局，月1）	
商事	旬刊商事法務（商事法務研究会，月3）	
書研	書研所報（裁判所書記官研修所，年1）	
資料商事	資料版商事法務（商事法務，月1）	
信研	信託法研究（信託法学会，年1）	
税弘	税務弘報（中央経済社，月1）	
税法	税法学（日本税法学会，月1）	
セレクト	判例セレクト（法学教室付録，年1）	
曹時	法曹時報（法曹会，月1）	
租税	租税法研究（租税法学会；有斐閣，年1）	
損保	損害保険研究（損害保険事業総合研究所，年4）	
知管	知財管理（日本知的財産協会，月1）	
中労時	中央労働時報（労委協会，月1）	
調研	調研紀要（最高裁判所家庭裁判所調査官研修所，年2）	
著研	著作権研究（著作権法学会；有斐閣，年1）	
登記イン	登記インターネット（民事法情報センター，月1）	
登研	登記研究（テイハン，月1）	
登情	登記情報（金融財政事情研究会，月1）	
特許	特許管理（日本特許協会，月1）	
特研	特許研究（工業所有権情報・研修館特許研究室，月1）	
二弁	二弁フロンティア（第二東京弁護士会，月1）	
パテ	パテント（弁理士会，月1）	
判評	判例評論（判例時報付録，判例時報社，月1（当初年4））	
比較	比較法研究（日本比較法学会；有斐閣，年1）	
ひろば	法律のひろば（ぎょうせい，月1）	
米法	アメリカ法（日米法学会；東京大学出版会，年2）	
法教	法学教室（有斐閣，月1）	
法資	法令解説資料総覧（第一法規，月1）	
法時	法律時報（日本評論社，月1）	
法セ	法学セミナー（日本評論社，月1）	
民月	民事月報（法務省民事局，月1）	

資料　法律文献等の出典の表示方法

民研　　　みんけん（民事研修・誌友会，月1）
民主解　　民事主要判例解説（判例タイムズ臨時増刊，年1）
民商　　　民商法雑誌（有斐閣，月1）
民情　　　民事法情報（民事法情報センター，月1）
民訴　　　民事訴訟雑誌（民事訴訟法学会；法律文化社，年1）
リマークス　私法判例リマークス（法律時報別冊，年2）
レファ　　レファレンス（国立国会図書館調査立法考査局，月1）
労研　　　日本労働研究雑誌（日本労働研究機構，月1）
労旬　　　労働法律旬報（旬報社，月2）
労働　　　日本労働法学会誌（日本労働法学会；法律文化社，年2）
論究ジュリ　論究ジュリスト（有斐閣，年4）

2　法学部・法学科等のある大学の紀要

愛学　　　愛知学院大学論叢法学研究（愛知学院大学法学会，年4）
愛大　　　愛知大学法学部法経論集（愛知大学法学会，年3）
青法　　　青山法学論集（青山学院大学法学会，年4）
朝日　　　朝日法学論集（朝日大学法学会，年2）
亜大　　　亜細亜法学（亜細亜大学法学研究所，年2）
一法　　　一橋大学研究年報法学研究（一橋大学研究年報編集委員会，年1）
愛媛　　　愛媛法学会雑誌（愛媛大学法学会，年4）
岡法　　　岡山大学法学会雑誌（岡山大学法学会，年4）
沖国　　　沖縄法学（沖縄国際大学法学会，年2）
沖大　　　沖大法学（沖縄大学法学会，年1）
香川　　　香川法学（香川大学法学会，年4）
学習院　　学習院大学法学会雑誌（学習院大学法学会，年2）
神奈川　　神奈川法学（神奈川大学法学会，年3）
金沢　　　金沢法学（金沢大学法学部，年2）
鹿法　　　法学論集（鹿児島大学法学部，年2）
関学　　　法と政治（関西学院大学法政学会，年4）
関東学院　関東学院法学（関東学院大学法学会，年4）
関東学園　関東学園大学法学紀要（関東学院大学法学部，年2）
関法　　　法学論集（関西大学法学会，年6）
北九州　　北九州大学法政論集（北九州大学法学会，年4）
九国　　　九州国際大学法学論集（九州国際大学法学会，年4）
京園　　　京都学園法学（京都学園大学法学会，年1）

近法	近畿大学法学（近畿大学法学会，年4）	
熊法	熊本法学（熊本大学法学会，年4）	
久留米	久留米大学法学（久留米大学法学会，年4）	
神院	神戸学院法学（神戸学院大学法学会，年4）	
神戸	神戸法学雑誌（神戸法学会，年4）	
甲法	甲南法学（甲南大学法学会，年4）	
国学院	國學院法学（國學院大学法学会，年4）	
国士舘	國士舘法学（國士舘大学法学会，年1）	
国家	国家学会雑誌（国家学会事務所，年6）	
駒論	法学論集（駒澤大学法学部，年2）	
札院	札幌学院法学（札幌学院大学法学会，年2）	
札大	札幌法学（札幌大学法学会，年2）	
山院	山梨学院大学法学論集（山梨学院大学法学研究会，年2）	
産法	産大法学（京都産業大学法学会，年4）	
静法	静岡大学法政研究（静岡大学法政学会，年4）	
島法	島大法学（島根大学法文学部法学科，年4）	
修道	修道法学（広島修道大学法学会，年2）	
上法	上智法学論集（上智大学法学会，年3）	
志林	法学志林（法政大学法学志林協会，年4）	
新報	法学新報（中央大学法学会，月1）	
駿河台	駿河台法学（駿河台大学法学会，年2）	
成蹊	成蹊法学（成蹊大学法学会，年2）	
成城	成城法学（成城大学法学会，年4）	
西南	西南学院大学法学論集（西南学院大学学術研究所，年4）	
清和	清和法学研究（清和大学法学会，年2）	
摂南	摂南法学（摂南大学法学部，年2）	
専法	専修法学論集（専修大学法学会，年3）	
創法	創価法学（創価大学法学会，年4）	
早法	早稲田法学（早稲田大学法学会，年4）	
大東	大東法学（大東文化大学法政学会，年1）	
高岡	高岡法学（高岡法科大学，年2）	
拓論	拓殖大学論集（拓殖大学研究所，年2）	
千葉	千葉大学法学論集（千葉大学法学会，年4）	
中央学院	中央学院大学法学論叢（中央学院大学法学部，年2）	
中京	中京法学（中京大学法学会，年4）	

資料　法律文献等の出典の表示方法

筑波　　　筑波法政（筑波大学社会科学系〔法学・政治学〕，年1）
帝京　　　帝京法学（帝京大学法学会，年2）
東亜　　　東亜法学論叢（東亜大学法学部，年1）
桐蔭　　　桐蔭法学（桐蔭法学会，年2）
東海　　　東海法学（東海大学法学部，年2）
東社　　　社会科学研究（東京大学社会科学研究所，年6）
同法　　　同志社法学（同志社法学会，年6）
東北学院　東北学院大学論集（東北学院大学学術研究会，年2）
独協　　　獨協法学（獨協大学法学会，年2）
奈良産　　奈良法学会雑誌（奈良産業大学法学会，年4）
南山　　　南山法学（南山大学法学会，年4）
新潟　　　法政理論（新潟大学法学会，年3）
日法　　　日本法学（日本大学法学会，年4）
白鷗　　　白鷗法学（白鷗大学法学部，年2）
阪経法　　大阪経済法科大学論集（大阪経済法科大学法学会，年3）
阪法　　　阪大法学（大阪大学法学部，年4）
姫路　　　姫路法学（姫路獨協大学法学部，年3）
広法　　　広島法学（広島大学法学会，年4）
福岡　　　福岡大学法学論叢（福岡大学総合研究所，年4）
福島　　　行政社会論集（福島大学行政社会学会，年4）
福山平成　平成法学（福山平成大学，年1）
法学　　　法学（東北大学法学会，年6）
法協　　　法学協会雑誌（法学協会事務所，月1）
法研　　　法学研究（慶應義塾大学法学研究会，月1）
法雑　　　大阪市立大学法学雑誌（大阪市立大学法学会，年4）
法政　　　法政研究（九州大学法政学会，年4）
法論　　　法律論叢（明治大学法律研究所，年6）
北園　　　北海学園大学法学研究（北海学園大学法学会，年3）
北法　　　北大法学論集（北海道大学法学部，年4）
北陸　　　北陸大学（北陸大学法学会，年3）
松山　　　松山大学論集（松山大学学術研究会，年6）
宮崎産　　宮崎産業経営大学法学論集（宮崎産業経営大学法学会，年2）
明学　　　明治学院論叢法学研究（明治学院大学法学会，年3）
名経　　　名経法学（名古屋経済大学市邨学園短大法学会）
名城　　　名城法学（名城大学法学会，年4）

名法	名古屋大学法政論集（名古屋大学法学部，年4)	
洋法	東洋法学（東洋大学法学会，年2)	
横国	横浜国際経済法学（横浜国立大学大学院国際経済法学研究科)	
立教	立教法学（立教大学法学会，年1)	
立正	立正法学論集（立正大学法学会，年4)	
立命	立命館法学（立命館大学法学会，年6)	
龍谷	龍谷法学（龍谷大学法学会，年4)	
琉法	琉大法学（琉球大学法文学部，年1)	
論叢	法学論叢（京都大学法学部，年6)	

Ⅳを除き，©法律編集者懇話会「法律文献等の出典の表示方法」(2014年版) より転載（最新の情報にするべく若干の修正を加えたほか，Ⅴ, Ⅵについては編集上の加工を行った)。

著者紹介

弥永 真生(やながまさお)
明治大学大学院会計専門職研究科教授

主著:
リーガルマインド会社法(平成5年[初版]令和3年[第15版],有斐閣)
リーガルマインド手形法・小切手法(平成7年[初版]平成30年[第3版],有斐閣)
リーガルマインド商法総則・商行為法(平成10年[初版]平成31年[第3版],有斐閣)
最新重要判例200「商法」(平成16年[初版]平成22年[第3版],弘文堂)
演習会社法(平成18年[初版]平成22年[第2版],有斐閣)
会社法の実践トピックス24(平成21年,日本評論社)
コンメンタール会社計算規則・商法施行規則(平成19年[初版]平成29年[第3版],商事法務)
コンメンタール会社法施行規則・電子公告規則(平成19年[初版]平成27年[第2版],商事法務)
会社法新判例50(平成23年,有斐閣)

法律学習マニュアル〔第4版〕
How to study the Law, 4th ed.

2001年12月15日	初　版第1刷発行	
2005年3月10日	第2版第1刷発行	
2007年3月15日	第2版補訂版第1刷発行	
2009年9月20日	第3版第1刷発行	
2016年4月30日	第4版第1刷発行	
2021年7月30日	第4版第3刷発行	

著　者　　弥　永　真　生

発行者　　江　草　貞　治

発行所　株式会社　有斐閣(ゆうひかく)

郵便番号 101-0051
東京都千代田区神田神保町2-17
電話 (03) 3264-1314〔編集〕
　　 (03) 3265-6811〔営業〕
http://www.yuhikaku.co.jp/

印刷/株式会社暁印刷・製本/大口製本印刷株式会社
© 2016, M. Yanaga. Printed in Japan
落丁・乱丁本はお取替えいたします。
★定価はカバーに表示してあります。

ISBN978-4-641-12584-1

JCOPY　本書の無断複写(コピー)は,著作権法上での例外を除き,禁じられています。複写される場合は,そのつど事前に,(一社)出版者著作権管理機構(電話03-5244-5088, FAX03-5244-5089, e-mail:info@jcopy.or.jp)の許諾を得てください。